“十三五”国家重点图书

改革开放40年中国猪业发展与进步

猪场废弃物处理和资源化利用

主编　沈富林
主审　乔松林

中国农业大学出版社
·北京·

内容提要

《猪场废弃物处理和资源化利用》分册，共包含10章内容。分别从猪场废弃物产生过程及主要特征、废弃物处理相关法律法规及技术标准、废弃物处理设施及工艺进步、猪场废弃物资源化利用及减量化技术进步、猪场恶臭控制工艺及环境监测技术进步、废弃物处理成本和效益分析及猪场废弃物处理和资源化利用大事记等方面，归纳、整理、提炼和集成了改革开放40年猪场废弃物处理和资源化利用在理念和技术以及政策、标准上的变化。书中穿插了大量实际应用图片，并引用了部分典型案例，便于读者理解和掌握。该书可供畜牧行业科技人员、养殖场经营管理者学习、借鉴。

图书在版编目(CIP)数据

改革开放40年中国猪业发展与进步．猪场废弃物处理和资源化利用/印遇龙等主编；沈富林分册主编．—北京：中国农业大学出版社，2018.10

"十三五"国家重点图书

ISBN 978-7-5655-2107-2

Ⅰ．①改… Ⅱ．①印… ②沈… Ⅲ．①养猪业—产业发展—研究—中国 ②养猪场—废弃物—废物处理 ③养猪场—废弃物—废物综合利用 Ⅳ．①F326.33 ②X713

中国版本图书馆CIP数据核字(2018)第227872号

书　名 改革开放40年中国猪业发展与进步
猪场废弃物处理和资源化利用

作　者 沈富林　主编

策划编辑 丛晓红　赵　中　　　**责任编辑** 洪重光

封面设计 郑　川　黄海滔

出版发行 中国农业大学出版社

社　址 北京市海淀区圆明园西路2号　　　**邮政编码** 100193

电　话 发行部 010-62818525，8625　　　读者服务部 010-62732336

编辑部 010-62732617，2618　　　出　版　部 010-62733440

网　址 http：//www.cau.edu.cn/caup　　　**E-mail** cbsszs @ cau.edu.cn

经　销 新华书店

印　刷 涿州市星河印刷有限公司

版　次 2018年10月第1版　2018年10月第1次印刷

规　格 787×1 092　16开本　11.25印张　280千字

定　价 388.00元(全九册)

编审委员会

总策划人　孙德林

主　　编　印遇龙　李　职　云　鹏　邓近平　张从林

副 主 编　张荣波　黄瑞华　许典新　吴买生

委　　员　鲁绍雄　李继良　殷宗俊　李千军　穆淑琴　孙世铎
单　虎　朱连德　周伦江　贺东昌　王伟伟　万昭军
沈富林　乔松林　曹洪战　胡安戟　周继平　李清宏
吴志君　苗玉涛　徐宝才　张树敏　刘　娣　郑小明
尚以顺

主编单位　国家生猪产业技术创新战略联盟
中国农机学会机械化养猪工程分会
广西扬翔股份有限公司
北京市生猪产业技术体系创新团队

本册主编　沈富林

主　　审　乔松林

副 主 编　陆雪林　邹广彬

主编单位　上海市生猪产业技术体系创新团队

主审单位　河南省生猪产业技术体系创新团队

参编人员　李　松　薛　云　李　闽　王国明　陆乃升　姜雪元
赵乐乐　李何君　吴昊旻　夏　东

序

国庆之后，孙德林先生来到我的办公室，系统介绍了即将出版的《改革开放40年中国猪业发展与进步》一书并邀我做序，我为之一振。

这部系统记录中国改革开放40年养猪业巨大变化的恢宏著作，就像中国养猪人的“系谱”，描述了我国猪产业在遗传改良、营养与饲料科学、猪场设计与环境控制、疫病防控与生物安全和猪场管理等各方面的技术进步，述说着一代代养猪人的情怀。

1978年全国生猪出栏1.6亿头，到2017年全国生猪出栏6.89亿头；猪肉消费从改革开放初期人均约15 kg，到现在人均约40 kg。由于养猪业的发展，我们彻底改变了中国人动物性蛋白质食品供应不足的局面，实现了猪肉自给自足，这是一个开天辟地的飞跃。这样的成果来之不易，感恩于党领导下的改革开放政策的引领，感恩于亿万养猪从业者脚踏实地、持之以恒的勤奋努力。

中国养猪业经历了从分散饲养发展成规模化与集约化生产的过程。改革开放初期，中国养猪还不能称之为产业，40年来，我们学习借鉴国外先进工艺设计，从机械化养猪到工厂化养猪，再到现代化和智能化养猪，我们走了一条引进、消化、吸收与创新的道路。在猪种方面，我们也是从中国地方猪品种到培育新品种、引进国外高产高效猪种，再到实现中国地方猪品种与外来猪品种杂交，生产安全、优质猪肉的生产模式。在育种技术上，我们从常规体尺测定到动物数量遗传学在育种上的应用，再到现在高科技生物技术在养猪生产中应用，实现了育种手段上跨越式的发展。

该书(全9册)是养猪科学家与企业家联袂打造的成果，体现了合作共赢的理念，表达了养猪接力棒的传承。我们还不是养猪强国，目前任务还很艰巨，未来任重道远，需要我们继续努力创新，加快提高养猪生产力水平。新一代养猪从业者的胸襟、抱负、视野和理念决定着中国养猪业未来的发展，我们将拭目以待。

作为中国畜牧战线的一名科技工作者，拿到沉甸甸的书稿，我真是心潮澎湃。看到一个个熟悉的中青年科技工作者，看到飞速发展的中国养猪产业，我感到骄傲与自豪，在无比的喜悦中快乐地分享着。在此将该书推荐给广大养猪界的朋友们，以此感谢勤苦付出的编委团队。祝大家猪业新程，再立新功！

中国科学院院士
中国农业大学教授
2018年10月于北京

前　言

中国是世界养猪最早的国家之一，家猪的饲养历史最早可追溯到新石器时代早、中期，距今已有 6 000～9 000 年历史。进入 20 世纪，养猪业逐渐成为农业生产的重要组成部分，尤其是改革开放以来，养猪业对农民增收、农村劳动力就业、粮食转化及改良土壤、提高粮食产量等起到更加重要的作用。随着中国改革开放的深入，全国生猪派购被取消，广大农民养猪的积极性被调动起来，小散户快速增加，全国养猪数量迅速增长。自 20 世纪 90 年代开始，以千家万户小规模饲养为主的生猪养殖模式已不适应市场经济发展需求，规模化养猪场开始大量涌现。据统计，1978 年全国生猪出栏 1.6 亿头，2017 年全国生猪出栏 6.89 亿头，绝对增长为 5.29 亿头。据农业部预测，未来十年，生猪出栏量增速放缓，年均增速为 1%，2025 年生猪出栏量将达到 7.84 亿头，比 2017 年增加约 1 亿头。

由于养猪业的快速增长，而与之配套的粪污处理设施与设备欠缺，产业引导、规划及布局跟不上产业发展，加之农业与养猪业的条块分割，使得种养脱节，养猪的粪肥成为农业面源污染源。养殖业的环境污染现象日趋凸显，对土壤、水体、大气等生态环境造成了较大危害，畜禽养殖粪便、污水污染已成为制约我国环境改善的重要瓶颈。在这种情况下，如何加强政府监管、政策引导，提高畜禽养殖业废弃物资源化利用水平，实现种植业与养殖业协调发展、农民增收与环境保护"双赢"，是亟需解决的重要问题。

近年来，我国相继有针对性地出台了有关规模化养殖废弃物处理排放管理政策、法律法规、标准规范，同时对养殖废弃物治理的投入力度也在不断加大，加上养殖废弃物处理设施设备、处理工艺、处理技术等不断进步，我国大中型养殖场废弃物排放与治理工作逐渐得到控制与解决。

本书为 2018 年"国家十三五"重点图书《改革开放 40 年中国猪业发展与进步》一书的《猪场废弃物处理和资源化利用》分册，共 10 章。分别从猪场废弃物产生过程及主要特征、废弃物处理相关法律法规及技术标准、废弃物处理设施及工艺进步、猪场废弃物资源化利用及减量化技术进步、猪场恶臭控制工艺及环境监测技术进步、废弃物处理成本和效益分析及猪场废弃物处理和资源化利用大事记等方面，归纳、整理、提炼和集成改革开放40年猪场废弃物处理和资源化利用在理念和技术以及政策、标准的变化。书中穿插了大量实际应用图片，并引用了部分典型案例，便于读者理解和掌握。该书可供畜牧行业科技人员、养殖场经营管理者学习、借鉴。

本书由国家生猪产业技术创新战略联盟、中国农机学会机械化养猪工程分会、广西扬翔股份有限公司和北京市生猪产业技术体系创新团队组织编写。该分册主编单位为上海市生猪产业技术体系创新团队，主编为上海市生猪产业技术体系创新团队首席专家、上海市动物疫病预防控制中心沈富林研究员；主审单位为河南省生猪产业技术体系创新团队，主审为河南省生猪产业技术体系创新团队首席专家、河南省农科院乔松林研究员。

《猪场废弃物处理和资源化利用》分册编写组

2018年7月

目　录

第1章
绪　论

本章内容提要

猪粪尿中含有丰富的氮磷等营养成分，改革开放前期，猪粪尿被视为宝，农户多将自家粪肥还田使用。20世纪80年代后，我国养猪业发展迅速，猪场废弃物总量急剧增加，由于粪肥使用与出产季节的矛盾、部分农田需求过剩等原因，大量粪尿堆积，对人和动物生活环境造成污染和危害。21世纪初，随着我国在规模化养殖废弃物处理排放管理方面法规政策的出台，大中型养殖场废弃物排放开始得到控制。但在某些猪场中，由于废弃物消纳能力不同和政府治理监管能力不够等原因，废弃物处理工作仍需重点加强。本章主要介绍改革开放以来，生猪养殖废弃物处理的发展历程、猪场废弃物的产生过程、主要特征及对环境的危害，旨在帮助养猪朋友们从根本上认识猪场废弃物，从而为猪场废弃物处理资源化利用提供参考。

1.1　生猪养殖废弃物处理的发展历程

猪粮安天下，长期以来，养猪是中国农业生产的重要组成部分，是畜牧业中的主要产业，对农民增收、农村劳动力就业、粮食转化及改良土壤、提高粮食产量等起到重要作用。我国是世界上养猪最早的国家之一，家猪的饲养历史最早可追溯到新石器时代早、中期，距今已有6 000～9 000年历史；中国也是世界上生猪存栏、出栏及猪肉消费最多的国家，生猪饲养量和猪肉消费量均占世界总量的50%左右。2017年全国生猪出栏68 861万头，较1978年增加52 751.5万头，增幅327.45%；存栏生猪43 325万头，较1978年增加13 196万头，增幅43.8%；猪肉产量5 340万t，较1978年增加4 533万t，增幅561.71%；猪肉产量占肉类总产量的63.3%，人均年猪肉消费量达39.76 kg。据农业部预测，未来十年，生猪出栏量增速放缓，年均增速为

1%,2025年生猪出栏量将达到7.84亿头,比2017年增加约1亿头。

近代以来,受战乱、殖民侵略影响,养猪业处于衰败不堪状态,养猪数量大减。新中国成立后,人民生活安定下来,生猪养殖又逐步恢复。改革开放以后,随着全国生猪派购被取消,广大农民养猪的积极性被调动起来,小散户快速增加,全国养猪数量迅速增长。20世纪90年代开始,以千家万户小规模饲养为主的生猪养殖模式已不适应市场经济发展需求,规模化养猪场开始大量涌现。

由于我国畜禽养殖以往较缺乏统一引导和规划,产业布局不合理,种养脱节,粪肥大量变成农业面源污染源。因此,环保整治序幕拉开后,《畜禽规模养殖污染防治条例》、新《环保法》等法律法规相继出台,2016年,农业部印发了《全国生猪生产发展规划(2016—2020年)》,着眼全国,划分了生猪养殖重点发展区、约束发展区、潜力发展区和适度发展区,在约束发展区,关闭、限时拆迁了许多猪场,其他区域生产条件落后、环保不达标以及禁养区的养殖企业、养殖户的猪场也纷纷被关闭,使存栏母猪、商品猪数量持续下降,生猪养殖进入新一轮洗牌重整期,生猪养殖行业集中度进一步提升。

随着畜禽养殖业的快速发展,养殖废弃物污染问题已成为世界普遍关注的环境问题。在美国,畜禽粪便污染了约60%的河流。我国《第一次全国污染源普查公报》数据显示,规模畜禽养殖化学需氧量和氨氮排放量分别为$1\ 049\times10^4$ t和58×10^4 t,占当年全国总排放量的45%和25%,占农业源排污总量的95%和76%(宋淑珍等,2016)。养殖业的环境污染日趋严重,对土壤、水体、大气等生态环境造成了较大危害,畜禽养殖粪便、污水污染已成为我国环境污染的重要因素之一。

如何加强政府监管、政策引导,提高畜禽养殖业废弃物资源化利用水平,实现种植业与养殖业协调发展、农民增收与环境保护"双赢",是当前中国亟须解决的重要问题。养殖废弃物利用率过低是畜禽养殖专业化、养殖总量快速增长和种植业经营模式转变等因素共同作用下产生的阶段性难题。国内外学者从养殖废弃物(污染)排放评价、废弃物养分分配方法、废弃物处理技术研发、政策设计等方面,提供了较为丰富的解决方案。在经济发达国家(地区),由于养殖总量受到严格管控、大中型养殖比例高、处理技术相对成熟、政府监管体系完善、经济激励约束机制健全,畜禽养殖废弃物资源化利用水平较高。在中国,随着规模化养殖废弃物处置排放管理政策、标准陆续出台,对养殖废弃物治理的投入力度不断加大,沼气处理等技术加快研发推广,大中型养殖场废弃物排放开始得到控制。但在畜禽养殖废弃物无害化处理与资源化利用管理中,由于各地区畜禽粪便消纳能力不同和政府治理监管能力不够,废弃物处理利用的技术与管理模式推广上存在"一刀切"现象,对于不同技术模式缺乏针对性的配套政策支撑,一些养殖场(户)在政府强力支持下建设了废弃物处理设施,但大部分处于运行不足、闲置甚至废弃状态,畜禽养殖废弃物无害化处理、资源化利用水平与当前水资源、水环境管理的要求存在显著差距,难以支撑《全国农业可持续发展规划》提出的2020年实现农作物化肥使用量零增长、畜禽粪便基本资源化利用目标(姜海等,2015)。技术研发以及推广是畜禽养殖废弃物资源化利用的基础,政策和机制设计是关键。实践表明,由于不同地区在经济发展水平、种植业和养殖业规模结构、水环境治理压力上存在明显差异,中国应采取地区差别化的畜禽养殖废弃物资源化利用管理思路与技术模式,并设计本地化的管理制度与运行机制。

1.2 猪场废弃物产生过程

目前我国畜禽养殖业正朝着规模化、集约化、现代化方向发展，畜禽养殖业已成为我国国民经济的支柱产业，畜禽养殖业在迅速发展的同时，养殖废弃物也在大幅增加。生猪养殖废弃物主要包括猪粪，养殖过程中的废水、废饲料、脱落的猪毛以及猪舍产生的恶臭气体等。据2016年农业部统计，我国每年产生的畜禽养殖废弃物已达到38亿t，而综合利用率与无害化率分别不足60%和50%(马志光，2017)。在资源化利用率和无害化处置率都不高的情况下，畜禽养殖废弃物的环境污染问题逐渐凸显。

生猪排泄物和活体加工废弃物成为生猪养殖废弃物的主要来源。主要包括加工下脚料、有害成分病原微生物、H_2S等。其中，生猪粪尿是猪场废弃物中数量最多、危害最严重的污染源，其所含的污染物数量和种类特别多，主要包括：粪尿本身、粪尿分解物及其自身的恶臭成分等。猪场废弃物中含有大量的病原微生物、寄生虫卵以及滋生的蚊蝇，会使环境中病原种类增多，病原菌和寄生虫大量繁殖，造成人、畜传染病的蔓延，尤其是人畜共患病，导致疫情发生，给人畜带来灾难性危害。同时，畜禽粪尿如果得不到有效处理，在厌氧条件下会分解产生大量硫化氢、氨、醇、甲烷等多种有害气体，通过大气、水体和土壤污染环境。在生产过程中畜禽养殖场未经处理的污水中含有大量的污染物以及氮和磷的化合物，尤其是在饲料中氨基酸不平衡、可利用养分低的情况下，含量更高。因而，畜禽养殖废弃物所产生的有害成分对人、畜都有很大的威胁，轻则影响正常的生理机能，造成健康状况恶化，重则引起疾病，甚至死亡。

不仅如此，猪场废弃物对水源有严重影响，会引起水体污染，造成水质中N、P含量过高，地下水溶解氧含量减少，水体中有毒成分增多，严重富营养化，甚至可能导致河流无水环境容量，彻底丧失功能区的作用。畜禽养殖废弃物也会污染空气，产生大量含有NH_3、硫化物、CH_4等有毒有害成分的恶臭气体，影响民众的身心健康。无节制的排放废弃物对土地的负荷也是巨大的考验，将进一步恶化土地承载量，污染土壤，使土地丧失生产价值。

1.3 猪场废弃物主要特征

我国畜牧养殖业过去是以散养为主，现在规模化集约化的商品养殖生产已占主要地位。随着集约化养殖业的发展，大量畜禽粪尿随之产生。据统计，一个万头猪场每年至少向周围环境排粪便3万t，每日排放污水100～150 t。猪粪尿中含有的大量农作物生长所需要的各种营养成分，如N、P、K、Ca、Mg、各种微量元素及有机质等是优质的有机肥料。畜禽粪便还田已经取得了很好的效果，但在还田之前，如果不对其化学成分进行分析，畜禽粪便的肥料价值则无法确定，若使用不当或过量施用，容易造成二次污染。只有正确、合理地利用畜禽粪尿才可以补充无机肥的使用量，降低生产成本，而正确、合理利用猪粪尿的前提条件就是要了解其中的主要成分和含量。

1.3.1 猪粪便的特性

根据《第一次全国污染源普查畜禽养殖业源产排污系数手册》得知，猪粪便的产量与饲养条件、体重、地理环境有关。猪粪便具有物理特性、化学特性和生物特性，由于粪便的特性较多，在此主要介绍如下。

1.3.1.1 猪粪便的含水量

猪粪便中的含水量随年龄、饲养条件等的不同而不同。成年猪的粪便含水量高于初生仔猪的粪便含水量；饲喂青绿多汁饲料的猪粪便中的含水量增加。正常成年猪粪便含水量为84.5%。

1.3.1.2 猪粪便的含氮量

猪粪便中的氮来源主要有两方面：一是外源氮（即未消化的饲料蛋白）；二是内源氮（即机体代谢氮）。猪粪便中的氮主要是有机氮，有机氮的含量占粪便总氮量的80%以上。猪粪便中的粗蛋白质包括蛋白质和非蛋白氮两部分。粪便中的蛋白质包括多种菌体蛋白、消化脱落的上皮细胞、消化酶以及存在于饲料残渣中的各种未消化蛋白，非蛋白含氮物包括游离的氨基酸、尿素、尿酸、氨、胺、含氮脂类、核酸及其降解产物等。猪粪便中氮含量（以干物质为基础计算）：有机质24.16%，全氮2.65%，蛋白氮2.22%，破解氮458.7 mg/100 g，氨氮426.6 mg/100 g。猪粪便中氮主要以纯蛋白形式存在，一般占粗蛋白总量的60%以上（郑久坤等，2013）。

1.3.1.3 猪粪便的矿物质含量

猪粪便中的矿物质来源分为两部分：一部分是日粮中未被吸收的矿物质，另一部分为经消化道或者消化腺等器官分泌出来的矿物质。饲料中的不同矿物质元素含量不同，故猪粪便中的矿物质含量差异很大。一般猪粪中的磷（P）平均含量为2.6%（1.4%～4.6%），钾为1.0%（0.6%～1.6%），Cu为280 mg/kg（27～822 mg/kg），Zn为600 mg/kg（225～1 059 mg/kg），猪粪便中内源磷主要由小肠分泌，40%随粪便排泄，60%随尿液排出。猪可吸收饲料中的绝大部分的钾，吸收的钾中10%随粪便排出，80%～85%随尿液排出，其余随汗液排出。猪对Cu的吸收率低于10%，被吸收的Cu中，有80%以上随胆汁排出，少量通过肾脏和肠壁排出，未被吸收的Cu随粪便排出。猪粪便中的Zn大部分是日粮中未被吸收的Zn，小部分是由肠道分泌，随尿排出的内源性Zn含量很少（郑久坤等，2013）。

1.3.1.4 猪粪便中的微生物

厚壁菌门（Firmicutes）和拟杆菌门（Bacteroidetes）是猪后肠中的优势菌门，猪体内的厚壁菌门（Firmicutes）对健康有益，但粪样中相对丰度较高的拟杆菌门（Bacteroidetes）和变形菌门（Proteobacteria）可能对健康有害。猪粪中常见的病原微生物为猪霍乱沙门氏菌、猪伤寒沙门氏菌、化脓棒状杆菌、猪巴氏杆菌、猪丹毒杆菌、绿脓杆菌、李氏杆菌、猪链球菌、猪瘟病毒、猪水泡病毒等。寄生于猪消化道或与消化道相连脏器（肝脏、胰腺等）中的寄生虫及其虫卵、幼虫或者虫体片段通常和粪便一同排出，部分消化道寄生虫的虫卵或者幼虫也可能出现在粪便中。

1.3.2 猪尿液的特性

1.3.2.1 猪尿液的含水量

一般情况下，猪尿液中的含水量在95%以上，固体物为3%以上。

1.3.2.2 猪尿液的有机物

猪尿液中的含氮物质包括尿囊酸、尿酸、肌酐、尿素、氨基酸、嘌呤、嘧啶碱和氨等非蛋白氮。它们是蛋白质和核酸在体内代谢产生的终产物或者中间产物。猪尿氮中，总氮为0.30%，尿素为26.6%，马尿酸为9.6%，尿酸为3.2%，肌酐为0.68%，氨氮为0.79%，其他氮为56.13%。

1.3.2.3 猪尿液的无机物

猪尿液中的无机物主要有K、Na、Ca、Mg和氨的各种盐。其中，Ca和Mg含量不多，氨在尿液中主要以氯化铵和硫酸铵的形式存在，另外，尿液中还有少量硫，它以硫酸盐及其复合酯的形式存在。

1.3.2.4 猪尿液中的微生物

健康猪膀胱中的尿液是无菌的，但尿液在排出过程中极易受到泌尿生殖道内存在的各种微生物如葡萄球菌、链球菌、大肠杆菌、乳酸杆菌等的污染而带菌，所以新鲜尿液中能检到这些菌的存在，病猪尿液中可检测到有关的病原微生物。寄生在猪消化道或与消化道相连脏器（肝脏、胰腺等）中的部分寄生虫及其虫卵、幼虫或者虫体片段可随尿液一同排出，泌尿生殖器内的寄生虫的虫卵或者幼虫一般随尿液排出。

1.4 猪场废弃物对环境的危害

我国传统养猪业以家庭分散养殖为主，生产过程中产生的废弃物一般经堆肥腐熟后向农田施用而得到自然消化，从而形成良性循环。但是，随着养猪业集约化、规模化的迅速发展，种植业与养殖业逐渐分离，养殖场（户）不再种地或者养殖场没有足够的土地可及时消纳养殖过程中产生的废弃物。此外，由于化肥生产的发展和生物有机肥的成本问题，使得种地者使用猪的有机肥的意愿降低，大量施用化肥来取代猪粪肥，致使猪粪便这一宝贵的资源不能够得到及时有效地利用。

据统计，一个万头猪场每年至少向周围环境排粪便3万t，每日排污水100～150 t。猪粪尿中的氮和磷是造成环境污染的主要物质，一般而言，每头肥育猪排出约9.5 kg的氮和约6.8 kg的磷，在被排泄的氮中，33%在粪便中，67%在尿中，在规模化猪场，排入环境中的氮和磷在70%以上（王春蕾，2014）。如果对于猪的养殖废弃物不加以无害化处理而将其任意堆放和排放，就会造成环境污染。畜禽养殖废弃物已然成为我国广大农村地区面源污染的主要来源之一，其污染主要体现在水体、土壤、大气、病源传播等四个方面（孙建广，2017），见表1-1。

表1-1 生猪养殖废弃物主要环境危害

环境危害形式	主要污染物	危害
水体污染	氮、磷、有机物	水体富营养化；水体中有毒成分增多，丧失使用功能；改变水体生化性质，破坏生态平衡
土壤污染	矿物元素、金属元素	土壤性状发生变化，土壤板结、透水透气性下降，土壤质量下降
大气污染	氨、硫化氢、挥发性脂肪酸、醇类、酸类、醛类、胺类等	恶臭、温室效应
传播病源	病原微生物和寄生虫	传染病和某些寄生疾病的蔓延和发展

资料来源：孙建广（2017）。

1.4.1 水体污染

生猪对饲料中氮和磷的吸收率只有30%～35%，其余大部分被排出体外，经粪尿排出的氮、磷和未被消化的营养物质进入自然水体后，排量超过水体的自净能力，水质便会恶化。据环保部门检测，养殖场粪水的化学需氧量(COD)超标50～60倍，(生化需氧量)BOD超标70～80倍，固体悬浮物浓度(SS)超标12～20倍(孔祥国等，2016；朱静等，2017)。

如果猪场产生的固体粪便和养殖废水不经无害化处理而流入地表径流，会使水体中的有机物、固体悬浮物及微生物含量增高。有机物还会大量消耗水中的溶解氧，并在厌氧条件下分解产生硫化氢、甲烷等有毒气体，使水体发黑发臭，使对污染物敏感的水生生物逐渐消亡，严重的将导致鱼塘、河流等水系丧失使用功能。粪便中的氮和磷总量超过当地农田可承载的安全负荷时，不能有效消纳的氮、磷养分就成为水域的重要污染源。养殖污水中有害、有毒成分一旦进入地下水，可减少地下水溶解氧含量，增加水体中有毒、有害成分。

猪粪尿对水体的污染主要来源于猪用水和水冲洗所致的污浊水。养猪生产排放出的污水富集了大量高浓度有机物。水体中氮、磷及有机质的大量增加，导致水体的富营养化，促进藻类大量繁殖，使水的溶解氧减少，产生多种有害物质，使水质发黑变臭。猪粪污中的氮渗透到地下，造成地下水氮污染和有机物污染，最后使水质恶化，失去利用价值，严重污染周围的环境。

猪粪尿对水体的污染主要为有机物污染、病原菌污染、有毒有害物污染。可以通过地表径流污染地表水，也可以通过土壤渗入地下污染地下水。水中过多的氮、磷会使水体富营养化，引起藻类疯长，争夺阳光、空气和氧气，最终将使水体变黑发臭，导致鱼类及水生物死亡，并影响沿岸的生态环境。猪粪尿过量施用于农田，残留土壤中的N、P等物质渗入地下水，将导致地下水中有害物质的浓度升高，人若长期或大量饮用，可能诱发癌症。

猪粪尿中含有大量的病原微生物、寄生虫卵以及滋生的蚊蝇，使环境中的病原种类增多、菌量增大，出现病原菌和寄生虫的大量繁殖，造成人、畜传染病的蔓延，严重时会导致人畜共患病疫情发生，给人、畜带来灾难性危害。根据国家生活饮用水卫生标准GB 5749—2006，饮用水中一般细菌应在100 CFU/mL以下，而且饮用水中不能有大肠杆菌群和大肠杆菌。

1.4.2 大气污染

在生猪养殖的过程中，会产生大量的粪便和尿液，其散发出的臭气会对空气环境造成非常大的污染，不仅会降低空气的质量，其含有的毒素还会威胁人们的身体健康。猪的粪尿、尸体对大气的污染，主要源于其产生的恶臭气体，飞扬的灰土和微生物，以及粪尿持久堆放后有机物腐败分解所造成的污染。尤其是猪的粪便，因富含碳水化合物和含氮有机物，经微生物发酵分解会产生大量的恶臭物质，如挥发性脂肪酸、酚类、吲哚类、氨气、硫化物等，释放出带刺激性的特殊气味，这些高浓度的有害气体及生产中产生的大量灰尘、微生物排入大气，散布于畜禽养殖场及附近居民区上空，刺激人、畜呼吸道，造成人、畜呼吸道疾病的发生和蔓延。猪的粪便、污水在腐败分解及贮存、处理和利用过程中释放的挥发性脂肪酸、醇类、酸类、醛类、胺类、氨、硫化氢等大量的恶臭气体，不仅污染养殖场及周围空气，还会引发温室效应。

畜禽养殖业是恶臭污染的主要来源,其恶臭排放不仅影响空气质量,而且影响人、畜健康。畜禽养殖废弃物对空气的污染物主要以氨、硫化氢、硫醇类、粪臭素为主。氨主要由细菌和酶分解粪尿产生,它刺激人和动物上呼吸道,导致上呼吸道黏膜充血。氨的反应产物还是吸入性气溶胶 PM 2.5 的主要成分,据测美国有近 50%的 PM 2.5 为氨的衍生物硫酸铵;硫化氢主要来自新鲜粪便、含硫有机物厌氧降解,硫化氢危害人、畜眼睛,高浓度时可引起人、畜中毒甚至死亡。硫醇类和粪臭素主要由微生物分解粪尿中的有机物质产生,一般无毒性,但有强烈的臭味,长时间吸入会导致呼吸受到抑制而引起慢性中毒。在这些恶臭气体中,氨气和硫化氢对人、畜影响最为严重。臭气的浓度主要与粪尿中磷酸盐及氮含量成正比,一般鸡粪高于猪粪,猪粪高于牛粪。此外,畜禽养殖场恶臭强度的扩散范围与养殖场的规模、生产管理方法、温度、风力等因素均有关,一般扩散范围在 100～1 000 m。

据测算,一个年出栏 10 万头的猪场,每小时可向大气排出近 148 kg NH_3、13.5 kg H_2S、24 kg 粉尘和 14 亿个菌体,这些物质的污染半径可达 5 km,而尘埃和病原微生物可随风传播 30 km 以上,将会对周边居民的健康造成危害,也影响着养猪行业本身的健康发展(刘明美,2011)。

1.4.3 土壤污染

通过对猪的粪便的分析可知,其主要的物质是钾盐以及钠盐,如果不经过处理直接当作肥料使用,会对土壤造成严重的污染,最为直接的影响就是破坏土壤结构以及透气性。此外,当前生猪养殖饲料中,多含有 Zn、Cu 等金属元素,这些元素会通过饲料进入猪体内,经粪便排出而流入土壤,随着排放量的逐渐增多,土壤周边的植物会出现金属元素中毒而死亡的现象。因此,在猪的养殖过程中,重视资源化利用技术的发展,合理处理猪的养殖废弃物是非常有必要的。

如果大量猪的粪便作为有机肥料不经无害化处理直接施于土壤,其中的蛋白质、脂肪、类脂等有机物质会分解为胺、氨和硝酸盐等。其中氨和胺类物质经微生物作用继续转化为亚硝酸盐和硝酸盐,脂肪和类脂等有机物则会被降解为二氧化碳和水。过量的亚硝酸盐在土壤冲刷和毛细管作用下会渗入地下水造成水体污染。被亚硝酸盐污染的地下水作为饮用水源,将会给人畜带来健康威胁。一方面,当粪便施用量过度而超过土壤自身的自净和承载能力时,部分粪便降解不完全,久而久之致使土壤性状发生变化,造成土壤表面板结、透水透气性下降,大大降低了土壤的生产质量。另一方面,养猪过程中往往超出动物的需要量添加 Ca、P 等矿物质元素以及 Cu、Fe、Zn、Mn、Co、Se、I 等微量元素,这些过量矿物质和金属元素又从排泄物中排出体外。这样的猪的粪便若不经无害化处理而直接连续过量地施用,可造成土壤中盐分和重金属的富集,土壤质量下降。

猪的粪便中含有大量的钠盐和钾盐,如果直接用于农田,过量的钠和钾通过反聚作用而造成某些土壤的微孔减少,使土壤的通透性降低,破坏土壤结构。另外,现在猪的饲料中通常含有一定量的铜、砷、锌等微量元素添加剂。一般认为当土壤中铜和锌分别达到 100～200 mg/kg 和 100 mg/kg 时,即可造成土壤污染和植株中毒。一个万头猪场 5～8 年就可能排出 1 t 以上的 As,当土壤中砷酸钠加入量为 40 mg/kg 时,水稻减产 50%;当土壤中砷酸钠达到 160 mg/kg 时,水稻不能生长;当灌溉水中 As 含量达到 20 mg/kg 时,水稻颗粒无收(田宝军,2015)。

1.4.4 病原传播

猪的粪便含有多种病原体，其中许多病原微生物在较长时间可以维持感染性。如果不对猪的粪便进行无害化处理，都任意倾倒在路边或屋边，通过行人、动物及车辆的频繁往来，会传播扩散，招致疫病发生。另外大量猪粪倾倒于宅边路旁，臭不可闻，恶化环境，直接妨害城乡市民、村民的健康。

没有经过有效处理的养殖废弃物中含有种类众多的病原微生物和寄生虫，其中有些还是人、畜共患病的病原。据报道，猪的粪便是150多种疾病的潜在发病源，猪场的1 g粪污水中，含有83万个大肠杆菌，69万个肠球菌，还含有寄生虫卵、活性较强的沙门氏菌等（李文哲等，2013）。这些病原微生物可以通过被污染的土壤、水体、大气和畜产品等来传播疾病，危及畜禽和人体健康，给畜牧业和人类健康带来严重的安全隐患，有时甚至造成灾难性后果。

第 2 章

猪场废弃物处理相关法律法规及技术标准

本章内容提要

为规范畜禽养殖业废弃物的管理与排放、推进畜禽养殖废弃物的综合利用和无害化处理、防治畜禽养殖污染、保护和改善环境、促使畜禽养殖废弃物管理步入法制化轨道、促进畜禽养殖业可持续发展，中国先后颁布、实施了一系列畜禽养殖废弃物管理的法律法规和政策。同时，为了规范畜禽养殖废弃物处理技术，指导中国规模化畜禽养殖场科学、合理处理废弃物，实现畜禽废弃物的无害化、资源化利用，农业部、国家质量监督检验检疫总局、国家标准化管理委员会、商务部等部门制定了一系列的畜禽养殖废弃物管理方面的技术标准。这些文件的出台，为猪场废弃物处理提供了法律、法规、技术依据。本章主要介绍改革开放以来，我国畜禽场废弃物处理的相关法律法规和技术标准，旨在为养殖企业合法、科学地处理本场废弃物提供参考。

2.1 猪场废弃物处理相关法律法规

2.1.1 法律法规

目前，与生猪养殖废弃物管理相关的法律法规有《环境保护法》《水污染防治法》《大气污染防治法》《畜牧法》《动物防疫法》和《畜禽规模养殖污染防治条例》。《环境保护法》《水污染防治法》和《大气污染防治法》是为保护和改善环境、防治污染和其他公害、保障公众健康、推进生态文明建设和促进经济社会可持续发展而制定的国家法律。《畜牧法》和《动物防疫法》是中国畜牧业领域的指导性法律，对规范畜牧业生产经营行为，保障畜禽产品质量安全，保护和合理利用畜禽遗传资源，维护畜牧业生产经营者的合法权益，促进畜牧业持续健康发展，加强动物防疫活动管理，保护人体健康，维护公共卫生安全都具有重要意义。上述法律对畜禽养殖废弃物管理以及违法排放的处罚等做出了相应的规定(李俊营等，2017)。

2001年以来，我国环境保护部颁发了《畜禽养殖业污染防治管理办法》(2001)和《畜禽养殖业污染物排放标准》(2003)以及《畜禽养殖业污染防治技术规范》(2002)和《畜禽养殖业污染治理工程技术规范》(HJ 497—2009)，重点对畜禽粪便、粪水和病死畜禽等的处理及恶臭控制技术等进行了规范。同时，农业部发布的《畜禽粪便无害化处理技术规范》(NY/T 1168—2006)也对畜禽粪便处理场地的要求和布局，粪便的收集、贮存和处理等进行规范。

2013年，《畜禽规模养殖污染防治条例》(简称《条例》)(中华人民共和国国务院令第643号)是中国防治畜禽养殖废弃物污染的一部具有里程碑意义的法规，该《条例》不但对《环境保护法》和《畜牧法》的有关规定做了进一步细化和完善，也是对《畜禽养殖污染防治管理办法》的进一步修正和提升，是中国当前畜禽养殖废弃物管理的指导性法规，《条例》的实施将促进中国畜禽养殖业向环保、安全、高效之路发展。

已于2014年1月1日正式实施的《畜禽规模养殖污染防治条例》主要对畜禽养殖过程中的污染防治问题进行规定，重点关注畜禽废弃物的综合资源利用。

我国的《畜禽规模养殖污染防治条例》第十三条规定，畜禽养殖场、养殖小区应当根据养殖规模和污染防治需要，建设相应的畜禽粪便、污水与雨水分流设施，畜禽粪便、污水的贮存设施，粪污厌氧消化和堆沤、有机肥加工、制取沼气、沼渣沼液分离和输送、污水处理、畜禽尸体处理等综合利用和无害化处理设施。已经委托他人对畜禽养殖废弃物代为综合利用和无害化处理的，可以不自行建设综合利用和无害化处理设施；未建设污染防治配套设施、自行建设的配套设施不合格，或者未委托他人对畜禽养殖废弃物进行综合利用无害化处理的，畜禽养殖场、养殖小区不得投入生产或者使用。

《条例》第十八条规定，将畜禽粪便、污水、沼渣、沼液等用作肥料的，应当与土地的消纳能力相适应，并采取有效措施，消除可能引起传染病的微生物，防止污染环境和传播疫病。《条例》第三十九条规定，违反本条例规定，未建设污染防治配套设施或者自行建设的配套设施不合格，也未委托他人对畜禽养殖废弃物进行综合利用和无害化处理，畜禽养殖场、养殖小区即投入生产、使用，或者建设的污染防治配套设施未正常运行的，由县级以上人民政府环境保护主管部门责令停止生产或者使用，可以处10万元以下的罚款。

2016年12月全国人大常委会审议通过了《环境保护税法》，其中要求大规模的畜禽养殖场要根据养殖数量缴纳一定的环保税。新环保法和《环境保护税法》的实施无论对规模养殖场还是小养殖场来说都带来了一定的压力，尤其是环境严重不达标、粪便处理不达标的养殖场压力更大。

鉴于技术规范类政策存在执行效力不高等问题，目前来看，以政府为主导，采取经济手段引导畜禽养殖户的环境保护行为，即自觉进行畜禽养殖废弃物处置，变“末端处理”为“源头控制”，成为世界范围内探索解决经济发展中环境危机的有效途径。

应积极贯彻国家环境保护等相关法律法规，如《环境保护法》《水污染防治法》《大气污染防治法》《畜禽规模养殖污染防治条例》《畜禽养殖污染物排放标准》《畜禽养殖业环境管理技术规范》《中华人民共和国清洁生产促进法》等。加强相关法律法规的宣传和落实工作，加强养殖企业环境保护意识培训,并依靠相关法律法规,对养殖企业实行排污许可证制度,加大监管力度,把清洁生产的思想贯穿到畜牧业各个环节。

2.1.2 相关政策

在法律法规的基础上,国家行政管理部门也陆续出台了一系列的规章通知等,在政策上引导规模化畜禽养殖企业重视环境保护,加强畜禽养殖废弃物管理,防治环境污染。2001 年,国家环境保护总局颁布《畜禽养殖污染防治管理办法》,规定了畜禽养殖污染来源、畜禽养殖禁养区、养殖场环境评价、畜禽养殖场污染防治处理设施等应达到的要求。《关于落实科学发展观加强环境保护的决定》(2005 年)明确提出“积极发展节水农业与生态农业,加大规模化养殖业污染治理力度”。《国家农村小康环保行动计划》(2006 年)提出把防治规模化畜禽养殖污染作为行动计划的重点领域。并计划到 2010 年完成 500 个规模化畜禽养殖污染防治示范工程建设。这些政策的出台,表明国家不断加大畜禽废弃物处理力度(孔祥才等,2017;田义等,2016)。

2012 年环保部发布《畜禽养殖业污染防治技术政策》(环发〔2010〕151 号)通知指出,畜禽养殖污染防治应贯彻“预防为主、防治结合,经济性和实用性相结合,管理措施和技术措施相结合,有效利用和全面处理相结合”的技术方针,实行“源头削减、清洁生产、资源化综合利用,防止二次污染”的技术路线。2013 年环保部、农业部联合印发的《全国畜禽养殖污染防治“十二五”规划》中提出践行生态文明理念,按照“发展中保护、保护中发展”的要求,以推动农牧结合、种养平衡、循环利用为根本手段,提高农业资源综合利用效益,减少污染物排放,保障区域环境质量和畜牧业健康持续发展。

2015 年国务院印发的《水污染防治行动计划》国发〔2015〕17 号再次强调科学划定畜禽养殖禁养区,2017 年底前依法关闭或搬迁禁养区内的畜禽养殖场(小区)和养殖专业户。进入“十三五”以来,国家高度重视畜禽废弃物环境污染问题。2016 年,国务院印发《全国农业现代化规划(2016—2020 年)》,提出种养结合循环农业工程,以畜禽规模养殖场为重点,建设大型沼气工程、生物质燃气提纯利用及有机肥加工设施,发展以沼气为纽带的生态循环农业。2017 年,国家制定了《开展水果蔬菜茶叶有机肥替代化肥行动方案》《畜禽粪污资源化利用行动方案(2017—2020 年)》和《国务院办公厅关于加快推进畜禽养殖废弃物资源化利用的意见》等政策,进一步推进畜禽粪污处理,加快推进畜牧业绿色发展(吴信等,2018)。

在病害畜禽处理方面,2013 年农业部制定了《病死动物无害化处理技术规范》,规范病死动物无害化处理操作技术;2014 年国务院办公厅颁布了《关于建立病死畜禽无害化处理机制的意见》,进一步从总体思路、强化生产经营者主体责任、落实属地管理责任、加强无害化处理体系建设、完善配套保障政策、加强宣传教育、严厉打击违法犯罪行为和加强组织领导等八个方面规范了病死畜禽无害化处理机制,严禁抛弃、收购、贩卖、屠宰、加工病死畜禽。此外,各省(自治区、直辖市)根据国家法规和通知要求也制定了适合当地的管理法规、政策等,有效地促进了各地畜禽养殖业废弃物处理。

另外,与猪场废弃物处理和资源化利用有关的一系列通知,列举如下。

- 《农业部关于打好农业面源污染防治攻坚战的实施意见》(农科发〔2015〕1 号)

将畜禽粪便基本实现资源化利用纳入“一控两减三基本”的目标框架体系,成立了工作领导小组,专门制定了推进畜禽粪便综合利用的工作方案和行动方案,合力推进畜禽粪便治理。

其中,“一控”:控制农业用水的总量,划定总量的红线和利用系数率的红线;“两减”:主要是把化肥、农药的使用总量减下来;“三基本”:就是针对畜禽污染处理问题、地膜回收的问题、秸秆焚烧的问题采取有关措施,通过资源化利用的办法从根本解决好这些问题。

•《农业部关于促进南方水网地区生猪养殖布局调整优化的指导意见》(农牧发〔2015〕11 号)

对上海、浙江、江苏、广东、安徽、江西、山东、河南、湖北、湖南等 10 省(直辖市)的生猪养殖业做出调整优化。到 2020 年,南方水网地区生猪养殖转型升级取得明显成效,实现生猪养殖污染基本治理和生猪生产基本稳定的双重目标。

•《农业部办公厅关于印发〈畜牧业绿色发展示范县创建活动方案和考核办法〉的通知》(农办牧〔2016〕17 号)

贯彻落实中央关于生态文明建设的总体部署,树立畜牧业绿色发展理念,整县推进畜禽粪便综合利用和病死畜禽无害化处理,促进畜牧业生产和生态环境保护协调发展。创建任务:畜牧业绿色发展示范县创建以生猪、奶牛、肉牛、肉羊主产县为重点,兼顾蛋鸡、肉鸡主产县。“十三五”期间计划平均每年创建 40 个,累计创建 200 个畜牧业绿色发展示范县。

•《农业部关于印发〈全国生猪生产发展规划(2016—2020)〉的通知》(农牧发〔2016〕6 号)

“十二五”期间,我国生猪生产总体保持稳定增长,生猪存栏量、出栏量和猪肉产量稳居世界第一位,有力地保障了城乡居民猪肉消费需求,猪肉占肉类总产量的比重 64%左右,始终是肉类供给的主体。每年在生猪生产省选择 40 个县,5 年共 200 个生猪养殖大县,整县推进生猪废弃物综合利用试点,重点开展生猪规模养殖场清洁养殖工艺改进、废弃物处理利用设施建设和区域性生猪废弃物集中处理中心建设。力争到 2020 年,试点县生猪废弃物基本实现无害化处理、资源化利用,种养平衡、农牧共生互动、生态良性循环的产业格局基本形成。

•《关于印发〈关于推进农业废弃物资源化利用试点的方案〉的通知》(农计发〔2016〕90 号)

农业废弃物:畜禽粪污、病死畜禽、农作物秸秆、废旧农膜及废弃农药包装物;主线:就地消纳、能量循环、综合利用;方式:政府支持、市场运作、社会参与、分步实施;治理目标:力争到 2020 年,试点县规模养殖场配套建设粪污处理设施比例达到 80%左右,畜禽粪污基本实现资源化利用;病死畜禽基本实现无害化处理;秸秆综合利用率达到 85%以上;探索有效途径:针对畜禽粪污、病死畜禽、农作物秸秆、废旧农膜及废弃农药包装物等不同废弃物特点,优化集成技术方案,探索有效利用路径。

•《农业部办公厅关于印发〈2017 年农业面源污染防治攻坚战重点工作安排〉的通知》(农办科〔2017〕8 号)

推进化肥农药使用量零增长行动——推进化肥减量增效,推进农药减量控制;推进养殖粪污综合治理行动——推进畜禽养殖粪污综合治理;推进果菜茶有机肥替代化肥行动——启动果菜茶有机肥替代化肥示范县,创建构建果菜茶绿色发展工作机制;推进农业面源污染防治技术推广行动——强化技术创新,推进技术应用,推广节水农业技术。

•《农业部关于认真贯彻落实习近平总书记重要讲话精神加快推进畜禽粪污处理和资源化工作的通知》(农牧发〔2017〕1 号)

方针:坚持政府支持、企业主体、市场化运作;主要处理方向:沼气和生物天然气;主要利用方向:就地就近用于农村能源和农用有机肥;重点:畜禽养殖大县和规模养殖场,加快推进畜禽养殖废弃物资源化利用;源头减量:饲料减排,养殖节水;过程控制:微生物菌剂、土地承载力、碳排放碳汇;末端利用:肥料化、能源化、基质化、饲料化、工业化。据测算,3 t 固体畜禽粪便可生产 1 t 有机肥，全部固体粪便可提供氮肥 1 300 多万 t，相当于目前全国化肥氮的一半。全国畜禽粪污若全部利用，理论沼气产生量超过 1 000 亿 m^3，替代 0.7 亿 t 标准煤，减少二氧化碳排放 1.8 亿 t，同时沼渣能生产 1.7 亿 t 有机肥(林海，2017)。

•《农业部关于印发〈开展果菜茶有机肥替代化肥行动方案〉的通知》(农农发〔2017〕2 号)

2017 年，选择 100 个果菜茶重点县(市、区)开展有机肥替代化肥示范，创建一批果菜茶知名品牌，集成一批可复制、可推广、可持续的有机肥替代化肥的生产运营模式，做到建一批、成一批。力争 3～5 年时间，初步建立起有机肥替代化肥的组织方式和政策体系，集成推广有机肥替代化肥的生产技术模式，创建果菜茶有机肥替代化肥长效机制。

化肥用量明显减少：到 2020 年，果菜茶优势产区化肥用量减少 20%以上，果菜茶核心产区和知名品牌生产基地园区化肥用量减少 50%以上。

产量品质明显提高：到 2020 年，在果菜茶优势产区加快推进“三品一标”认证创建一批地方特色突出、特性鲜明的区域公用品牌，推动品质指标大幅提高，100%符合食品安全国家标准或农产品质量安全行业标准。

土壤质量明显提升：到 2020 年，优势产区果园土壤有机质含量达到 1.2%或提高 0.3%以上，茶园土壤有机质含量达到 1.2%或提高 0.2%以上，菜地土壤有机质含量稳定在 2%以上。

项目资金：10 亿元用于开展果菜茶有机肥替代化肥行动，100 个果菜茶重点县(市、区)，每个县 1 千万元资金。

•《农业部关于实施农业绿色发展五大行动的通知》(农办发〔2017〕6 号)

畜禽粪污资源化利用行动：开展畜禽粪污资源化利用试点；组织实施种养结合一体化项目；建设畜禽规模化养殖场信息直联直报平台；力争到 2020 年基本解决大规模畜禽养殖场粪污处理和资源化问题。果菜茶有机肥替代化肥行动、东北地区秸秆处理行动、农膜回收行动、以长江为重点水生生物保护行动等项内容。

•《国务院办公厅关于加快推进畜禽养殖废弃物资源化利用的意见》(国办发〔2017〕48 号)

粪污资源化利用的总体要求可以概括为：一个方针，即坚持政府支持、企业主体、市场化运作的方针；一个路径，即坚持源头减量、过程控制、末端利用的治理路径；管理目标，即健全制度，强化责任，完善政策，强化装备；两个重点，即以畜牧大县和规模养殖场为重点；利用方向，即以农用有机肥和农村能源为主要利用方向；处理方向，即以沼气和生物天然气为主要处理方向。2020 年主要目标：全国粪污综合利用率达到 75%以上；规模养殖场粪污处理设施装备率达到 95%以上；大型养殖场提前一年达到 100%。畜牧大县、国家现代农业示范区、农业可持续发展试验示范区和现代农业产业园率先实现上述目标。

2.2　猪场废弃物处理相关技术标准

目前，中国已经颁布实施的畜禽养殖废弃物管理的技术标准约 26 个，包括《畜禽养殖业污染物排放标准》(GB 18596—2001)、《病害动物和病害动物产品生物安全处理规程》(GB 16548—2006)、《畜禽养殖业污染防治技术规范》(HJ 81—2001)和《畜禽养殖业污染治理工程技术规范》(HJ 497—2009)4 个强制性标准；《畜禽粪便监测技术规范》(GB/T 25169—2010)和《畜禽粪便无害化处理技术规范》(NY/T 1168—2006)等推荐性标准。其中，《畜禽环境术语》(GB/T 19525.1—2004)和《畜禽养殖废弃物管理术语》(GB/T 25171—2010)规定了畜禽养殖废弃物与环境的相关术语;《畜禽养殖业污染防治技术规范》和《畜禽场环境污染控制技术规范》(NY/T 1169—2006)全面介绍畜禽养殖污染防治技术要求;《畜禽粪便监测技术规范》和《畜禽粪便无害化处理技术规范》《畜禽粪便农田利用环境影响评价准则》(GB/T 26622—2011)、《畜禽粪便安全使用准则》(NY/T 1334—2007)、《畜禽粪便还田技术规范》(GB/T 25246—2010)规定了畜禽粪便监测、处理和利用方面的技术要求;《畜禽养殖业污染治理工程技术规范》《畜禽养殖污水采样技术规范》(GB/T 27522—2011)、《畜禽养殖污水贮存设施设计要求》(GB/T 26624—2011)、《规模化畜禽养殖场沼气工程设备选型技术规范》(NY/T 2600—2014)和《规模化畜禽养殖场沼气工程验收规范》(NY/T 2599—2014)等规定了畜禽养殖污水处理方面的技术要求;《病害畜禽及产品焚烧设备》(SB/T 10571—2010)、《病害畜禽及其产品无害化处理人员技能要求》(SB/T 10663—2012)规定了病害畜禽及其产品处理技术、设备和人员等要求;《畜禽养殖业污染物排放标准》规定了畜禽养殖业污染物排放要求。

第3章
猪场废弃物处理设施进步

本章内容提要

改革开放初期，养猪作为副业生产，猪场建设不会过多考虑选址问题及粪便收集、贮存、处理设施问题，这些设施较为落后，农户猪舍多建设在家前屋后，集体猪舍多建设在村庄或队部附近，粪便由人工简单清扫后作沤肥或自然堆积发酵还田。随着集约化养殖的发展和环保压力的加大，养猪企业在引进国外先进养猪新技术、新理念的同时，更加注重生物安全与环保安全。在消化吸收先进养殖技术的基础上，经过不断探索和研究，养猪企业不仅形成了适宜本场的建设方案，而且在粪尿的收集、贮存和处理设施上较之前有很大改进。本章主要介绍改革开放以来，猪场布局与设计、废弃物收集设施、废弃物贮存设施、废弃物处理设施进步情况，旨在为养猪企业在圈舍的建设及废弃物收集、处理、贮存设施的选择提供参考。

3.1 猪场布局与设计

3.1.1 猪场选址与布局

3.1.1.1 猪场选址

猪场选址应根据猪场的性质、饲养规模、发展规划，本着节约用地、不占或少占耕地的原则，充分考虑当地的地形地势、水源、土壤、气候等自然条件，结合猪场交通运输、原料供应、能源、通信需求，以及与周边水源保护区、生态保护区、居民点、工厂、屠宰场、其他养殖场等环保安全与生物安全距离需求。2015 年，随着农业部发布了《关于促进南方水网地区养殖布局调整优化的指导意见》，各省（自治区、直辖市）纷纷划定生猪禁养区，限时将禁养区内的猪场拆除或搬迁，因此，猪场选址还要考虑当地农业生产、政策、中长期发展规划等社会条件。

1. 土地的性质

土地性质在以往容易被猪场建设者忽略，现在由于环保、土地审批政策的收紧，已经变成猪场建设的必要条件。因此，在选择猪场用地的时候，一定要注意不能选用基本农田，而要选择一般农用地。还有要对该地块及周围地块以后的开发方向有所了解，避免选择的场地与以后政府的其他重大开发项目有所冲突。这些是在建猪场时首先要了解的，不然往往会给猪场带来灾难性的损失。

2. 用地面积

猪场用地面积应根据猪场建设模式、工艺流程，全面考虑猪舍用地面积及生活区、办公区、粪污处理区及生物安全隔离带或绿化隔离带等用地需求，并尽可能为今后发展留有余地。

3. 水源

水是生命之源，是畜体的重要组成部分，动物机体的70%左右由水组成。水也是动物不可缺少、无可替换的营养物质。水除具有重要的营养和代谢功能外，还是猪场控制卫生环境不可缺少的物质，如洗栏、消毒、降温等。因此，水源是选场址的先决条件，要求水量充足、水质良好。猪场的用水量非常大，万头猪场的深井水要求每小时出水量在10 t以上，如果水源不足将会严重影响猪场的正常生产和生活。

4. 地形地势

地势要高、干燥、平坦、背风向阳、有缓坡。地势高排水方便，可以避免受雨季洪水威胁，还可以保持猪舍内地面干燥，减少疾病的发生和流行。不宜选择低洼潮湿场地。场地平坦，开阔整齐，便于猪舍布局施工。背风向阳，有利于通风，切忌把大型猪场建到低洼地带，否则夏季闷热潮湿，冬季阴冷，通风不良，场区内外空气污浊影响猪生长。地势有一定坡度，便于排水排污，但缓坡角度不要超过25°，以免给猪转运带来不便。

5. 交通

猪场选址不但要考虑交通方便，而且要考虑与交通主干线保持适当的距离，一般要求距离高速公路、铁路、国道、省道两侧各1 km以上，种猪场一般要求2 km以上。

6. 生物安全

猪场应远离人口集中区、自然保护区、水源保护区、旅游景点及其他法律法规规定的禁养区，处于相对独立的区域。最好有防疫围河、围墙或林带作为隔离带。猪场应距离居民生活区、城区、开发区、港城规划区、乡镇集镇规划区（含工业集中区）500 m范围以上，应距离学校、医院、车站等敏感区域常年主导风向上风向1 km以上；离其他生猪、牛、羊养殖场3 km以上；离生猪屠宰加工场和病死畜无害化处理场3 km以上；离饮用水源保护区两侧1 km以上（李先囡等，2010；孟昭强，2011；董日辉，2013；高圣玥等，2016）。

7. 能源

猪场应距供电、供气源头近一些，这样可以节省输电、输气成本开支。供电要求电压稳定，少停电，场内变压器功率与用电负荷要相匹配；若使用天然气供暖，则要测算好用气量，专门铺设管道。如果当地电网不能稳定供电，猪场应自备相应的发电机组，以防止因突然断电而造成不必要的损失。

8. 环保

粪便及污水的处理是猪场最难解决的问题。粪污水日产量因清粪方式不同而有所不同，一般每上市一头生猪产生粪污水约 1.5 t。因此，场地里要确立污水处理区的位置，一般污水处理区设计在猪场地形和风向下游，有利于自然排污和保证猪场生产区和生活区减少臭味。在选址时，猪场周围最好有大片农田、果园或菜地。这样猪场产生的粪水经过适当的处理后，可灌溉到农田里，既有利于粪水的处理又促进了当地农业的生产，实现种养循环生态发展。

场址选择的好坏，直接影响着猪场将来经济效益和社会效益，在选址时需要因时因地做出判断。

3.1.1.2　猪场布局

猪场在功能区划分上大致包括生产区、生产辅助区、粪污处理区、办公区、生活区等五大区域。生产区又可以分为繁殖区、保育育肥区。繁殖区还可以分为后备隔离区、公猪区、保胎区、产仔哺乳区。保育育肥区又可以分为保育区、育肥区。

猪场的布局对猪场生物安全防控、生产效率提升起到至关重要的作用。规模化猪场在布局上有一点式、二点式、三点式等多种类型，布局方式应结合当地自然气候、地形、猪场的性质与规模、生产节律、生物安全需求等合理安排。一般情况是办公区、生活区设在生产区的上风向，或与风向平行的一侧，因其与场外联系密切，为保障防疫安全，故设在猪场大门附近。生产区猪舍的布局则充分考虑风向和地势，对于自繁自养的规模化猪场而言，配种舍、妊娠舍、分娩舍应排在地势较好的上风向位置，分娩舍应靠近妊娠舍，便于驱赶母猪。保育舍应靠近生长育肥舍，以便于猪场内转运。育肥舍、生猪销售区位于猪场的下风向，病猪隔离区、粪污处理区、病死猪无害化处理区则应置于全场最下风向和地势最低处，并保持与生产区有一定的距离。场内道路要区分净道、污道，互不交叉。场内空地要因地制宜做好绿化，既可以美化环境，又可以净化空气。此外，猪场应设有防疫围河或围墙，以防其他动物或闲杂人员闯入。其他生产、生活辅助用房应根据实际使用需要合理排布。

3.1.2　猪舍设计

3.1.2.1　猪舍设计发展历程

1. 第一阶段(1978—1994 年)

随着我国生猪养殖业的快速发展，养殖理念不断转变，养殖技术不断进步，猪舍设计与建筑理念也发生了明显变化。改革开放初期，我国养猪较分散，生产水平低，养猪只是农业生产中的副业，猪舍简陋，设施设备落后。农村猪舍多为半敞开的连茅舍，即猪舍和茅房连接在一起，在敞开部位既是猪排粪尿的地方，也是人的粪尿排放处。猪舍墙壁多为夯土筑成，舍顶为茅草、麦秆等覆盖而成，原有集体猪舍也多是联排的简单的半敞开式结构(图 3-1)，猪舍内设一喂料、赶猪通道，舍外带运动场，小群饲养。该类猪舍虽然通风采光效果好，但防寒保暖不易，是导致生产水平低下的主要原因之一。粪便由人工清扫后作沤肥或自然堆积发酵作为绿肥还田，人均生产效率非常低。

图 3-1　改革开放初期国内某猪场猪舍

随着改革开放的推进发展，生猪养殖政策也随之调整，中央关于发展畜牧业的政策大大提高了农民养猪的积极性，养猪业地位由副业向产业型转变。同时，开始从国外引进瘦肉型猪种进行扩繁饲养，国外养猪理念也得到了吸收应用，规模化养猪开始出现，如广州白云机械化猪场、沈阳马三家机械化养猪试验场等。猪场开始使用自动饮水器、金属围栏等，猪舍结构也发生了变化，开始了舍内养殖，但清粪还是以人工清粪为主。

2. 第二阶段(1995—2008 年)

在政策引导下，规模化养殖迅速发展，涌现出大批饲养外来品种的万头以上规模化猪场，个体养殖户也快速增加，形成了规模化养殖场和个体养殖户并驾齐驱的局面。规模化猪场采用国外先进的技术与经验，开始重视养猪场的规划、设计及新技术应用，开始尝试分点布局生产区，采用了流水作业式生产工艺，实行节律生产，实施了种母猪限位栏饲养、仔猪高床饲养，采光、通风、清粪工艺也因地制宜得到了推广应用(图 3-2)。但是，这一阶段的规模化猪场人均劳动效率低，机械化程度相对较低，处于半机械化阶段，栏位工艺较落后，损坏率高。

图 3-2　20 世纪 90 年代国内某猪场猪舍

3. 第三阶段(2009 年至今)

2008 年以后，随着养猪技术的进步，猪舍设计及装备水平进一步提高，棚舍跨度越来越大，栏位排列从单列式、双列式发展成多列式，猪场用地变得更加节约；猪场规模越来越大，从万头猪场发展成 5 万头、10 万头及更大规模；猪舍建造从注重生产向注重效率及环保、动物福利等方向发展，养猪已经成为资本型、技术型产业。自动通风换气、自动温度控制、自动环境监测、自动饲喂等智能化装备及养猪新理念、新技术等得到推广应用(图 3-3)，对生产人员的综合素质要求也越来越高,不但要会养猪还要会简单的电子控制技术。国内集团化的猪场开始采用物联网技术实施信息化管理,如光明集团的光明智慧养殖云平台,通过信息化、数字化管理,做到管理实时、数据准确、控制有力,劳动效率明显提升,人均饲养规模较传统养殖方式提升 1.5 倍以上。

图 3-3　自动饲喂系统及种猪自由进出栏

3.1.2.2　猪舍工艺设计技术

1. 温度控制技术

猪舍是猪生长的地方,其中温度控制至关重要,直接关系到猪的生产性能能否正常发挥。猪舍温度控制又是一个系统工程,不仅要考虑冬季的增温保温,还要考虑夏季的防暑降温,因此,需要从建筑材料、设备、工艺等多方面考虑。

屋顶起遮风挡雨和保温隔热作用,因此,在设计建造时要坚固,有一定的承重能力,能够承受风、雨、雪的压力;要不漏水、不透风,具有良好的保暖隔热性能。20 世纪八九十年代猪舍的房顶设计相对简单,大部分猪场采用双坡式单层瓦顶,南方炎热地区也有部分猪场使用石棉瓦屋顶[图 3-4(左)],简单的瓦顶结构,隔热性能差,冬天猪舍热空气通过屋顶散失,易造成舍内温度下降;夏天屋顶吸热,易引起舍内温度上升。20 世纪 90 年代后期有规模化猪场采用彩条

图 3-4　石棉瓦舍顶(左)及舍内彩条布吊顶(右)

布等简易吊顶[图 3-4(右)]，虽冬季保暖效果得到改善，但又给夏季防暑降温带来不便。因此，猪场必须选用保温性能好、耐用的材料修造屋顶。随着建筑材料的发展，部分规模化猪场开始使用厚度 75 mm 泡沫彩钢夹心板[图 3-5(左)]，隔热效果较好，但是屋檐若处理不好，易被麻雀等鸟类损坏夹心板内的泡沫，从而导致檐口被腐蚀损坏。光明集团在自动化猪场建设过程中，结合多年猪舍设计与使用经验，屋顶采用厚度为 0.6 mm 的高强度、耐高温的宝钢复碳板[图 3-5(中)]，压制成瓦楞形后铺设。为增强室内保温效果，采用木龙架塑料扣板吊顶，吊顶上铺设 20 cm 厚保温棉以增强隔热效果[图 3-5(右)]。

图 3-5 泡沫彩钢夹心板(左)、复碳板(中)及隔热层铺设保温棉舍顶(右)

猪舍的墙壁要求坚固耐用，有一定的强度、厚度和较好的隔热效果。我国早期建筑多采用 240 mm 黏土实心砖，总体保温性能较差，20 世纪 80 年代后黏土多孔砖的使用使墙体隔热性能有所改善；而墙体外保温与内保温相比，技术更加合理，也更具优势。因此，寒冷地区，猪舍墙体应该厚一些或做成空心结构或在外墙加一层泡沫隔热板。

2. 保暖设备

传统生猪养殖，为做好冬季生猪的保暖工作，多是在地上铺上一层垫草，既供猪啃食，又在猪休息时起到保暖作用。20 世纪 90 年代以后，随着供暖技术的发展，猪舍保暖设备也在不断更新。

热风炉：该种设备主要是通过直接燃烧煤炭，形成热风，再根据设定的室温通过鼓风机将热风送传猪舍(图 3-6)。其优点是加热快速，送风效果好，但是因其需人工加煤，所以工作效率低，温差较大，现在多不再使用。

图 3-6 燃煤热风炉(左)与猪舍(右)

水暖系统:水暖系统(图 3-7)主要是通过常压锅炉燃烧煤炭而加热炉内的循环水,加热后的水在棚舍内循环释放热能,从而起到给棚舍内增温的目的。循环管网有漏缝地板下悬挂式、地面预埋式及舍内散热片式等。水暖供暖舍内空气干燥、质量好,供热效果好,成本低,深受大部分猪场的青睐。地下预埋循环管道铺设在猪躺卧区域,通常由 4 根塑料管组成,埋深 5 cm,铺设时,还要在管道下面铺设一层隔热材料,防止热量向下散失。但是,近年来,由于环保要求的改变,烧煤锅炉将逐渐被燃气锅炉、生物质锅炉或其他供暖设备所取代。

图 3-7　悬挂式水暖(左)及地暖管道(右)

热泵供暖:热泵即制冷机,能将冷源的能量转移至热源,是全世界备受关注的新能源技术。粪源热泵工作原理是利用猪舍粪污产生的热量,加热吸热器中的水,然后使用加热泵打水,使这些水冷却下来,再通过加热泵,将冷却产生的能量转换成更高的温度以给加热泵中的水加热,并利用水循环供暖。热泵安装方便、清洁环保,可以使用猪舍蓄粪池的混凝土地面用作热泵制冷面,采用热泵可以降低舍内二氧化碳与氨气的排放(图 3-8)。

图 3-8　热泵管线铺设(左)及热泵冷却系统(右)

3. 通风技术

通风主要目的是将舍内有害气体排出以及在夏季时与湿帘联合应用给猪舍降温。早期的棚舍由于多为开放式、半开式,采用自然通风,随着生猪养殖规模化、现代化发展,棚舍的通风主要靠机械通风。以通风方向分，通风模式分为横向通风、纵向通风、垂直通风；按进风方式可以分正压通风与负压通风。正压通风是指风机将舍外空气强制送入舍内，在舍内形成正压，迫使舍内空气通过排气口流出，实现通风换气，其优点是方便对进入舍内的新鲜空气进行加热、冷却和过滤等预处理，其缺点是由于形成正压，容易迫使舍内潮湿空气进入墙体和天花板，且易在屋角形成气流死角。负压通风是指风机将舍内污浊空气强制排出舍外，在舍内形成负压，于是舍外空气就从设在顶棚或墙壁上的进气口进入舍内，实现通风换气。其优点是风机安装方便，成本低，如果进气口的位置和形状恰当，进入的新鲜空气在舍内均布；其缺点是当舍内围护结构缝隙较多时，易使舍内气流紊乱，破坏热力工况。采用在猪舍吊顶上方两侧屋檐下设置连续的缝隙式进气口，冬季时，通过屋顶彩钢板吸热加热吊顶上层的空气，采用屋顶进风（风从吊顶上方进入舍内），可以为猪舍提供均匀一致的新鲜预热空气。

现代化猪场在使用水泡粪清粪工艺时，由于粪水在坑中有一段停留时间，会发酵产生氨气、甲烷等有害气体，如果让其进入猪舍，将影响猪群的健康生长，故一般需要做地下风道，再通过地沟风机将有害气体排出舍外。

4. 排污设计

现代规模化养猪猪群密度大，每天产生的粪便多，因此，合理的排污设计是维持猪舍环境的重要因素。

舍内粪沟的设计：传统型猪场多采用人工清粪或机械清粪。人工清粪多在舍内设置明沟，粪沟宽度为25～30 cm、始深5 cm、坡度0.2%～0.3%，主要用来排泄猪尿和清洗水，猪粪则由人工清起运走。机械清粪主要为刮粪板清粪，粪沟宽为100～200 cm、坡度0.1%～0.3%，利用卷扬机牵引刮粪板将粪沟内的猪粪尿清走，此种清粪不可用在生猪养殖的全过程，设备故障率高。现代猪场多采用中等深度水泡粪工艺清粪。光明集团的设计经验：自动清粪舍内地垄沟深800 mm、宽2 760 mm，由于猪舍的排粪地垄沟的长度较长，在排粪地垄沟的中部可以设置一道S形隔墙，将排粪地垄沟分成两个单独的地垄沟，在S形隔墙两侧的地垄沟内分别对称设置排污口，排污口分别与设置在地下的排污管相连接。在需要排污时，仅需要将舍内排污口的堵头轻轻拔出，利用虹吸原理，猪粪尿即可通过排污管自动排入舍外集粪池。

舍外粪沟：20世纪80年代至2008年左右，养猪场舍外多采用砖墙结构的排粪沟，排粪沟建设较粗糙，易发生向外渗漏或雨水进入的情况。2008年以后，大型的现代化猪场在排污工艺上有了较大的改进，多选择水泥管、波纹管或PVC管作为排污管道，取代以前的水泥渠。通常排布在舍内的管道直径为250 mm，舍外总排污管道的直径在500 mm，排布坡度1.0%～1.5%，如果各栋舍之间的地势有一定的落差，则可以利用这种地势来作为总排污管道的沟底斜度。

3.2 猪场废弃物收集设施

3.2.1 猪场粪便收集设施

粪便的产生量及含水率因品种、生长期、饲料、管理水平、气候等因素而有所不同，采用不同的清粪工艺对粪液产生量及污染物浓度有着较大关系(表 3-1、表 3-2)。因此,猪场清粪工艺的选择要结合饲养规模、周围环境、粪便利用方式等因素认真综合考虑。

表 3-1　不同清粪方式排污水量　　m^3/d

清粪方式	排粪水量
干清粪	5～6
水冲清粪	15～20
水泡清粪	10～12

数据来源:全国畜牧总站,畜禽粪便资源化利用技术——达标排放式(2016)。

表 3-2　不同清粪方式废水中污染物浓度　　mg/L

清粪方式	pH	COD_{cr}	NH_3—N	TP	TN
水冲粪	6.30～7.50	15 600～46 800	127～1 780	32.1～293	141～1 970
干清粪	6.30～7.50	2 510～2 770	234～288	34.7～524	317～423

数据来源:全国畜牧总站,畜禽粪便资源化利用技术——达标排放式(2016)。

常见的猪舍清粪工艺有人工干清粪、机械清粪、水冲式清粪、尿泡粪清粪、发酵床、吸粪车清粪等。

3.2.1.1　人工干清粪

人工干清粪就是以人工利用清扫工具将畜禽舍内的粪便清扫收集,再由机动车或人力车运送到集粪场,少量粪渣则在尿液与棚舍用水的带动下由粪沟排到舍外排污系统(图 3-9)。人工干清粪需要配备一些简单的清洁工具,如扫帚、铁锨、小推车等,设备简单,不用电,无能耗,一次性投资少,还可以做到粪尿干湿分离,便于后续的粪尿处理。其缺陷是劳动量大,生产率低。人工干清粪工艺在散养户、中小规模场及传统养殖场被广泛采用,由于影响劳动效率,因此,当前在现代化场不采用。

图 3-9　舍内人工清粪(左)及集粪场(右)

3.2.1.2　机械清粪

机械清粪指采用专门的机械设备进行清粪的方式,如链式刮板清粪机和往复式刮板清粪机等机械,属于清粪的一种方式。其工作原理是:电动机将动力通过减速箱传递给传动机构,利用传动机构上的槽轮拖动刮粪装置,使其在粪道内做往复运动,对粪道内的粪便进行清理,并将粪便刮入集粪沟池中。刮板装置碰到设置在粪槽内的行程控制装置后,通过控制电路,自动实现电机的反转,将刮粪板拉回,直至碰到回程的行程控制装置,实现其复位。为了节约设备和电力,通过绞盘和绞索绕线方式的变化,可以做成1拖2、1拖3、1拖4等几种形式。

刮板清粪机形式上可以分为平刮板和V形刮板两种(图3-10)。平刮板相对工艺简单,是基于粪尿不分离的原则设计,粪尿一起刮出舍外,舍内没有实现干湿分离,需要后续增加干湿分离设备。由于地沟坡度不大,尿液容易挥发,相对空气质量较差。目前国内的机械刮粪设备还是以V形刮板为主。V形刮板在舍内可以实现干湿分离,尿液利用坡度可以较快排出,挥发相对较小,但是相对平刮板而言施工精度要求高,地沟沟底如果精度不理想会影响后续的刮粪效果,增加故障率。所以采用机械刮粪板尤其是V形刮板的猪舍一定要注意地沟的施工质量控制。法国为了保证地沟沟底的精度有采用混凝土预制件的方式,目前在国内也有猪场开始采用。

图3-10 平刮板(左)及V形刮板(右)

机械清粪效率高,可以减轻劳动强度,节约劳动力,提高效率;但是其一次性投资成本较大,刮板的钢丝绳易被腐蚀损坏,使用寿命短,运行维护费用较高,而且我国目前生产的清粪机在使用可靠性方面还存在欠缺,故障发生率较高;此外,清粪机工作噪音较大,不利于猪的生长。

3.2.1.3 水冲式清粪

水冲式清粪工艺是规模化养猪时期常用的清粪模式,该方式是用水将粪污冲出舍外,以达到及时、有效清除舍内粪尿、保持畜舍环境卫生的目的。水冲式清粪的优点是设备简单,投资较少,劳动强度小,劳动效率高,工作可靠,故障少,易于保持舍内卫生。其主要缺陷是水量消耗大,比其他清粪方式用水都要多,要用约5倍的水将粪便冲出,产生污水多,污染物浓度高,COD为11 000~13 000 mg/L,BOD为5 000~6 000 mg/L,SS为17 000~20 000 mg/L;流出的粪便为液态,粪便处理难度大,也给粪便资源化利用造成困难。在南方炎热地区及部分小规模场仍有使用,在北方或水源不足或在没有足够农田消纳污水的地方不宜采用。

3.2.1.4 尿泡粪清粪

尿泡粪也称水泡粪,该清粪工艺主要目的是定时、有效地清除舍内的粪便、尿液,减少粪污清理中人力投入，提高生产效率。该工艺是在水冲粪的工艺上改进而来的，水泡粪清粪是在漏缝地板下设地垄沟，地垄沟内注入一定量的水，粪便在猪踩踏和尿液冲洗下，漏入地垄沟，并和冲洗、饲养管理用水一并暂存，地垄沟内的猪粪经猪舍生产用水废水和尿液的浸泡、稀释后成为粪液。待贮存到一定量后，提起地垄沟内的堵头，粪液在自身重力与虹吸原理作用下经地垄沟下清粪管道流入舍外枳粪池。目前，自动化猪场多采用这种清粪方式，此方式可提高劳动效率，降低劳动强度，但舍内易潮湿，有害气体浓度高，需要配套自动环控系统。

漏缝地板是尿泡粪清粪系统中的重要构件，好的漏缝地板不但能够给猪创造舒适的休息之所，而且还方便清洁。漏缝地板已广泛被养猪场采用，尤其是现代化高床集约化猪场与自动化猪场，从后备舍、配种妊娠舍到产仔哺乳舍、保育舍、育肥舍都采用全漏缝地板或部分漏缝地板。漏缝地板有钢筋网、铸铁板、塑料板、水泥板等多种形式。20 世纪 90 年代的传统猪场多采用钢筋网漏缝地板；随着养猪技术的发展，铸铁板与塑料板漏缝地板（图 3-11）在规模化猪场得到广泛应用。塑料漏缝地板是用聚丙烯整体注塑成型，具有强度高、韧性高、抗脆裂、承重力强、使用寿命长、便于消毒处理、安装容易等特点，且导热系数要远远低于钢铁，小猪躺在上方不易受凉，因此，主要用于保育床和分娩床两侧。铸铁漏缝地板采用铸铁制造，有韧性，抗承载能力强，抗腐蚀，使用寿命长，主要用于分娩床母猪位部分，与塑料漏缝地板配套使用。生长育肥猪则主要采用水泥漏缝地板，由混凝土现场浇铸或预制而成。漏缝地板的缝隙因猪群大小不同而不同，但应确保有足够承压强度，表面平整无毛刺。缝隙为倒梯形，上面小，下面大，便于漏粪。不同猪栏漏缝地板间隙宽度见表 3-3。

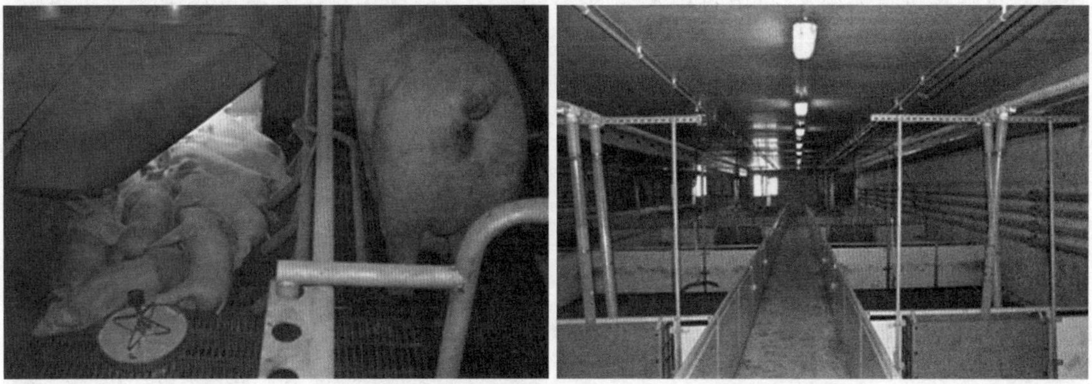

图 3-11　铸铁漏缝地板（左）与塑料漏缝地板（右）

表 3-3　不同猪栏漏缝地板间隙宽度　　mm

成年种猪栏	分娩栏	保育猪栏	生长育肥猪栏
20～25	10	15	20～25

资料来源：GB/T 17824.1—2008。

采用漏缝地板不仅方便对猪粪的收集，而且做到干湿分离，极大地改善了舍内环境卫生。但使用漏缝地板也存在许多不足之处：

其一是容易损伤猪的蹄部，引起肢蹄病。使用不同的地板材料，猪蹄损伤也不同。在泥地面上时，猪蹄部病变最少；在铝板条上时，蹄部病变稍多于养在生铁板条上、水泥板条上的猪。足垫病变的严重程度以塑料地板和铝板条地板最为严重。由于封闭饲养及采用漏缝地板，减少了猪从粪便、褥草和土壤中获得部分生物素的机会，造成生物素缺乏，引起猪蹄角质增生、龟裂，蹄壳变硬、破裂等症状，蹄底易磨损出血，造成猪步态不稳、悬蹄、跛行甚至爬行，严重影响生产母猪繁殖生产性能，加快了能繁母猪的淘汰。哺乳仔猪则由于吃乳时匍匐于漏缝地板上，易引起关节部位损伤。漏缝地板板条的发生扭曲、折曲等损坏后，可引起猪的肢蹄陷入缝隙，造成割伤、裂伤和擦伤，增加猪肢蹄病的发生，引起猪蹄壳开裂，足垫病变，软性溃疡，严重影响母猪的生产性能和使用寿命，使母猪非正常淘汰。

其二是引起猪乳头病变。由于生铁制造的漏缝地板接触面粗糙，定位栏饲养的哺乳母猪奶头与其产生摩擦，造成各种乳腺疾病，引起乳质变性，甚至直接夹伤乳头，严重影响母猪的繁殖性能和种用寿命。

其三是饲料浪费。有研究表明，高床漏缝地板饲料的浪费可达到20%。由于猪的采食行为特性，很容易把饲料拱出料槽外，而槽外是漏缝地板，饲料一旦被拱出槽外就从缝隙中漏至底层，与粪尿混在一块，无法被猪采食而造成饲料的浪费。

3.2.1.5 发酵床

发酵床是集养猪学、营养学、环境卫生学、生物学、土壤肥料学于一体，遵循低成本、高产出、无污染的原则建立起的一套良性循环的生态养猪体系，是工厂化、规模化养猪发展到一定阶段形成的一个新亮点，是养猪业可持续发展的新模式，因不需要对猪粪采用清扫排放，也不会形成大量的冲圈污水，从而没有任何废弃物、排泄物排出养猪场，实现了污染物“零排放”(武英，2016)，彻底解决规模养猪场的环境污染问题。常规养猪需大量清洗、消毒用水，采用发酵床养猪仅需提供猪饮用水，可节省用水80%～90%。发酵床垫料在发酵过程中会产生热量，因此，可减少防寒保暖的能源消耗，节约能源成本。此外，采用发酵床可消除恶臭，抑制害虫、病菌，增强猪抗病能力，促进猪健康生长，减少抗生素的使用，实现无抗养殖，生产出优质安全的高端猪肉。发酵床可分为地下式发酵床、地上式发酵床和半地下式发酵床三种。地下式发酵床要求向地面以下挖50～60 cm深，内铺锯末、稻壳等，专用生物发酵菌种、菌液稀释后均匀喷洒(图3-12)。在地下水位较高的地区，以地上式发酵床为好，地上式发酵床在地面上砌成，然后填入已经制成的有机垫料。

图3-12 地下式发酵床养殖实景

3.2.1.6 吸粪车清粪

吸粪车又名抽粪车、真空吸粪车，配置有真空吸粪泵，利用真空抽吸粪便，是收集、中转清理运输沼液的新型环卫车辆，吸污车可自吸自排，工作速度快，劳动强度小，容量大，运输方便。吸粪车的工作原理：由于吸粪胶管始终浸没于液面下，粪罐内的空气被抽吸后，因其得不到补充而越来越稀薄，致使罐内压力低于大气压力，粪液在大气压力作用下，经吸粪胶管进入粪罐。或者由于虹吸管接近罐底，空气被不断排入粪罐时，因其没有出路而被压缩，致使罐内压力高于大气压力，粪液在压缩空气作用下，经虹吸管、吸粪胶管排出罐外。吸粪车抽吸效率高，可自吸，自排及直灌，使用寿命长，工作速度快，操作简便，机动性强。适用于规模较小的养殖场场内粪便清理、沼液还田，也可用于猪粪集中处理中心对合作养殖户的粪便收集处理。

3.2.2　粪水收集设施

粪水收集时，应采用具有防渗功能的暗管或暗沟进行输送。收集输送系统应包括舍内污水收集管、舍外输送管道和收集池、排污泵等。

3.2.2.1　全封闭管道模式收集

采用管道收集粪尿，基建时根据棚舍类型、跨度等在棚舍地垄沟下面预埋 PVC 排水管，管道在舍外与暗井相连，暗井再通过舍外主排污管道与场内粪尿收集池相连(图 3-13)。舍内地垄沟内的粪水储满后，只要将底部的堵头提起，通过管道负压将粪水、生产用水等一并输送至粪尿收集池，然后再通过排水管输送至后端粪液处理区先进行固液分离处理，液体进入厌氧发酵池发酵产生沼气为猪场供能，固体粪便及沼渣生产有机肥还田，形成无动力、自流式、立体式的粪尿处理方式，并实现种养结合循环利用。使用管道收集时要求使用的 PVC 排水管道质量要好，符合国家标准，排污泵的功率与管道直径要匹配，否则可能引起压力过大而爆管，或因扬程过长而动力不足。此种方式，从舍内到舍外，直至处理区域，全部采用地下封闭式管道，收集度高，没有雨水渗入，故广泛被应用到大型现代化养猪场。

图 3-13　舍内预埋粪尿收集管(左)与舍外粪尿收集管(右)

3.2.2.2　水泥渠模式收集

传统猪场或小规模猪场或养殖户多采用此种方式，即在地面下建设水泥渠，渠宽约 50 cm，深度从猪舍外口到粪水收集池逐步加深，渠上沿高出地面 15～20 cm，并用盖板封住顶部，以防止雨水渗入。此种渠道年久以后,会出现缝隙,导致雨水渗入,且会沉积猪粪或其他杂物,导致渠道流通不畅,需要定期清淤(图3-14)。

图3-14 水泥渠粪沟。左为明沟,右为加盖板沟

3.3 猪场废弃物贮存设施

3.3.1 废弃物贮存设施选址与设计

3.3.1.1 贮存设施的选址

贮存设施的选址应根据当地有关环保要求,并结合猪场布局及远期规划进行。粪便粪水贮存设施应远离湖泊、小溪、水井、水库等水源地,以免对地下水源和地表水造成污染,并与周围各种构筑物和建筑物之间的距离应满足相关规定。我国《畜禽养殖业污染防治技术规范》(HJ/T 81—2001)规定贮存设施的位置必须远离各类功能地表水体(距离不得小于400 m)。粪便粪水在贮存过程中会有臭味产生,尤其是无任何覆盖措施的贮粪设施,臭味污染严重,甚至在其周围近百米的地方都受到影响。因此,选址的过程中应充分考虑臭味污染可能带来的影响,应将粪便粪水贮存设施设在下风向,并尽可能与居民区、风景点保持距离。同时注意不能将贮粪设施建在低洼或经常发生水灾的地方,以免在雨量较大或洪水暴发时,池内粪水溢出而污染环境。此外,为保证贮存设施的整体稳定性,粪水贮存设施周围20 m内不得种植苗木,以免苗木根系破坏设施或倒伏后砸坏设施。

为防止粪便贮存池内粪水渗过池壁和池底而对周围的土壤和地下水造成污染,在施工前应对拟建场地进行必要的地质勘查,充分了解地质条件,以确定其是否适合建设贮存设施。为确定该场地能否满足当地有关的防渗要求,在施工前必须进行土壤渗水性检测。

3.3.1.2　贮存设施的设计

1. 干粪贮存

固体粪便贮存设施设计应结合猪场日产粪总量及当地天气、粪尿处理工艺、利用方式等综合考虑，其容积大小可按下式计算（郑瑞峰，2016）：

$$S=N\times M_w\times D/M_d$$

式中：N 为存栏动物的数量，头；

M_w 为养殖场每头动物每天产生的粪便量，kg/（头·d），若是不了解猪场每天产生的粪便量，可以根据表 3-4 进行计算；

D 为贮存时间，d，具体贮存天数根据粪便后续处理工艺、处理周期等确定；

M_d 为粪便密度，单位为 kg/m^3，一般取 970～1 000 kg/m^3。

表 3-4　每头生猪每日产生粪便量　　kg/（头·d）

地区	保育猪	育肥猪	妊娠猪
华北	1.04	1.81	2.04
东北	0.58	1.44	2.11
中南	0.61	1.18	1.68
西南	0.47	1.34	1.41
西北	0.77	1.56	1.47

资料来源：第一次全国污染源普查畜禽养殖业产排污系数与排污系数手册（2009）。

固体粪便贮存设施应采用地面带有雨棚的“Π”形槽式堆粪大棚。在建设时，要求地面为混凝土结构，地面向“Π”形槽的开口方向作 1% 倾斜，坡底设排渗收集沟，液体排入粪水贮存池。墙体高 0.5～1.5 m，采用砖混或混凝土结构、水泥抹面，厚度在 240 mm，墙体要防渗，防渗性能要达到 GB 50069 中抗渗等级 S6 的要求。顶棚可选用彩钢瓦等抗风防压材料，下玄与设施地面净高不低于 3.5 m，方便运输车辆进入。堆粪大棚外围应设有雨水收集排放系统，且收集的雨水不得与渗滤液混排。

2. 粪水贮存

粪水贮存设施应结合养殖场规模、远期规划、气候条件、利用形式等合理选址建造，尽量减少粪水输送环节。应建设在生产、生活区常年主导风向的下风向或侧风向，距离各类功能地表水源不得小于 400 m。其容积可以采用下式估算：

$$V=L_w+R_o+P$$

式中：L_w 为粪水体积，m^3，按公式 $L_w=N\times Q\times D/1\,000$ 计算；N 为存栏动物的数量，头；Q 为每头动物每天的排水量，L/（头·d），如果不知道排水量，则参照表 3-5 选择；D 为粪水贮存时间，d，其值依据后续粪水处理工艺的要求确定。

R_o 为降雨体积，m^3，以 25 年一遇的 24 h 最大降雨来计算。

P 为预留体积，m^3，按照预留 0.9 m 高的计算预留空间的体积降雨的体积。

表 3-5 畜禽场最高允许排水量 L/(头·d)

畜禽种类	冬季	夏季
猪	12	18
牛	17	20
鸡	0.5	0.7

数据来源:畜禽养殖业污染物排放标准(GB 18596—2001)。

贮存天数由当地气候、集中收集的能力、种植形式、利用方式等因素决定,一般来说,双季作物需求时间大于单季作物,水田需求时间大于旱田。

粪水贮存设施有地下式和地上式两种。土质条件好、地下水位低的场地宜建造地下式的贮存设施;地下水位较高的场地宜建造地上式贮存设施,根据场地大小、位置和土质条件,可选择方形、长方形、圆形等建造形式。

贮存设施的高度或深度一般不超过 6 m,设施的四周壁面应采用不易透水的材料,若使用土坝则顶宽不宜小于 2 m,石坝和混凝土坝顶宽不应小于 0.8 m,土坝外坡坡比以(2～4):1 为宜,内坡坡比以(2～3):1 为宜;在贮存设施内侧的进水口、出水口应设置平台或阶梯。贮存设施底部应高于地下水位 0.6 m 以上;底面应平整并略具坡度倾向出口。近年来,规模化猪场多采用高密度聚乙烯膜(HDPE 膜)铺设贮存设施的底部及四壁,采用此法施工快,不需要浇混凝土垫层,且 HDPE 膜防渗系数高,抗拉伸机械性强,使用寿命长。

3. 贮存设施的防渗

粪便贮存池要求池底、池壁要有较高的抗腐蚀和防渗性能,尤其是地下的贮存池。不管是土制还是钢筋混凝结构,都要采取池底防渗防漏措施。一般做法是将池子底部的原土挖出一定深度,然后用混凝土或黏土等一些具有高防渗性能的建筑材料填充后压实,或者在底部铺一层防水膜(或油纸、薄膜、彩条布等)。施工完成后,要根据相关规定与要求进行池底、池壁的渗水性测试,以保证水的渗透性满足要求。

3.3.2 废弃物贮存设施的种类

3.3.2.1 粪尿收集池

现代化牧场内多设置粪尿收集池,也称暂存池,用于暂时贮存粪尿,待达到一定容量后使用排污泵提升输送至固液分离设施进行固液分离处理或直接还田。粪尿收集池多为钢筋混凝土结构,池的数量和容积根据猪场大小、布局等来确定,如光明集团在设计 3 万头以下现代化猪场时,多设置 1 个粪尿收集池;在设计 5 万头规模现代化猪场时,多设置 2 个粪尿收集池,其中 1 个设在繁殖区,1 个设在育肥区。

3.3.2.2 厌氧塘(罐)

1. 厌氧塘

一般作为粪水贮存与处理设施,是产沼发电的主要配套设施,属粪水处理利用的预处理设施,常建造在氧化塘系统的首端,以承担较高的污染负荷(图 3-15)。厌氧塘的水深一般在 2.5～4.0 m,厌氧塘包括挖土方、夯实基础,底膜和边坡铺设、集气管铺设、顶膜铺设、沼气利用设施安装等过程。HDPE 厌氧塘建设成本低,施工简单,建设周期短,安全性高,运行维护方便,近年来,得到了广泛应用。

图 3-15　厌氧塘施工与运营实景

2. CSTR 厌氧发酵罐

CSTR 厌氧发酵罐是沼气发电厌氧发酵设备之一，也称完全混合厌氧发酵反应器(图 3-16)，在其内部安装有搅拌装置，能使反应器内的物料体系达到均匀的状态，保持较高的传质与传热效率。厌氧发酵罐长期以来是农业及能源部门主推的沼气利用设施，但是由于其产气受气温影响较大，冬天多产气不足，故现在一些新建猪场多不再使用。

图 3-16　厌氧发酵罐

3.3.2.3　氧化塘

氧化塘是一种依靠微生物生化作用来降解水中污染物的粪水处理设施。氧化塘处理是自然处理方法中的一种，一个氧化塘就是一个小型污水处理厂。其处理过程实质是一个水体自净的过程。该过程既有物理因素，也有化学因素及生物因素。粪水进入氧化塘后，其中的部分悬浮物逐渐沉淀至塘底成为污泥，使粪水中污染物浓度降低；随后，粪水中溶解的和胶体性的有机物在塘内大量繁殖的菌类等作用下分解成小分子物质，并被微生物氧化分解或合成新的有机物。氧化塘按建造方式分有地上式、地下式、半地上式等类型；按照建设材料分有混凝土型、HDPE 型、土坝型，土坝由于易渗漏造成环境污染，在规模化养猪场已经不多见；按照微生物种属和相应的生化反应不同，可以分为好氧塘、厌氧塘、兼性塘。对于有沼气处理设施的畜牧场而言，氧化塘多建造于厌氧塘边上，并与其通过自流管道相连接，厌氧塘的沼液达到一定量后自流进入好氧塘，在好氧塘自然好氧发酵，根据农田需求适时还田。氧化塘的建设同厌氧塘，只是不需要铺设顶膜。同时，氧化塘一般设2～3个，以确保有足够的容积与贮存时间。

氧化塘可以利用旧河道、河滩、沼泽、山谷及无农业利用价值的荒地等建设(图3-17)，以减少基建投资。氧化塘运行管理简单，耗能少，运行管理费用约为传统人工处理厂的1/5～1/3；其可以进行综合开发利用，如可以养殖对肥水耐受的鱼类等，形成多级食物链的复合生态系统。氧化塘也具有以下不足之处：占地面积大，故猪场附近应有足够可供建设氧化塘的价格便宜的土地；氧化塘氧化效果受气候的影响较大，气温高适于塘中的生物生长和代谢，使污染物质的去除率较高，对于兼性塘和好氧塘还需要考虑光能以供给藻类进行光合作用；另外还要考虑清淤问题等，若是设计不当，可能造成污染地下水、产生臭气等二次污染。

图3-17　旧河道改造水泥氧化塘及黑膜防渗氧化塘

3.3.2.4　田间贮存池

田间贮存池是为方便粪便、粪水还田而在农田区域修建的贮存设施。田间贮存池应设置在运输方便的沙石路或机耕道旁，必须远离各类功能的地表水体，地基要坚实，并高于周边农田，不宜设在交通道路周边或坡地内。用于贮存固体粪便的田间贮存池还要在池底设置简易的排水沟和小型田间贮液池，以便渗液的收集，并定期抽出施用于农田中田间贮存池需采用塑料薄膜覆盖防雨，确保粪便长期堆放自然发酵，防止堆放腐熟过程中的恶臭释放。粪水贮存池有效深度应控制在2.0～2.5 m，池底不低于地平面以下0.5 m，并设置防护栏和醒目标志，池的底面及四壁铺设防渗膜。粪水田间贮存池需配置固定或移动式的粪水还田设备。田间贮存池总容积以当地农作物最长施肥淡季需储存的粪便总量为依据，最小总容积不得少于90 d的贮存量。

3.4　猪场废弃物处理设施

3.4.1　固液分离设备、设施

固液分离是指通过沉降、过滤等方法将固液混合物中的固液两相完全分离。固液分离是重要的单元操作，是非均相分离的重要组成部分，在化工、制药、冶金、能源、环保等行业应用广泛，在畜禽养殖粪便处理方面也发挥着不可或缺的作用。

从经济性和适用性考虑，固液分离主要适用于干物质含量较低、含水量较高的混合物。粪便首先通过自然沉淀或简易的筛网过滤，去除大部分黏稠的干物质，然后将上清液或滤液通过固液分离机进一步分离。此外，固液分离在沼渣沼液大田循环利用项目中，也是一个重要的工段，尤其是对于后续沼液通过小口径管道输送、采用喷雾和滴灌等方式施用的情形。经固液分离后的沼液干物质含量很低，可大幅度减少管道和喷头的堵塞，提高沼肥的利用效率。

3.4.1.1　固液分离的优点

①好氧性质稳定，产生的甲烷和气味较少，抑制粪便中病原微生物及有机质的活性，降低对环境的影响。

②干物质含量降低，方便运输和贮存。

③固体物质直接或添加少量辅料后进行发酵堆肥处理，可作为温室大棚、水果等农作物有机肥料，或直接作为发酵床垫料使用。

④固液分离产生的粪水具有以下特点：

• 由于干物质含量降低，在后续工艺的集粪池中无须使用搅拌机，节省动力，若采用管道输送，可降低堵塞的概率并减少动力消耗，方便远距离输送。

• 悬浮固体量减少，降低了高效过滤器被堵塞的风险。

• COD可下降40%左右，减少了厌氧处理的负荷，节约生产成本，为厌氧发酵创造有利条件。

3.4.1.2　固液分离的种类

1.重力沉淀

重力沉淀的工作原理是将粪便连续排入粪渠，并在粪渠一端或者两侧设置筛网。液体通过筛网间隙漏出筛分渠，固体则沉淀后留在池底。其具有设施简易、能耗小等优点，但需要定期清理，前期建设成本高，占地面积大，受天气影响大，留下的粪便含水率仍然较高，因此，这种方式推广应用不多。

2.筛分

①筛分原理。筛分分离是根据粪水中固体物颗粒尺寸的不同进行固液分离的一种方法。筛分式分离设备的分离性能取决于筛孔尺寸以及粪水的输送流量和粪水的物理特性。固体物的去除率取决于筛孔大小，筛孔大则去除率低，但不易堵塞，清洗次数少；反之，筛孔小则去除率高，但易堵塞，特别是被猪毛等杂质堵塞，需要经常清洗。因此，使用筛分时应使用栅栏对粪液进行预处理或在提升泵周围设置钢网，阻止较大的异物进入分离机。粪水的固体含量低于5%时，筛分效果明显，大输送量和大浓度往往堵塞筛孔，致使水分留在固体物内，分离效率降低。

②筛分机种类。常用的是斜板筛和振动筛。

斜板筛：主要由筛板、支架、挡板等组成，其主要特点是筛板固定不动，因此，斜板筛也被称作固定筛(图3-18)。工作时，物料从上方进入，依靠物料自身的重力落下击中筛板，通过选用不同大小和数量筛孔的筛板，使需要分离的固体不能透过筛板而沿斜面滑下滑出，液体则透过筛板沿挡板排出。斜板筛结构简单，成本低，运行费用低，易于安装和维护。但斜板筛固体物去除率低，分离后的固体含水率较高，不便于运输和深加工。由于筛板是以一定角度固定不变的，使用一段时间后，筛孔易堵塞，需要经常清洗，否则分离性能就会下降，对于放置30 d以上的粪便几乎很难分离。斜板筛适用于处理场地小、投资少、新鲜粪便含水率高、处理量大、处理要求低的养殖场。

图3-18 斜板筛固液分离机

振动筛主要由驱动电机、上偏心块、下偏心块、筛框、筛网、机座及支承装置等构成。工作时，振动筛由驱动电机产生激振力，通过调节上下偏心块的夹角来改变筛网上物料的运动轨迹，通过选择筛网的筛孔大小和数量来改变分离效果。固液分离时，固体不能通过筛网，从上层排出，液体通过筛网从下层排出。由于猪粪含固量低，含水量高，短时间内的分离难度大，故应尽可能延长其在筛面上的振动时间。振动筛结构相对简单，适用面广。筛板高速振动加快了污物与筛面之间的相对运动，可减少筛孔的堵塞。振动筛的缺点是工作噪声大，振动零部件易损坏。振动筛适用于处理场地小、投资少、粪便处理量较大、处理要求较低的养殖场。

3. 离心分离

离心机通常由电动机驱动，带动转鼓高速旋转产生强大离心力，加快物料颗粒的沉降速度，使悬浮液中的固体和液体分开。应用离心分离机进行粪便污水分离，总固体含量(TS)去除率可以达到34%。离心机按不同方法可分为不同的类别，卧式螺旋离心机是典型的离心沉降设备，20世纪70年代初开始用于分离猪粪。其主要由电动机、带轮、差速器、转鼓、螺旋推料器、溢流板等组成。工作时，猪粪由进料口进入高速旋转的转鼓内，利用猪粪密度不同的成分在离心力场中沉降分层速度不同的原理实现固液分离，并且在挤压绞龙的作用下将固体挤压推向转鼓小端的排出口，随着压力逐渐增大，进一步脱水。液体则绕转鼓内壁环流，通过调节溢流板来控制转鼓内环形液层的深度。卧式螺旋离心机的分离速度快，分离效率要高于筛分，分离后的固体物含水率相对较低，出渣量及含水量易于调节。主要缺点是设备昂贵，能耗大，清洗内部零件不方便，维修困难。离心机适用于场地大、投资额大、粪便处理量较小、处理效果要求高的养殖场。

4. 压滤

相对于筛分和离心式分离，压滤可以去除更多的水分。依据不同的工作原理，压滤分离机可分为带式压滤、板框压滤和螺旋挤压。

①带式压滤机。带式压滤机主要由驱动装置、机架、压榨辊、上滤带、下滤带、滤带张紧装

置、滤带清洗装置、卸料装置、气控系统、电气控制系统等组成。工作时，猪粪被输送到浓缩重力脱水的滤带上，在重力的作用下自由水被分离，形成不流动状态的粪便，然后被夹持在上下两条网带之间，经过楔形预压区在由小到大的挤压力、剪切力作用下，逐步挤压污泥，以达到最大程度的固液分离，最后形成滤饼排出。带式压滤机是世界上发展较快的固液分离设备，具有结构简单、操作方便、能耗低、噪声小和可连续作业等特点，得到的干粪含水率低。在常规条件下运行，带式压滤机分离后的干粪含水率在 14%～18%。滤带再生效果的好坏直接影响到干粪剥离和分离效率，传统的方法是用高压水喷洗滤带，其最大缺点是用水量大，增加了水处理系统的负荷。带式压滤机的缺点是设备费用高。带式压滤机适用于处理场地大、投资额大、粪便处理效果要求高、设备需连续作业的养殖场。

②板框压滤机。板框压滤机是由许多滤板和滤框间隔排列组成滤室，并以手动螺旋、电动螺旋或液压等方式提供的压力为过滤推动力的间歇操作固液分离机。其工作管理是利用滤板、滤框和滤布，通过挤压猪粪实现固液分离。液体穿过滤布排出，固体无法穿过滤布而从另一出口排出。板框压滤机是比较早期的过滤机，与其他固液分离机相比，其优点主要是更换滤布方便，但也存在体积大、重量大、效率低、活动部件多、不稳定、操作环境差等缺点。板框压滤机适用于处理场地宽敞、投资额较大、粪便处理效果要求高、设备不连续作业的养殖场。

③螺旋挤压机。螺旋挤压机是将重力过滤、挤压过滤以及高压压榨融为一体的新型分离装置，主要由机体、卸料装置、配重块、转动电机及减速器等组成。猪粪的种类及处理量决定了传输螺杆的直径和驱动马达的功率。工作时，通过挤压使粪便中的液体部分通过筛网流出，而停留在筛网上的固体被螺旋挤压输送到缺料端(图 3-19)。螺旋挤压机整个运行过程是密封的，螺旋轴是在 0.1～0.5 r/min 的低转速下工作，降低了噪声干扰，减少了臭气的排出。它与带式过滤机相比，结构简单，操作方便，运行费用低，耗能低，同时不采用滤布，维修管理费用低，工作效率高，使用更为经济。当前，国际上许多国家都在研究该类设备。国外研究表明，此种类型分离机分离出的固体物的含水率可达 60%左右，不会出现堵塞，且使用寿命长。现有的螺旋挤压机存在固体回收率低的问题，据研究表明，粪便中的固体回收率在 30%以下，且分离后粪便中大部分氮、磷仍留在粪水中，后续处理难度较大。螺旋挤压机适用于处理场地较小、投资额较小、粪便处理量较大、处理效果要求高、设备需连续作业的养殖场，分离后的粪水需进一步处理或直接还田。

图 3-19　联合式螺旋挤压机(左)及单体螺旋挤压机(右)

3.4.2 堆粪发酵设备、设施

堆肥设备是实现现代堆肥机械化生产的关键，对于确保堆肥产品的质量至关重要。目前市场上有成套的现代堆肥设备，大致包括计量设备、进料供料设备、预处理设备、发酵设备及其他辅助设备等。预处理设备配置在整个堆肥流程的前端，主要是为提高堆肥物料中的有机物含量，调节堆料中含水率、C/N，使堆肥物料满足工艺要求。发酵设备是堆肥微生物和堆肥物料进行生化反应的反应器装置，是整个堆肥系统的核心和主要组成部分。发酵设备通过翻推、通风供氧、搅拌、混合等来控制物料的温度和含水率，进而改善和创造促进微生物新陈代谢的环境。

猪粪便发酵工艺不同，选用的设施、设备也不同。当前，堆肥方式主要有自然堆肥、封闭式堆肥、槽式堆肥、通风静态堆肥等。自然堆肥是传统的堆肥方式，所用设备简单，成本低，但发酵周期长，占地面积大，受气候影响大。封闭式堆肥也称为密闭型堆肥，即将堆肥物料密闭在发酵塔、发酵仓、发酵筒等设备中，通过风机强制通风供氧，或不通风厌氧发酵。此种方法机械化程度相对较高，堆肥时间短，占地面积小，环境条件好，堆肥质量可控。通风静态堆肥需要在条堆的底部安装强制通风系统，但仍存在发酵不均匀现象。现在大型养殖企业使用较多的是槽式堆肥，槽式堆肥需要建设发酵槽，根据工艺设计，选用配套的机械设备在发酵槽内对堆肥进行翻堆供氧。槽式堆肥主要由发酵大棚、发酵槽、搅拌机和底部通气系统组成。

3.4.2.1 发酵车间

发酵车间主要有两种形式，其一是厂房式，可以是砖瓦结构厂房，也可以是现代标准式厂房；另一种是大棚式(图 3-20)，大棚式主要由水泥矮墙与水泥墙柱或钢材支柱及彩钢瓦等组成。发酵大棚的建设应结合粪便处理工艺科学设计。

图 3-20 发酵大棚

3.4.2.2 发酵搅拌机

发酵搅拌机包括深槽发酵搅拌机和浅槽发酵搅拌机(图 3-21)。

图 3-21　深槽发酵搅拌机(左)及浅槽发酵搅拌机(右)

深槽发酵搅拌机：该设备由行走车、搅拌车、螺旋搅拌器、液压系统、自动控制系统等组成。行走车放置在发酵槽轨道上，可以沿轨道纵向移动。搅拌车放置在行走车的横向轨道上，可以沿轨道横向移动。螺旋搅拌器悬挂在搅拌车上，有一对可垂直升降且相向旋转的搅拌螺旋。螺旋搅拌器既可以随着搅拌车横向移动，又可以随行走车纵向移动。液压系统提供行走车纵向移动、搅拌车横向移动及螺旋搅拌器垂直升降所需动力。自动控制系统可以控制设备的工作间隔时间、行走车和搅拌车的移动速度及旋转搅拌器的倾斜角度等。

浅槽发酵搅拌机：使用该机的发酵槽一般为 0.8 m 左右，搅拌设备类似于农业上用的旋耕机，经其处理后的粪便水分含量可高一些。受搅拌机设计原理的限制，肥料堆层不能过高，一般为 0.6 m 左右，占地面积大且时间长，因此，处理能力小。

3.4.2.3　行走式自动翻堆机

该装置采用传送带状的翻堆结构与自动行走系统，翻堆时渐渐地挖掘堆积物并送至机器后面来实现翻堆。因对堆积物从下往上挖掘并送至较长的距离，从深度和跨度上彻底搅拌，搅拌效果好，效率高，翻堆和输送同时完成，机器边行走边翻堆自动完成全部工作过程。我国对翻堆机的研究始于 20 世纪七八十年代，起步较晚，且多为仿制机型，存在问题较多。随着智能技术的发展，现代堆肥生产中的工艺设计将越趋于自动化、智能化和技术集成化。

3.4.3　有机肥制作设备、设施

有机肥制作设备、设施要根据有机肥厂的生产规模、生产工艺及最终产品定位等来确定，力求经济合理，主要设备与辅助设备之间要相互配套。有机肥生产线设备与有机肥生产线工艺流程配置息息相关。一般有机肥生产线成套设备主要由发酵系统、干燥系统、除臭除尘系统、粉碎系统、配料系统、混合系统、造粒系统、筛分系统和成品包装系统组成。

发酵系统主要由进料输送机、生物除臭机、混合搅拌机、专有升降式翻抛机及电气自动控制系统等组成；干燥系统的主要设备有皮带输送机、干燥机、冷却机等；除臭除尘系统由沉降室、除尘室等组成；粉碎系统主要包括粉碎机、皮带输送机等；配料系统包含设备有电子配料系统、喂料机、振动筛等；混合系统主要由搅拌机、振动筛、移动式皮带输送机等组成；造粒机设备

可根据工艺选择对辊挤压造粒机、圆盘造粒机、生物有机肥球形造粒机、有机肥专用造粒机等；筛分系统主要由滚筒筛分机来完成，可以设置一级筛分机、二级筛分机，使成品率更高，颗粒更好；成品包装系统一般包括电子定量包装秤、料仓、自动缝包机等。

3.4.4 曝气池设备、设施

曝气池是利用活性污泥法进行污水处理的构筑物(图 3-22)。池内提供一定污水停留时间，满足好氧微生物所需要的氧量以及污水与活性污泥充分接触的混合条件。曝气池主要由池体、曝气系统和水进出口三个部分组成。池体一般用钢筋混凝土筑成，平面形状有长方形、方形和圆形等。曝气池一般水深在 3～4 m，有的可达 5 m，采用人工曝气供氧，一般可以采用鼓风曝气或水面叶轮曝气。鼓风曝气又称压缩空气曝气，主要由曝气风机及专用曝气器组成。采用这种方法的曝气池，多为长方形混凝土池，池内用隔墙分为几个单独进水的隔间，每一隔间又分成几条廊道。污水入池后顺次在廊道内流动，至另一端排出。空气是用空气压缩机通过管道输送到设在池底的空气扩散装置，成为气泡弥散逸出，在气液界面把氧气溶入水中。扩散装置有多孔管、固定螺旋曝气器、水射器和微孔扩散板等四种不同形式。水面叶轮曝气是利用装在曝气池废水表面的机械叶轮转动，剧烈搅动池内废水，使空气中的氧溶入水中。此种装置通过叶轮的提水作用，促使池内废水不断循环流动，不断更新气液接触面以增大吸氧量。叶轮旋转时在周缘形成水跃，可有效地裹入空气；叶片后侧产生负压，可吸入空气，所以充气效果较好。叶轮浸水深度和转速可以调节，以保证最佳效果。曝气池有机负荷去除率较高，(BOD_5)去除率在 70%以上，占地面积少，但是需要消耗能源，运行费用高，且出水悬浮物含量较高。

图 3-22 曝气池

3.4.5 还田管网设备、设施

猪场还田管网主要由 PVC 管、排污泵等组成。对于固定管网，要沿田边地头铺设，管道埋深80 cm以上，防止在田间作业时耕坏或压坏，管网连接处要密封严实，防止跑冒滴漏。管道长度、口径应根据还田区域、面积、方式来确定，管道在氧化塘处设主阀门，在主管线设支阀门，在每个施肥口应再设控制阀门，防止沼液滴漏。

3.4.5.1　渠道还田方式

即粪水在农田主进水渠进水口与清水混合，混合后的水经渠道灌溉农田，一般选用直径200 mm的HBTE给水管作为主排管，氧化塘内排污泵的功率为22 kW或30 kW，并配备搅匀泵，排污管末端横跨在渠道上，管道向下接2～3根长50 cm、口径110 mm的支管。

3.4.5.2　喷灌还田方式

喷灌还田包括自动喷灌、机械喷灌等。自动喷灌是将主进水管直接排到农田的田埂上，在田埂上每隔一段距离设置一个预留口，预留口用水泥阴井保护防止其被破坏。当农田需肥时，将带有喷头的管道接到田埂预留管口，即可在压力作用下自行喷灌。机械喷灌是利用专用还田车辆等喷灌还田，此种方式投资较高，车辆往复抽吸粪水工作效率低。

3.4.5.3　支管还田方式

指主粪水管道排到田头，在每条田头再通过接入支管进行还田。此种方法可以控制每条田块沼液的实际使用量，使还田更加精准，但投入成本较高。

第 4 章
猪场废弃物处理工艺进步

本章内容提要

改革开放初期,我国规模化养猪业快速发展,养殖规模大幅增加,猪场废弃物集中、大量产生。早期,散养户、非规模化场所占比重较大,很多养殖场对废弃物资源化利用意识不足,废弃物处理设备与工艺落后,导致废弃物利用率很低,有些猪场甚至随意排放,严重污染生态环境。近年来,随着环保压力的增加,国内养猪场在引进、消化、吸收国外养殖技术的同时,更加注重废弃物处理工艺,积极总结经验,因地制宜地形成多种形式的废弃物处理工艺,如种养结合处理工艺、达标排放处理工艺、能源利用处理工艺、深度处理工艺等。本章主要介绍改革开放以来,猪场在粪便、污水、病死猪处理工艺上的进步情况,旨在为科学指导养殖场选择适宜的废弃物处理工艺提供参考。

4.1　猪场粪便处理工艺

4.1.1　直接还田

直接还田是指粪便收集后不经过处理直接还于田间,作为作物生长的绿肥。猪粪直接还田作肥料是一种传统的、经济有效的粪污处置方式,其核心是将粪便直接排放到农田,经过农田的自然堆沤,为农田提供有机质、氮、磷、钾等养分,从而改善土壤中营养元素含量,提高土壤的肥力,增加农作物的产量。如在冬季休耕时将粪便直接施于田地,来年春耕再将其耕翻肥田。此种模式将粪便不经处理直接还田,不须专门设备,节省了费用,也省去了专门处理需消耗的时间。但是，此种模式下存在许多缺点。

4.1.1.1　生物污染

猪粪便中含有大量的大肠杆菌、线虫等有害微生物，据有关资料表明，养殖场排放的每毫升污水中平均含有 33 万个大肠杆菌和 66 万个肠球菌，而沉淀池内每升污水中蛔虫卵和毛首线虫卵高达 1.9 亿个（纪雄辉等，2006）。因此，不做处理直接施用会导致病虫害的传播，使作物发病，还会对人体健康产生不良影响；未腐熟有机物质中还含有植物病虫害的侵染源，施入土壤后会导致植物病虫害的发生。

4.1.1.2　发酵烧苗

未发酵的粪便施入地里后，当发酵条件具备时，在微生物作用下，生粪发酵，当发酵部位距离植物根系较近或作物植株较小时，发酵产生的热量会影响作物生长，严重时会导致植株死亡（牛斌，2017），也就是常说的烧苗。

4.1.1.3　毒气危害

猪粪便在发酵分解过程中会产生 CH_4、NH_3、H_2S 等有毒有害气体，这些气体有酸、臭等刺激性气味，可使土壤中作物产生酸害和根系损伤；挥发到空气中会引起空气污染，硫化氢还可引起酸雨。

4.1.1.4　土壤缺氧

有机质在分解过程中消耗土壤中的氧气，使土壤暂时性地处于缺氧状态，在缺氧状态下，会使作物生长受阻，出现倒伏、减产等。

4.1.1.5　肥效缓慢

未发酵腐熟的肥料中养分多为有机态或缓效态，不能被作物直接吸收利用，只有分解转化为速效态才能被作物吸收利用。因此，未经发酵的猪粪直接还田后肥效缓慢。

4.1.1.6　污染环境

采用猪粪直接还田方式处理消纳猪粪，在农作物生长需肥高峰期粪便还能处理掉，一旦进入需肥淡季，过多的还田而消纳不掉，其中含有的氮、磷化合物等或滞留土壤表层造成土壤污染，或渗入地下水，或在雨水冲洗下流入河道等，造成水体污染，不但肥效流失浪费，而且破坏生态环境。

因此，为避免粪便污染环境，提高肥效，要求粪便必须经过腐熟处理后才能还田。

4.1.2　堆粪发酵、制作有机肥

“庄稼一枝花，全靠粪当家”，在化肥没有普及应用之前，在中国传统农耕方式中，农家肥一直是作为改良土壤、培肥地力、促进作物生长、增加收成的重要手段。受经济社会发展和设施设备的限制，在中国农村，长期以来，制作粪肥的方式方法也相对简单、原始，多通过圈内或圈外坑内积制的方式制作厩肥。圈内积制即在圈内挖一定深度的坑，也是猪排粪的地方，定期垫些草灰、秸秆，经过猪的不断踩踏，达到充分混合，并在缺氧条件下腐熟；当坑满时挖出圈外继续腐熟再自然晒干，人工粉碎后还田。而圈外制作多是在圈外设一深坑，每天将猪粪及其他畜禽的粪便清入坑内，并与草灰、烂草等一起沤制，待需要使用时再挖出、晒干、粉碎。

长期以来，以传统方式制作有机肥，劳动强度大，有效养分低，无害化程度低，随着社会经济的发展，越来越不适应形势发展。20 世纪后期开始，随着化工产业的发展，化肥在种植生产

中的比重逐渐增加，农家肥在种植业中的地位每况愈下。20世纪50年代以前，我国农业发展全靠农家肥，60年代有机肥的比重占80%，化肥的比重占20%左右，七八十年代有机肥的比重占60%～70%，化肥比重占30%～40%，90年代，有机肥比重下降到40%，化肥比重达到了60%以上，开始超过有机肥的用量，到2003年，有机肥的比重仅占有25%，化肥的比重高达75%(赵冰，2016)。因此，随着现代农业生产的不断发展，低生产效率的传统农业生产中将有机肥作为唯一或主要肥源的状况将一去不复返，但是，随着环保压力的加强，为维护生态环境，促进现代农业长期可持续发展，加强对畜牧业废弃物的处理利用也是十分必要和迫切的，因此，养殖过程的废弃物处理利用近年来再次成为研究热点。

4.1.2.1 堆肥的基本原理

堆肥一般分为好氧堆肥和厌氧堆肥，目前应用最为普遍的基本上都是好氧堆肥。好氧堆肥也称高温堆肥，是指在有氧的条件下，好氧微生物将畜禽废弃物中的有机物降解并转化为稳定腐殖质的过程，堆肥温度一般达55～60℃，最高温度可达70℃以上，能够有效杀灭病原微生物、寄生虫及虫卵、杂草种子等，从而达到畜禽废弃物无害化、稳定化。好氧堆肥分解速度快、周期短、异味少、有机物分解充分。厌氧堆肥是依靠专性和兼性厌氧微生物的作用，使有机物降解的过程，厌氧堆肥分解速度慢、发酵周期长、堆制过程中易产生臭气。

好氧堆肥的基本原理为堆肥原料中的可溶性有机物透过微生物的细胞壁和细胞膜被微生物直接吸收；不溶的胶体和固体有机物先被吸附在微生物体外，然后依靠微生物所分泌的胞外酶分解为可溶性物质，再渗入细胞。微生物通过自身的生命代谢活动，把一部分有机物氧化成简单的无机物，释放出能量，并把另一部分有机物转化为微生物所必需的营养物质，为微生物各种生理活动提供能量，使微生物得到正常的生长和繁殖，产生更多的微生物。

因好氧堆肥伴随着两次升温，可将其分成三个阶段：起始阶段、高温阶段和熟化阶段。起始阶段：不耐高温的细菌分解有机物中易降解的碳水化合物、脂肪等，同时放出热量使温度上升，温度可达15～40℃。在此时期活跃的微生物包括真菌、细菌和放线菌。分解的有机物主要有糖类和淀粉类等。此阶段还包含螨、千足虫、线虫、蚁等对有机物的分解。高温阶段：耐高温微生物迅速繁殖，在有氧条件下，大部分较难降解有机物继续被氧化分解，同时放出能量，使温度上升到60～70℃。此阶段半纤维素、纤维素等难分解的有机物开始被强烈分解，同时开始形成腐殖质。堆肥中残留的和新形成的可溶性的有机物质继续被氧化分解。在堆温50℃左右时，堆料中最活跃的微生物主要是嗜热性真菌和放线菌；当温度上升到60℃左右时，嗜热放线菌和细菌比较活跃，而真菌几乎停止活动；当温度上升到70℃时，大多数微生物大批死亡或者休眠。当有机物基本降解完，嗜热菌因缺少养料而停止生长，产热随之停止，堆肥的温度逐渐下降，当温度稳定在40℃时，堆肥基本达到稳定，腐殖质不断增加并且更加稳定。堆肥进入熟化阶段：冷却后的堆肥，一些新的微生物借助残余有机物而生长，需氧量大大减少，含水率也降低，堆肥过程基本完成。

4.1.2.2 堆肥的工艺流程

堆肥的基本过程包括：前处理(也称预处理)、一次发酵(也称高温发酵)、二次发酵(也称后熟或腐熟发酵)以及后续粉碎、过筛、包装和贮存等加工程序。

1. 前处理

猪粪便堆肥前一般需要预处理，使堆肥原料C/N、含水率、容重等满足一定的要求，保证堆肥顺利进行。前处理工序可以去除粗大的玻璃、塑料、石头等不能堆肥的垃圾，并通过粉碎使堆肥原料的含水率达到一定程度的均匀化，同时在堆肥过程中保持一定的孔隙，增加原料表面积，有利于微生物参加发酵活动，从而提高发酵效率。并通过添加锯末、秸秆、花生壳等调整 C/N、水分和增加透气性。

随着我国畜牧业的快速发展，源于饲料重金属添加剂和兽药残留污染的畜禽粪便大量产生。据统计，我国每年使用的微量元素添加剂为 15 万～18 万 t，有 10 万 t 左右未被动物利用而随畜禽粪便排出(朱凤连等，2008)，因而导致大部分有机肥、沼液中富含重金属、抗生素残留物等，长期使用后会在土壤中蓄积，最终影响到食品安全。因而，人们对饲料源重金属、抗生素等进入人类食物链的影响越来越重视，故在堆肥的预处理阶段应该采取有效措施对重金属进行钝化，并对抗生素类物质进行彻底降解，保证堆肥产品的安全，从而为生产绿色有机产品做铺垫。

2. 一次发酵

也称主发酵，即通过翻堆或强制通风，向堆体内供氧，在微生物的作用下分解与降解的过程。一次发酵阶段中微生物活动强烈，有机物主要在此阶段被降解，需氧量较大，堆体温度较高，在温度上升到 45～65℃时，嗜热菌取代嗜温菌。要注意避免温度过高，可以通过翻堆通风的方式进行调整；此阶段臭气产生量较大。一次发酵时间至少保持 10 d 以上，一般猪粪为 3～4 周。

3. 二次发酵

二次发酵也称为后发酵，主要是物料中难降解的有机物继续降解为腐殖质的过程。此阶段需氧量较少，堆体温度相对较低，臭气产生较少。二次发酵工艺相对简单，发酵条件也不如一次发酵严格，一般要求防雨，定期翻堆一次即可。二次发酵时间的长短一般由堆料的特性决定，当堆体温度下降至 40℃以下，二次发酵基本结束。一般单纯的畜禽粪便腐熟时间为 1 个月，添加秸秆类辅料的堆肥二次发酵通常需要 2～3 个月，添加锯末类辅料的堆肥二次发酵则需要 6 个月。

4. 后处理

经腐熟的物料属粗制有机肥，一般可以直接农田利用，也可以根据市场需求等选择后处理工艺做有机肥深加工，比如粉碎、筛分、包装和贮存等，也可以添加氮、磷、钾等制成有机-无机复合肥。是否需要后处理，一般需根据期望的产品类型决定。

4.1.2.3　畜禽粪便堆肥影响条件

1. 碳氮比(C/N)

堆肥过程中，碳源为微生物提供能源，氮为微生物提供营养物质，是构成细胞中蛋白质、核酸等物质的成分。因此，C/N 是堆肥操作的关键因素。一般认为微生物分解有机物较适宜的 C/N 为 25 左右。C/N 过高，微生物所需氮素不足，微生物繁殖速度低，有机物分解速度慢，发酵时间长，同时有机原料损失大。堆肥起始 C/N 对堆肥 N 素损失影响较大，C/N 过低，微生物所需碳素不足，发酵温度上升缓慢，过量氮以氨气形式损失，氮损失严重。猪粪便 C/N 为 5～26，一般会添加一些秸秆等辅料进行调节，调整含水率的同时也对 C/N 进行适当调节。

2. 水分

水分是保证堆肥正常进行的重要因素。研究表明，含水率为 50%是保证微生物有较高活性的下限含水率。含水率为 60%～70%时，堆肥中微生物的活性最高，但较高的含水量会导致堆体孔隙率下降，使堆体的通气性下降，从而影响微生物的活动，进而影响堆肥进行。

一般认为含水率为50%～65%是较为适宜的范围。利用锯末或稻糠作为辅料进行水分调节时,猪粪为主料的含水率为62%时较为适宜;利用玉米秸秆作为辅料调节猪粪水分时,含水率65%较为适宜;利用花生壳作为辅料调节猪粪水分时,含水率60%较为适宜。如果利用风干或者干燥等方式对畜禽粪便进行预处理,则猪粪含水率55%以下较适宜。

3. 通风量

通风可以控制堆肥过程中的温度、含氧量和带走水分。因此,通风被认为是堆肥系统中最重要的因素。堆体氧浓度是影响好氧高温进程的关键因素之一,氧浓度含量不足会降低堆体中微生物的活性,从而对堆肥温度、恶臭产生以及堆肥质量产生影响。如果是快速堆肥,不能有长时间的高温,则就要通过强制通风来调节温度。由于堆体特性的差异,不同原料堆肥过程适宜氧浓度存在差别,一般认为堆肥适宜的氧浓度为10%～18%,最低不应小于8%。

鼓风或抽气是通风的常用方式,鼓风有利于水分及热量散失,抽气有利于对堆肥过程中产生的臭气进行处理。两种方式各有优缺点,所以应根据堆肥特点交互使用。

4. 温度

温度是反映堆肥发酵是否正常的直接指标。堆肥开始后,温度平稳上升是较为合理的,理想的堆体温度是50～60℃,不宜超过70℃。高温维持时间5～10 d,能满足猪粪便无害化的相关要求。

5. pH

微生物生长繁殖需要一定的酸碱度,pH在5～9都能满足堆肥的需求,猪粪便的pH基本都能满足要求,一般不需要进行pH调节。有研究表明,在堆肥初期堆体的pH降低,后在好氧状态下可上升至8～8.5;在厌氧状态下,则pH会继续下降。

6. 堆肥菌剂

微生物是堆肥过程的主体,堆肥中的微生物一方面来源于猪粪便中固有的大量的微生物种群;另一方面来源于人工加入经筛选的特殊微生物菌种。添加菌剂能够加快堆肥升温速度,提高堆肥温度,加速堆肥腐熟进程,减少氮素损失,提高养分含量等,但也有不同看法认为,由于猪粪便自身含有种群数量很大的微生物,其具备有机物分解的能力,因此,堆肥过程中没有必要刻意添加外源菌剂。据试验结果,猪粪便自身微生物具有很好的分解有机物的能力,只要条件满足要求,不需要添加任何菌种,完全能够实现堆肥效果;添加菌剂确实能够有效提高堆肥初始温度或减少臭气等,也会增加产出的有机肥中的有益微生物,对土壤改良将起到更好的作用,但添加堆肥菌剂效果受温度、湿度、通风、供氧量等多种因素的影响。

4.1.2.4 好氧堆肥的种类

好氧堆肥包括自然堆肥、发酵槽堆肥、生物发酵塔堆肥和蚯蚓堆肥等。

1. 自然堆肥

自然堆肥是传统的堆肥方式(图4-1),其将猪粪便简单地堆积在一起,形成一定的高度,利用好氧微生物将有机物降解,同时利用堆肥高温进行无害化处理。整个堆肥过程一般不翻堆或者很少翻堆。

自然堆肥工艺流程如图4-2所示。

图 4-1　自然堆肥

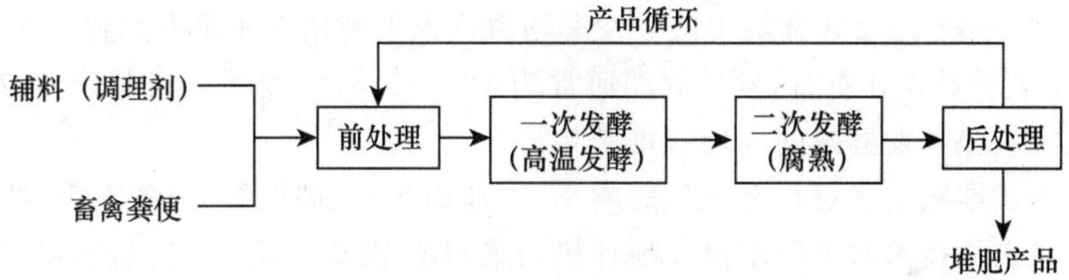

图 4-2　自然堆肥工艺流程

方法：用辅料先调节水分，将含水量控制在 60%～65%；然后将预处理后的粪便堆成长条形，在 20℃条件下放置 15～20 d。其间，将堆肥翻堆 1～2 次，此后静置堆放 3～5 个月可完全腐熟。

技术要求：自然堆肥要求条垛规模必须适当，若堆体太小，保温性差，易受气候影响；若堆体太大，堆体中心易厌氧发酵产生臭气，影响周围环境。场区要有防雨防渗措施。

优缺点：自然堆肥成本低，设备简单，易于干燥，腐蚀度高，稳定性好；但是堆肥周期长，占地面积大，翻堆易产生臭气，受天气影响大。

适宜条件：适合小型猪场。

2. 通风静态堆肥

20 世纪 70 年代初，全球各地相继出现了通风静态堆肥系统。此方法最早是美国农业部马里兰州 BELTSVILLE 的农业研究中心为解决利用木屑作为膨胀材料的条垛式工艺处理消化污泥时易产生臭味问题而开发的一种堆肥技术。20 世纪末，该方法在美国得到了广泛的应用。

方法：通风静态堆肥是将原料混合物放在用小木块、碎稻草或其他透气性能较好的物质做成的基垫上，用基垫包裹着通气管，通气管道与向堆体供气或抽气的鼓风机相连。堆体应根据原料的透气性、天气条件以及所用设备性能来设计，建造相对较高的堆体有利于冬季保存热量。此外，可以在堆体的表面铺一层腐熟堆肥，使堆体保湿、隔热，并防止热量损失、防蝇及过滤可能在堆体内产生的臭气。

技术要求：鼓风机通过管道和透气性基垫把空气传送到堆体内，并使堆体充氧。当空气通过管道的时候，多孔的基垫从管道中收集空气。但是，若基垫的多孔材料延伸到管孔边缘，管道外的空气会形成短路。因此，多孔基垫的厚度应控制在堆体高度的1/3～1/4，基垫到堆体末端的距离应大于等于堆体的高度。

通风静态堆肥由于底部有通风系统，堆肥过程进行通风供氧，从而有效提高堆肥发酵效率，缩短发酵所需时间。如果外加翻堆可以提高堆肥的均匀性以及堆肥的品质。

优缺点：优点是成本较低，操作方便，便于维护，与自然堆肥相比，腐熟期变短；缺点是受通风工艺影响大，占地面积大。

适宜条件：适合有一定规模的养殖户。

3. 槽式堆肥

方法：槽式堆肥主要由发酵大棚、发酵槽、搅拌机和底部通气系统组成。原理是将堆料从发酵槽一端进入，空气从槽底部供应，翻堆过程中物料沿槽向前移动，发酵结束后用出料机或者铲车将物料清出。

技术要求：槽式堆肥常用翻堆设备有搅拌式翻堆机、链板式翻堆机、双螺旋式翻堆机和铣盘式翻堆机等。一般1～2 d翻堆1次。发酵物料进入发酵槽3 d即可达到45℃，在槽内要求温度55℃以上要持续7 d左右，发酵周期通常为12～15 d，挥发性有机物降解50%以上。在腐熟区进行二次发酵，发酵时间与垛式堆肥相近。

优缺点：槽式堆肥的优点是受天气影响小、占地面积小、周期短、节省人力；缺点是成本高、操作难度大，对人员技术水平要求高。搅拌机与堆料接触部分高速旋转易磨损，且与粪便混合物直接接触容易被腐蚀，需要进行维护和更换。

适宜条件：适合大规模的猪场、集中处理厂等使用。

4.1.3 原位降解技术

猪粪污原位降解技术也称发酵床养殖技术，是利用好氧和厌氧微生物对猪粪尿中的有机物进行降解、转化，消除恶臭，抑制害虫、病菌，同时，有益微生物菌群能将垫料、粪便合成可供猪食用的糖类、蛋白质、有机酸、维生素等营养物质，增强猪抗病能力，促进猪健康生长。

近二十年来，许多专家学者及生猪养殖场技术人员对原位降解技术养猪模式进行了大量研究，主要集中在微生物发酵床养猪的基本原理、工艺流程，适宜的条件、菌种、垫料、发酵床制备等(施光华等，2006；樊志刚等，2008；王连珠等，2008)。我国于20世纪90年代开始在部分地区做发酵床养猪试验示范，取得了一定的经验，2000年后在部分地区大力推广。但在推广中也遇到猪群正常消毒、翻料、清料等问题(王振玲等，2009；梁桂，2010)。

1. 原位降解的优点

①原位降解可以减轻对环境的污染。不需要对猪粪采用清扫排放，也不会形成大量的冲圈污水，从而没有任何废弃物、排泄物排出养猪场，实现了污染物“零排放”，大大减轻了养猪业对环境的污染。

②节约劳动力。由于不需要清粪，按常规饲养，能提高劳动效率，增加饲养量。

③节约水和能源。常规养猪，需大量的水来冲洗，而采用此法只需提供猪的饮用水，能省

水 80%～90%;另外,由于发酵床产生热量,猪舍冬季无须耗煤耗电加温,节省能源支出。

④为猪补充蛋白质。粪便给菌类提供丰富的营养,促使有益菌不断繁殖,形成菌体蛋白,猪通过拱食圈底填充料中的菌体蛋白,补充了营养。

⑤变废为宝。垫料在使用后清出可直接作有机肥施用于果树、农作物等,达到循环利用、变废为宝的效果。

2. 技术要点

①垫料选择:垫料可以结合当地资源状况就地取材,多选择价格适中、供应稳定的原料,如锯末、谷壳、秸秆等,秸秆使用前应切成小段;同时,为促进微生物的发酵,还应选择如米糠、玉米粉等作为辅助材料。

②菌种:应根据实际情况选择性价比高的产品,但由于各专化公司生产的菌种不同、生产工艺不同,各类菌剂的使用方式方法也有所不同,在实际应用时应加以区分。

③发酵床的铺设:干撒式发酵床可将垫料均匀分五层铺填,每铺一层垫料直接撒一层发酵床专用菌粉,每层用菌总量的 1/5。也可将垫料原料与菌剂混匀后再铺。将水分调整为含水量 40%～60%。湿式发酵床铺设应提前将菌种与垫料混合均匀堆垛发酵,待发酵成熟后在发酵池中摊开铺平,24 h 后即可进猪。

④运行管理:日常运行管理的主要目的是保持发酵床正常微生物生态平衡,确保发酵床对猪粪尿的消化分解能力始终保持在较高水平。运行管理的主要内容包括水分调节、垫料补充、通透性管理、补菌、疏粪管理等。

4.1.4 异位生物降解技术

猪场粪污异位生物降解技术原理为由多种益生菌组成共存菌集,由木屑(干树枝、废木材)以及秸秆、菜籽壳等农业废弃物作为辅料,将微生物制剂与辅料按一定比例混合后,在猪舍外组成具有分解消纳粪污功能的降解堆。

养殖场无须进行干湿分离,只需将粪污放置到降解堆上,并与辅料混合后,通过微生物降解有机物的原理,使粪污降解为水蒸气、二氧化碳和氮气后挥发,彻底实现“零污染,零排放”。同时,通过使用不同的益生菌,使粪污中氨氮物质被微生物及时降解,基本消除了恶臭。

技术措施:每 100 m^2 的降解堆场每天可以处理 1 t 左右的粪尿(每存栏 500 头猪,每天产生粪尿 7 t)。将猪粪放置到降解堆上,通过人工或机械设备将猪粪与降解堆中的微生物、辅料进行混合,24 h 后,猪粪即可降解并减容 80%以上,剩余部分的较难被降解的物质,在 10 d 之内也能被逐步彻底降解。日常只需每天定期对降解堆进行翻动即可。猪场只要操作方法正确,并每年添加少量的补充益生菌,降解堆可以长期稳定运行 10 年以上。

4.2 猪场污水处理工艺

生猪养殖中粪便处理的关键是粪水处理。目前国家对环境污染整治力度不断增强,地方上也加强了畜牧业污水处理设施的建设,但往往因为运行费用过高而导致建成后闲置不用,造成资源浪费,环境污染问题却仍得不到妥善解决。针对这些问题,猪场在粪水处理工艺选择上应本着减少投资、节约能耗、因地制宜的原则，选择合适的处理方式。国际上采用较多的是厌氧处理、好氧处理以及天然净化处理工艺，其中包括采用厌氧塘—兼性塘—好氧塘工艺，日本有猪场采用中温甲烷发酵、稀释—淹没式滤池工艺处理粪水，加拿大部分猪场则采用固液分离高效好氧反应器—曝气塘—灌溉工艺处理粪水。我国不同地区也有多种污水处理模式，如人工湿地、好氧处理、厌氧处理等。粪水经过无害化处理后进行还田是首选方式，不仅减少了粪水可能带来的污染，而且实现了粪水的资源化利用。

4.2.1 直排和渗排

改革开放初期，散养户多，粪水主要通过与粪便、草灰、秸秆等沤肥而自然消耗处理，在雨天有时也会溢出粪池而到处横流。规模化发展以后，个别不规范的养殖企业，包括部分大型养殖企业，由于没有农田匹配消纳粪水，场内粪水处理设施设备不健全，会采取通过流道、暗管等方式偷排、渗排粪水。

猪场产生的粪水量大，有机物浓度高，且含有重金属、残留的兽药及大量病原体等，若不经处理而直排、渗排，将会给生态环境造成严重的危害。如对水体的危害，可引起水体富营养化，同时大量消耗水中溶解氧，导致水生动植物死亡；由于粪水中含有较多的氮、磷、钾等养分，如果直排、渗排入农田，引起过量使用，会给土壤和农作物的生长造成不良影响，导致作物倒伏、晚熟、减产，甚至死亡；粪水释放的甲烷、氨气、硫化氢等气体会对大气环境造成危害，影响人们的身体健康。

4.2.2 人工湿地处理

人工湿地系统是模仿自然生态系统中的湿地，以水生植物或湿生植物作为生态净化系统，经人工设计建造。人工湿地具有净化效果好，建设简单，运行费用低，能耗小，维护方便等特点。

去除废水中的氮和磷是人工湿地的重要功能。人工湿地去氮的主要机理是硝化、脱硝和大型植物吸收，去磷则主要是依赖于同化、吸收和沉淀。美国、瑞典、新西兰以及丹麦等国研究表明，去除氮和磷的范围分别为 30%～50%和 30%～90%（米晓等，2004；姚运先等，2005）。华南农业大学研究的畜禽舍粪便污水多级酸化与人工湿地串联处理工艺，粪便污水经固液分离后进入酸化池，进行酸化调节，然后进入四个串联人工湿地进行处理，最后通过净化池后，即可达标排放。通过该工艺的运行可使 COD 由 1 500 mg/L 降至 98.4 mg/L，BOD_5 由 9 000 mg/L 降至 49.4 m/L，SS 由 18 600 mg/L 降至 51.5 mg/L。硫化物由 480 mg/L 降至 1.3 mg/L。整个工艺系统实现自流化，不需要动力，节省能源，减少了 60%的运转费，且能有效地去除污水中的重金属（廖新俤，1999）。有研究报道人工沸石强化垂直流人工湿地系统 NH_3—N 去除率可达到 86.7%，COD 去除率 80.4%，总生物转化率 86.1%，出水 TP 浓度至少能保证 72 d 达到《畜禽养殖业污染物排放标准》（GB 18596—2001）（刘娜娜，2010）。有研究表明湿地植物（如香蒲、荸荠）以及延长污水停留时间能有效提高水平潜流人工湿地的去污能力（魏翔等，2011）。同时，进水量也影响水平潜流人工湿地的去除能力。有研究通过对水平潜流人工湿地系统处理含沼液畜禽污水的研究，指出在进水流量 1.5 m^3/d，水平潜流人工湿地系统对含沼液畜禽废水具有较好的处理效果，污水中 COD、TP、TN 和 NH_3—N 的浊度平均去除率分别为 59.21%、53.80%、55.09%和 55.57%（杨旭等，2012）。

4.2.3　好氧生物处理

好氧生物处理是指在有氧气存在的条件下，利用好氧生物（包括兼性微生物）生物化学作用降解有机物，使其稳定、无害化的处理方法。好氧生物处理法有生物滤池、生物转盘、生物接触氧化法、活性污泥法、SBR、A/O 工艺等。

4.2.3.1　生物滤池

生物滤池是由碎石或塑料制品填料构成的生物处理构筑物，粪水与填料表面上生长的微生物膜间隙接触，使粪水得到净化。生物滤池是以土壤自净原理为依据，在粪水灌溉的实践基础上，经较原始的间歇砂滤池和接触滤池而发展起来的人工生物处理技术。生物滤池耐冲击负荷的能力强，不产生二次污染，生物滤池的池体采用组装式，便于运输和安装，在增加处理容量时只需添加组件，易于实施；运行费用低。但是，滤料容易堵塞，使得反冲洗的周期缩短，受气候环境影响较大。

4.2.3.2　生物转盘

生物转盘工艺是生物膜法污水生物处理技术的一种，此种处理法使细菌和菌类的微生物、原生动物一类的微型动物在生物转盘填料载体上生长繁育，形成膜状生物性污泥即生物膜。其特点是：生物膜培养时间短，能耗低，管理方便；产泥量小，固液分离效果好；脱落的生物膜比活性污泥法易沉淀，不会发生堵塞现象，净化效果好；可用来处理高浓度的有机废水。但是其占地面积较大，有气味产生，对环境有一定的影响，且在寒冷地区需要加温处理。

4.2.3.3　生物接触氧化法

此种方法是一种介于活性污泥法与生物滤池之间的生物膜法工艺，其特点是在池内设置填料，池底曝气对污水进行充氧，并使池体内污水处于流动状态，以保证粪水与粪水中的填充物充分接触。该方式特点是：容积负荷高，处理时间短，节约土地面积；微生物浓度高，污泥产量少，要污泥回流。但是本方法仅适用于低浓度废水，生物膜只能自行脱落，剩余污泥不易排走，易引起水质恶化，影响处理效果。

4.2.3.4　活性污泥法

该方法是要在人工充氧条件下，对粪水和各种微生物群体进行连续混合培养，形成活性污泥。利用活性污泥的生物凝聚、吸附和氧化作用，以分解去除粪水中的有机污染物，再对污泥与水进行分离，大部分污泥再回流到曝气池，多余的则排出活性污泥系统。此种工艺相对成熟，运行稳定，有机物去除率高；但是容易发生污泥膨胀，另外，曝气池容积大，基础成本投入高，运行费用高。

4.2.3.5　SBR

SBR 是序批式活性污泥法的简称，是一种按间歇曝气方式来运行的活性污泥污水处理技术。它的主要特征是在运行上的有序和间歇操作。SBR 技术的核心是 SBR 反应池，该池集均化、初沉、生物降解、二沉等功能于一池，无污泥回流系统。尤其适用于间歇排放和流量变化较大的场合。

近年来序批式活性污泥法（SBR）处理养猪场废水越来越受到关注，该工艺有以下特点：相对于其他工艺构造简单、便于操作维护，剩余污泥处置麻烦少，投资少，占地少，运行费用低；耐有机负荷和毒物负荷冲击，运行方式灵活；由于是静止沉淀，因此出水效果好；厌(缺)氧和好氧过程交替发生，泥龄短，活性高，有很好的脱氮除磷效果。

4.2.3.6　A/O 工艺

A/O 工艺具体是指污水在好氧条件下使含氮有机物被细菌分解为氨，然后在好氧自养型亚硝化细菌的作用下进一步转化为亚硝酸盐，再经好氧自养型硝化细菌作用转化为硝酸盐，至此完成硝化反应；在缺氧条件下，兼性异养细菌利用或部分利用污水中的有机碳源为电子供体，以硝酸盐替代分子氧作电子受体，进行无氧呼吸，分解有机质，同时，将硝酸盐中氮还原成气态氮，至此完成反硝化反应。

A/O 工艺不但可以脱去粪水中的氨氮及去除有机物，而且通过缺氧—好氧循环操作，可去除 COD 和 BOD。该工艺流程简单，建设和运行费用较低。

4.2.4　厌氧生物处理

厌氧发酵是指废弃物在厌氧条件下通过微生物的代谢活动而被稳定化，同时伴有 CH_4 和 CO_2 产生的变化。

工作原理：液化阶段主要是发酵细菌起作用，包括纤维素分解菌和蛋白质水解菌；产酸阶段主要是醋酸菌起作用；产甲烷阶段主要是甲烷细菌。它们将产酸阶段产生的产物降解成 CH_4 和 CO_2，同时利用产酸阶段产生的氢将 CO_2 还原成 CH_4。

厌氧发酵的影响因素有原料配比，厌氧发酵的碳氮比以 20～30 为宜，当碳氮比在 35 时产气量明显下降；温度以 35～40℃为宜；对于甲烷细菌来说，维持弱碱环境是绝对必要的，它的最佳 pH 范围为 6.8～7.5。pH 低，会使 CO_2 大增，产生大量水溶性有机物和 H_2S。硫化物含量的增加抑制了甲烷菌的生长。可以加石灰调节 pH，但是调整 pH 的最好方法是调整原料的碳氮比，因为底质中用以中和酸的碱度主要是氨氮。底质含氮量越高，碱度越大，当 VFA(挥发性脂肪酸)＞3 000 时，反应会停止。

4.2.5　沼气利用技术

沼气工程是指以规模化猪场粪便污水的厌氧消化为主要技术环节，集污水处理、沼气生产和资源化利用为一体的系统工程。一头猪产生的粪便等废弃物能生产 150～250 L 沼气，其中甲烷含量为 60%，其燃烧值达到 23 100 J/m^3。

欧洲、美国、加拿大等国家和地区均建有大规模的沼气工程设施，生产的沼气主要用于发电。欧洲是世界上大中型沼气工程最普及的地区，欧洲沼气技术发展开始于 20 世纪 70 年代，80、90 年代期间，欧洲建造的沼气工程数量相对较少，但消化工艺和装备质量都明显提高，工程造价也相对降低。工艺流程主要采用全混合或推流式厌氧工艺，中温发酵，水力停留时间为 20～30 d，消化处理单一原料，沼气主要用于室内供暖或热电联用。在技术上，中温和高温下的产气率可达 5 m^3/(m^3 · d)，百千瓦量级的沼气发电机组每立方米沼气发电量可达 1.4～2.6 kW · h，发电效率高达 40%左右。2000 年以后欧洲的沼气产业更是得到了迅猛发展。德国则将沼气提高到国家能源安全战略、环境、资源、可持续发展的目标加以大力发展(陈晓夫等,2012)。

20 世纪 80 年代末丹麦开始运作集中厌氧消化系统,消化装置规模在 2 000～4 000 m^3,采取中温或者高温厌氧,消化工艺主要是完全混合厌氧工艺(CSTR)和推流式消化工艺,停留时间在 12～20 d。沼气一般用于当地社区集中供热,或热电联用。沼渣或者直接撒播还田,或者经过固液分离后,制作肥料。20 世纪 90 年代末开始,集中厌氧消化系统在欧洲得到应用推广,特别是丹麦、德国、英国和瑞典。其是将一定区域内相邻的农场畜禽粪便和其他有机废物收集、运输到一处沼气站集中处理。集中厌氧消化装置的优点是有一定的规模经济效益,可采用较先进的厌氧消化工艺和装置,从而处理效率更高,装置由当地农民合作协会或社区投资和经营。其他有机废物包括市政污泥、农业加工厂废物等。集中厌氧消化系统更有利于对有机废物的管理和循环利用。

我国 70 年代末期开始研发沼气处理技术,主要用于城市生活污水和畜禽养殖场粪污处理。1979 年召开了全国沼气工作会议,1980 年成立了沼气工程协会。20 世纪 80 年代在农村开始推广小型沼气工程,主要利用农业生产废弃物发酵产沼作为照明能源及燃气能源。随着规模化养殖业的发展,20 世纪 90 年代,大中型沼气工程得到快速发展。为促进畜禽粪污处理,减少养殖污染,国家将大中型沼气工程建设项目列入了畜禽养殖污染治理和畜禽规模养殖标准化建设的重要内容,加强沼气工程建设财政支持力度。当前,随着沼气处理技术的不断完善和发展,此技术已成为我国大中型畜禽养殖场粪污处理的主要方式之一。

4.2.5.1　沼气厌氧发酵的主要形式

沼气工程的关键技术是沼气厌氧发酵技术,包括常规和高效发酵工艺技术,常见的有上流式厌氧污泥床、升流式厌氧固体反应器、完全混合厌氧工艺等。

1. 上流式厌氧污泥床(UASB)

UASB 工艺是 20 世纪 70 年代最早由荷兰农业大学 G. Lettinga 教授等开发的一种适用于低 SS 工业有机废水的厌氧处理工艺(张维,2008),并被应用于畜禽养殖场的污水处理,其原理是先对养殖场污水进行固液分离,污水进入 UASB 反应器进行厌氧反应,产生沼气,出水往往需进一步好氧处理达标排放,是一种以环保治理为主,生产能源为辅的能源环保型沼气工程工艺。UASB 工艺是当前世界上发展最快、应用最多的厌氧反应器。继荷兰之后,德国、瑞典等国也相继开展了许多研究工作。该消化器结构简单,运行费用低,处理效率高,适用于固体悬浮物含量较低的污水处理。

UASB 工作原理:处理污水被引入 UASB 厌氧反应器的底部,水流按一定的流速向上流经污泥床、污泥悬浮层至三相分离器及沉淀区,UASB 厌氧反应器中的水流呈推流形式,进水与污泥床及污泥悬浮层中的微生物充分混合接触并进行厌氧分解,并产生大量沼气,沼气在上升过程中将污泥颗粒托起,污泥床明显膨胀,随着反应器产气量的不断增加,由气泡上升所产生的搅拌作用变得日趋剧烈,从而降低了污泥中夹带气泡的阻力,气体便从污泥床中突发性地逸出,引起污泥床表面呈沸腾和流化状态。反应器中沉淀性能较差的絮状污泥在气体的搅拌作用下,在反应器上部形成污泥悬浮层,沉淀性能良好的颗粒状污泥则处于反应器的下部形成高浓度的污泥床,随着水流的上升流动,气、水、泥三相混合液上升至三相分离器中,气体遇到反射式挡板后折向集气室而有效地分离排出;污泥和水进入上部的静止沉淀区,在重力的作用下泥水分离,污泥回落至污泥层,上清液则排入后续处理设施。

2.升流式厌氧固体反应器(USR)

USR是一种结构简单、适用于高悬浮固体有机物原料的反应器。原料从底部进入消化器内,与消化器里的活性污泥接触,使原料得到快速消化。未消化的有机物固体颗粒和沼气发酵微生物靠自然沉降滞留于消化器内,上清液从消化器上部溢出,这样可以得到比水力滞留期高得多的固体滞留期(SRT)和微生物滞留期(MRT),从而提高了固体有机物的分解率和消化器的效率。

USR工艺在当前畜禽养殖行业粪污资源化利用方面,有较多的应用。许多大中型沼气工程,均采用该工艺。有研究使用USR工艺处理猪粪水,COD去除率达72%~92%。

经过USR处理后产生的沼液属于高浓度有机废水。该废水具有有机物浓度高、可生化性好、易降解的特点,不能达到排放标准,因此除用于花卉蔬菜等的肥料外,剩余沼液须回流至集水池,经过好氧处理后达标回用或排放。

USR工艺处理效率较高,投资较小,运行管理简单,容积负荷率较高。对进料均布性要求高,当含固率达到一定程度时,会出现布水管堵塞问题,必须采取强化措施。

3.完全混合厌氧工艺(CSTR)

CSTR是在常规消化器内安装搅拌装置,使发酵原料和微生物处于完全混合状态。投料方式采用恒温连续投料或半连续投料运行。新进入的原料由于搅拌作用很快与发酵器内的全部发酵液菌种混合,使发酵底物浓度始终保持相对较低状态。其工作原理如图4-3所示。

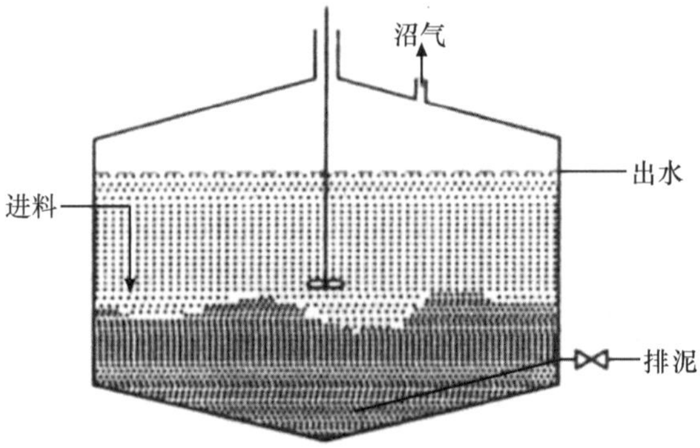

图4-3 CSTR工作原理

CSTR工艺可以处理高悬浮固体含量的原料。消化器内物料均匀分布,避免了分层状态,增加了物料和微生物接触的机会。利用机械搅拌系统,使得液面上的有机悬浮物循环到反应器的下部,逐渐完全反应,避免了反应器液面上的结盖、堵塞、气体逸出不畅现象。利用产生沼气发电余热对反应器外部的保温加热系统进行保温,大大提高了产气率和投资利用率,同时使得反应器一年四季均可正常工作。但是由于该消化器无法做到固体滞留期和微生物滞留期在大于水力停留时间的情况下运行,因此,反应器体积大;因装置搅拌器也消耗能量,且底物流出该系统时未完全消化,微生物随出料而流失。

4.厌氧接触工艺反应器

厌氧接触工艺反应器是完全混合式的,是在连续搅拌完全混合式厌氧消化反应器(CSTR)的基础上进行改进的一种较高效率的厌氧反应器(图4-4)。反应器排出的混合液首先在沉淀池中进行固液分离,污水由沉淀池上部排出,沉淀池下部的污泥被回流至厌氧消化池内。这样的工艺既保证污泥不会流失,又可提高厌氧消化池内的污泥浓度,从而提高了反应器的有机负荷率和处理效率，与普通厌氧消化池相比，可大大缩短水力停留时间。目前，全混合式的厌氧接触反应器已被广泛应用于 SS 浓度较高的废水处理中。

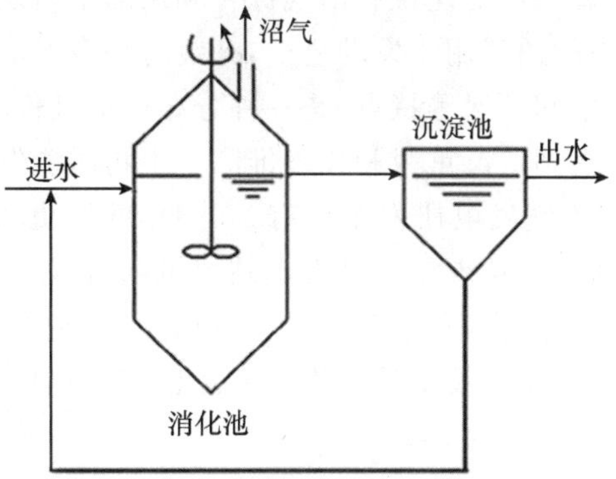

图 4-4　厌氧接触工艺反应器工作原理

该工艺优点是保证污泥不流失，提高厌氧消化池内污泥浓度；反应器的有机负荷率和处理效率较高；易启动，耐冲击负荷；与普通厌氧消化池相比，水力停留时间大大缩短。其缺点是去除率相对较低，增加好氧负担；需污泥回流，固液分离相对困难；出水水质也相对较差，对后序处理工艺产生影响。此方法适用于 SS 浓度较高的废水处理，如生活污水和工业废水。

5. 厌氧滤器(AF)

厌氧滤器属于附着膜型消化器的一种，是采用填充材料作为微生物载体的一种高速厌氧反应器，厌氧菌在填充材料上附着生长，形成生物膜。生物膜与填充材料一起形成固定的滤床。厌氧滤床可分为上流式厌氧滤床和下流式厌氧滤床两种。污水在流动过程中生长并保持与充满厌氧细菌的填料接触，因为细菌生长在填料上将不随出水流失，在短的水力停留时间下可取得较长的污泥泥龄。启动或停止运行后再启动比其他厌氧工艺法时间短。厌氧滤器的缺点是填料载体价格较贵，反应器建造费用较高，此外，当污水中 SS 含量较高时，容易发生短路和堵塞，尤以进水部位最为严重。其工作原理如图 4-5 所示。

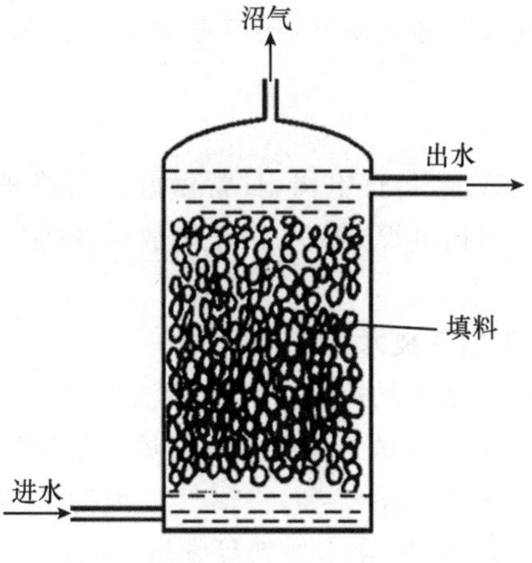

图 4-5　厌氧滤器工作示意图

4.2.5.2 沼气发电技术

1.沼气发电概况

沼气燃烧发电是随着大型沼气池建设和沼气综合利用的不断发展而出现的一项沼气利用技术，它将厌氧发酵处理产生的沼气用于发动机上，并装有综合发电装置，以产生电能和热能。沼气发电具有创效、节能、安全和环保等特点，是一种分布广泛且价廉的分布式能源。

沼气发电在发达国家已受到广泛重视和积极推广。生物质能发电并网在西欧一些国家占能源总量的10%左右。我国沼气发电研发工作有20多年的历史，特别是“九五”“十五”期间有一批科研单位、院校和企业先后从事了沼气发电技术的研究及沼气发电设备的开发。在这一领域中，逐渐建立起一支科研能力强、水平高的骨干队伍，并建立了相应的科研、生产基地，积累了较多的成功经验，为沼气发电技术的应用研究及沼气发电的设备质量再上台阶奠定了基础。

2.沼气发电的优点

①发电可自用，也可以上网，可取得一定经济效益。

②减少气体排放，变废为宝，实现清洁能源生产，降低了生猪养殖污染问题。

③厌氧发酵，可杀灭猪粪便中的致病菌和寄生虫卵，防止疾病传播，改善养殖场卫生环境，促进养殖业健康发展。腐熟的沼渣沼液还田，有利于增强肥效。

3.工艺的选择

沼气发电工艺技术上应以厌氧发酵为技术核心，配以其他技术，采取节能、高效的综合利用循环经济模式，以达到最佳的利用效果。当前，光明集团与国内大多数养殖场类似，采用成熟可靠的CSTR工艺。

4.发电机组的选择

沼气发电机组的选择需因地制宜，结合工艺、预计产气量等来确定。如果配置功率过大，则会造成效率降低；功率过小，沼气不能完全使用，当超过储柜容积时必须点燃火炬烧掉多余沼气，造成资源浪费。因此，机组配置一般采取沼气所需量接近供应量，并稍大于沼气供应量，机组运行负荷不小于80%。

5.工程建设

猪场内沼气工程建设地点应与猪场保持适当距离，并处于下风向。对于集中处理沼气工程，除须符合行业布局、国土开发整体规划外，还应考虑地域资源、区域地质、交通运输和环境保护等要素。

6.运行管理

沼气发电运行应实行专人管理，持证上岗，日常做好运行维护、日志记录等。沼气池（罐）附近应装设避雷针，禁止明火（包括电焊）作业，禁止燃放烟花等。有多台机组的机组间应交替使用。

4.2.5.3 沼气提纯生物天然气技术

生物天然气（BNG）是近年来新兴的一种可再生清洁能源，其沼气制备生物天然气的核心是去除沼气中的二氧化碳。沼气中的CO_2降低了沼气的能量密度和热值，限制了沼气的利用范围，要去除沼气中的CO_2、H_2S和水蒸气等，将沼气提纯为生物天然气，可压缩用于车用燃料（CNG）、热电联产（CHP）、燃料电池、化工原料等领域，并且可以并入天然气管网，降低对石化能源的依赖。汽车使用生物天然气不仅可以降低尾气排放造成的空气污染，而且减少温室气体的净排放量(冉毅等,2016)。

近年来,沼气提纯生物天然气技术在国外发展迅速,尤其是德国、瑞典,瑞典计划到 2060 年用生物天然气完全取代化石天然气,成为世界上第一个完全使用可再生能源的国家;美国在沼气提纯生物天然气方面也有较大进展。沼气提纯在沼气所有利用方式的比例上,瑞典最高,为 57%;其次是瑞士和挪威,均为 40%。

中国在沼气提纯技术方面与发达国家差距较大。国内沼气的用途以发电、炊事燃料为主,利用价值较低。有研究以某生物质垃圾厌氧消化沼气为研究对象,根据工艺过程中能量转化碳排放量为标准,对 4 种主要沼气利用方式:直接燃烧、制热供暖、发电和提纯压缩天然气的碳足迹进行对比,发现采用沼气提纯工艺不仅能极大地降低碳排放量对温室效应的影响,还能通过能量的回收替代传统能源,具有理想的碳减排效益。我国《可再生能源中长期发展规划》将沼气作为重点发展领域,预计到 2020 年沼气利用量将达到 440 亿 m^3。在此过程中,沼气产业将逐步实现规模化、产业化、市场化、用途高值化,沼气提纯技术是沼气产业化发展的关键技术之一。

国内已建成多个沼气提纯生物天然气示范项目,如江苏大丰港和顺、烟台双塔等沼气提纯项目。与世界先进水平相比,中国在基础研究、设备成套化开发方面还有一定的差距,特别是在适合国内大量中小规模沼气工程应用的成套化提纯设备的研发方面,开展的工作还远远不够。2015 年,国家开始重点支持建设规模化生物天然气项目,我国沼气发展进入转型升级期。

4.2.5.4　沼液浓缩技术

随着国内大型沼气工程的建设,沼液大量产生,虽然沼液富含总氮、总磷、钾离子、有机质等物质,但是由于其养分含量低、使用量大、使用不便的特点,在缺少土地消纳的地区,严重制约着沼液资源化利用。沼液浓缩的目的是使沼液中的肥性物质更加集中,以解决沼液中营养物质浓度过低和沼液储存、运输成本过大的问题。将沼液中的水分去除可以实现营养物质的浓缩,减少储存和运输的体积。

国内外曾普遍采用真空浓缩和脱水等手段来浓缩沼液。近年来,膜浓缩技术得到广泛应用研究。与其他的分离手段相比,膜处理工艺属于物理方法,它在诸多方面具有传统的处理方法所没有的优异特点,被膜组件分离的物质的组分没有热化性的变化,也没用化学性或生物性的变化,不发生相变。有学者研究高耐污反渗透技术对沼液进行浓缩的影响,研究结果表明,反渗透技术对沼液浓缩效果良好,对电导率,COD,NH_3—N 的浓缩效果达 90%以上,透过液水质能够达到调浆等回用标准。通过对浓缩液农用指标的测试发现,浓缩液所含营养物质是原液的 4 倍,可以实现普通肥料等效施用效果,并在病虫害防治、促进作物生长、提高作物产量方面具有优势。有学者通过纳滤膜浓缩实验得出,纳滤膜截留分子量为 90,牛粪沼液浓缩倍数 4 倍,猪粪沼液浓缩倍数 5～6 倍最为合适。沼液浓缩液能够满足液体有机肥开发的需要。随着浓缩倍数的增加,浓缩液和透过液的 pH 下降,电导率上升。同时发现纳滤膜对二价 Ca、Mg、Fe 和 Zn 离子具有较高的截留效果。其通过沼液浓缩液复配技术和配方筛选,研制出沼液氨基酸水溶性肥料产品,经检测产品符合 NY 1429—2010 标准,并有良好的施用效果。使用猪粪浓缩液配置无土栽培营养液,并进行无土栽培小白菜的实验,发现该营养液比对照组(霍格兰营养液处理)的产量和叶绿素含量高,证明使用沼液浓缩液配置无土栽培营养液具有可行性。

4.2.6 达标排放技术

达标排放是在缺少农田匹配的区域，通过节水、预处理等工艺控制粪水产生量及污染物浓度，再将粪水应用生物、化学、物理或联合方式处理，使水质达到国家排放标准或达到中水回用标准。其核心是高效厌氧发酵及物化联合处理。

4.2.6.1 工艺流程

当前国内应用较为成熟的有：沼气池（厌氧）＋A/O（好氧）＋人工湿地、UASB（厌氧）＋A/O（好氧）＋深度处理、UASB（厌氧）＋SBR（好氧）＋消毒处理、UASB（厌氧）＋A/O（好氧）＋MBR生化处理、UASB（厌氧）＋微藻培养、MCR膜生化处理＋SRO系统深度处理以及沼液浓缩利用等，光明生猪有限公司在结合国内成功经验的基础上，根据自身特点，制定了适合公司实际的HDPE黑膜沼气池（厌氧）＋UASB（厌氧）＋A/O（好氧）＋MBR生化处理深度处理工艺，其工艺流程如图4-6所示。

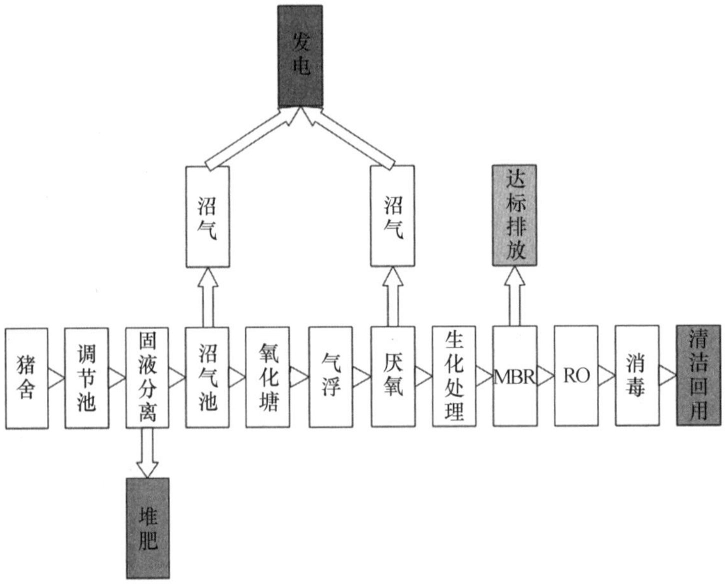

图4-6 光明生猪沼液深度处理流程

1. 前处理

对管道收集的猪粪尿进行固液分离，固体进入有机肥料厂生产有机肥，液体进入HDPE黑膜沼气池厌氧发酵产沼气发电供猪场内部使用。猪粪中含有大量的氮磷，通过高效的固液分离技术可以将含氮、磷的固体物质最大限度地用于堆肥处理，提高肥效，同时减少后续污水处理压力。

2. 一体化智能污水处理设备

设备安装方便迅速、操作维护简单、建造及运行成本低。

3. 气浮

养猪场沼液由于含SS较高，主要是沼渣等固体悬浮物，并附带一些生物沼气气泡，因此，首先需进行混凝气浮预处理，去除一部分SS，以保证后续生化处理的正常运行。混凝沉淀池分为反应区和气浮区两部分，反应区内加入絮凝剂和助凝剂，加快悬浮物质絮凝沉淀。气浮区内将絮凝物质通过气泡浮力的作用，上浮在水面形成浮渣层，然后通过刮渣机去除。在通过混凝气浮后，可以去除一部分 CODcr。

4. 上流式厌氧污泥床处理

将沼液中大部分有机污染物经过厌氧发酵降解为甲烷和二氧化碳。

5. A/O

硝化池内曝气采用的专用设备鼓风曝气，通过高活性的好氧微生物作用，污水中的大部分有机物污染物在二级 A/O 池内得到降解，同时氨氮在硝化微生物作用下氧化为硝酸盐。硝化池至前置反硝化池设有混合液回流泵(硝氮回流)，硝氮回流至反硝化池内在缺氧环境中还原成氮气排出，达到脱氮的目的。设计反硝化率为 90%。反硝化池设计为前置式，可以充分利用进水中的碳源进行反硝化，并使之完全。二级 A/O 反硝化池内设液下搅拌装置，以达到搅拌及混合均匀的目的。

6. 浸没式 MBR 膜系统

如图 4-7 所示，浸没式膜生化反应器采用浸没式平板超滤替代了传统的二沉池，完全实现泥、水分离，使生化系统内的污泥浓度达到 8～15 g/L。由于生化反应器内污泥浓度较传统的活性污泥法高出 3～6 倍，并且渗滤液中盐分含量很高，如采用普通的曝气方式，氧的转移效率、空气扩散和气液搅拌混合效果等均受到极大的限制，不能满足高污泥浓度、高污染物负荷条件下的供氧要求，因此，在浸没式膜生化反应器硝化池中采用特殊设计的鼓风射流曝气系统。

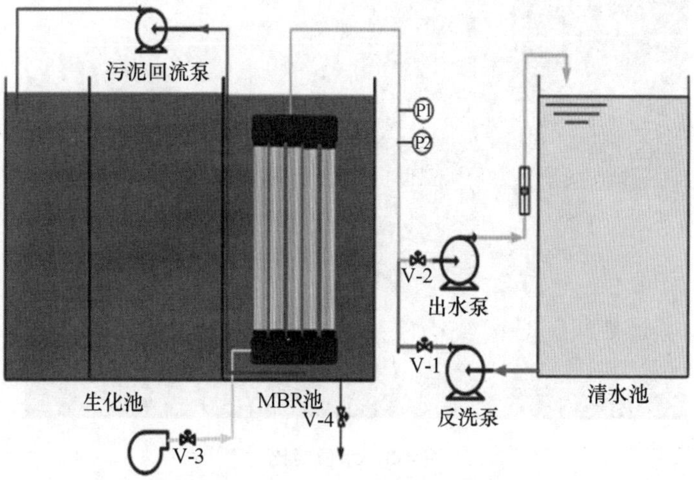

图 4-7　浸没式 MBR 膜工作原理(来源：中海龙)

7. 抗污染型 RO 膜系统

反渗透(RO)装置在系统中属关键设备，装置利用膜分离技术除去水中大部分离子、污水物质等，大幅降低 TDS。RO 是将一部分原水沿与膜垂直的方向通过膜，水中的盐类和胶体物质将在膜表面浓缩，剩余一部分原水沿与膜平行的方向将浓缩的物质带走，在运行过程中自清洗。膜元件的水通量越大，回收率越高则其膜表面浓缩的程度越高，由于浓缩作用，膜表面处的物质溶度与主体水流中物质浓度不同，产生浓差极化现象。浓差极化会使膜表面盐的浓度增高，增大膜的渗透压，引起盐透过率增大，为提高给水的压力而需要多消耗能量，此时应采用清洗的方法进行恢复。

4.2.6.2 运营效果

智能污水处理设备在运行过程中，每天需添加脱色剂、聚合氯化铝等，平均每吨粪水费用为2.9元；每处理1 t粪水需耗电费约0.55元；设备维护保养费用约4万元/年，平均每吨粪水分摊费用为0.53元。直接运营总成本为3.98元，运行成本较低。

出水经检测（表4-1、图4-8），各项生化指标均达到或超过国家一类水质标准。

表4-1 水质检测结果 mg/L

工艺单元	COD	氨氮	总磷
原水	20 000	1 500	85
固液分离后	12 000	1 000	80
气浮进水	9 000	900	30
UASB进水	6 600	700	30
生化系统进水	1 500	200	20
MBR处理出水	400	80	10
RO处理出水	10	3	0.1
设计出水水质	50	5	0.5

图4-8 水质对比

4.3 猪场病死猪处理工艺

4.3.1 病死猪无害化处理的重要性

我国畜禽传染病有200多种。据有关资料，我国每年因各类疫病引起的猪死亡率为8%～

12%，牛死亡率为 2%～5%，羊死亡率为 7%～9%，家禽死亡率为 12%～20%，其他家畜死亡率为 2%以上。全国每年因动物死亡造成的直接经济损失达 400 亿元以上，间接经济损失在 1 000 亿元以上。在部分地区，畜禽因病死亡后尸体被埋掉的比例不足 20%，能够进行无害化处理的比例更小。

病死畜禽是疫病传播和扩散的主要传染源，由于死亡畜禽体内带有大量微生物，如果不能进行及时有效的处理，任其腐烂发臭，病菌会到处扩散，不仅污染环境，还容易引起人畜疫病流行，给畜牧业带来重大的经济损失，甚至威胁人类的健康，危害公共食品卫生安全等。因此，病死畜禽无害化处理工作是重大动物疫病防控的关键环节，对促进畜牧业健康发展，确保“国家中长期动物疫病防治规划”的落实，保障畜产品质量安全，意义重大。

4.3.2　国外病死畜无害化处理概况

国外对病死畜无害化处理的工作研究较早，技术较为成熟，无害化管理措施严格，无害化处理设施相对完善。德国的法律规定，病死畜禽不能随意处理，必须通过电话、电脑联网向专门的清除所报告或者直接送至指定的收集站，不能随意掩埋处理。美国、韩国等政府为防止疫病的大范围传播和污染地下水，已立法规定严禁对病死畜禽进行深埋处理；比利时则建立了动物尸体焚烧场，将不健康和死亡的畜禽及其产品，全部运到焚烧场烧毁，杜绝疫病发生；法国设立焚烧场的同时要求兽医对病死动物出具死亡单，病死家禽必须冷冻处理，然后运到焚烧场统一焚烧。

国外对病死畜禽的处理经历了提炼工业油脂、焚烧、现代生物工程处理 3 个阶段（远德龙等，2013）。提炼工业油脂是由专门的再生资源公司收购，然后用死牲畜来提炼工业用油脂。此种方式油厂投入成本较高，虽可取得政府补贴，但仍入不敷出；农场主为临时贮存病死畜而投入的设施和能源费用也较高。因此，逐渐被焚烧处理替代，但是由于焚烧法需要消耗大量的能源，并向大气层排放大量二氧化碳等污染空气，也越来越不能满足安全、环保、经济的处理要求。近些年来，国外开始研究采用现代生物工程处理技术，即将病死畜尸体堆肥发酵再利用。目前，韩国主要通过固定式小规模装备或移动式高温、高压处理设备短时间发酵处理病死畜禽尸体。美国一般把畜禽尸体适当分割成数块，然后拌入木屑等物质，让其发酵，杀死致病微生物，并获得肥料。也有将病死畜禽尸体经高温、高压处理后作为猫、犬等小动物的饲料的做法，但是，将病死畜肉骨粉作为饲料存在一定的生物安全风险。

4.3.3　国内病死猪无害化处理概况

我国是生猪养殖大国，但不是生猪养殖强国。在国家对畜牧业的扶持政策催生下，畜牧产业化、规模化和集约化蓬勃发展，但是，虽然我国生猪养殖正在趋于集约化、标准化、集团化，但是“低、小、散”的生猪养殖户占生猪养殖比重仍然较大，且分布地域广，基础设施落后，标准化程度低，无害化处理意识淡薄，无害化处理设施不健全，运行不规范，随地乱丢乱弃的现象时有发生，甚至存在私售将病死猪流入市场的现象，严重威胁到食品安全、公共卫生安全和畜牧业的健康发展。

2012 年，农业部就做好病死畜禽的无害化处理工作下发文件，提出六个方面的要求，文件要求在充分提高认识的基础上，以《中华人民共和国动物防疫法》《中华人民共和国畜牧法》《动物检疫管理办法》和《动物防疫条件审查办法》等法律法规为准绳，按照《病害动物和病害动物产品生物安全处理规程》(GB 16548—2006)的规定和要求，做好饲养、运输、屠宰、加工、储藏等环节的病死畜诊断，以及无害化处理工作，切实做到“四个不准、一处理”。国家也出台了相应的配套政策，对无害化处理工作给予一定的补助等。2013 年 10 月农业部《病死动物无害化处理技术规范》出台，文件中对病死动物尸体及相关动物产品无害化处理方法的技术工艺和操作注意事项做了明确规定，并就处理过程中包装、暂存、运输、人员防护和无害化处理记录作了相关要求。

上海市 2002 年率先在全国建立无害化处理中心，主要采取焚烧法对全市病死畜禽进行无害化处理。2010 年后，上海市动物无害化处理中心(原名为上海市浦南病死畜禽无害化处理站)又将炉排炉焚改为比较先进的气化熔融技术，最大限度减少对环境的污染，达到国家强制性排放标准。当前，该处理中心共有 16 辆动物无害化收集转运特种车辆，这些车辆每天往返于中心和沪郊各畜禽养殖场运送病死畜禽。该车辆具有自动装卸功能，并配备消毒喷雾设施、GPS 定位系统、车辆行车跟踪记录系统、防污水泄漏装置等，可减少病死畜禽与人的直接接触，防止病原微生物和疫病的交叉传播，避免动物血污水对环境的污染，对车辆实施全程定位跟踪，并通过物联网系统将所有进出的病死畜禽和人员情况全部实现信息化操作，而且养殖户和养殖场的基本信息也已录入此套物联网系统，从而建立一套从死亡猪收集到运输最后抵达无害化处理中心全程监控的管理信息化平台，从源头上遏制病死动物及其产品流向市场，为食品安全提供了有力的技术支撑。

近年来，在国家相关政策的扶持下，各地纷纷建设病死畜无害化处理中心，一些大型养殖企业也建立内部的区域性无害化处理站，新建的无害化处理站多采用化制法进行处理。

4.3.4 病死猪无害化处理主要技术

现阶段，在病死猪无害化处理中，应用较多、较成熟的技术主要包括深埋法、焚烧法、堆肥法、化尸窖处理法、化制法、生物降解法等处理方法(朱建军等，2011；解玉怀等，2015；李志，2016)。部分地区也成立了面向社会的专门的无害化处理厂，对本地区的病死猪统一收集、集中处理。因此，若是猪场所在地有专门无害化处理厂，猪场最好与无害化处理厂签订处理合同，由无害化处理厂对猪场的病死猪集中进行无害化处理。若是没有社会服务型无害化处理厂，猪场则应结合生猪死亡的原因或疫病情况，因地制宜地采取不同的方法处理。

4.3.4.1 深埋处理法

深埋法是指通过掩埋的方法对病死畜禽尸体及产品等相关物品进行处理，利用土壤的自净作用使其无害化。具体操作过程主要包括装运、掩埋点的选址坑体、挖掘、掩埋。深埋法是处理畜禽病害肉尸的一种常用、可靠、简便易行的方法，目前，仍是小散猪场处理病死猪的主要方式，如图 4-9 所示。

深埋法比较简单、费用低，且不易产生气味，在发生疫情时，为迅速控制与扑灭疫情，防止疫情传播扩散，最好采用深埋的方法。但是，因其无害化过程缓慢，某些病原微生物能长期生存，需要做好防渗工作，否则可能污染土壤或地下水。本法亦不适用于患有炭疽等芽孢杆菌类疫病染疫动物及产品、组织的处理。

从改善生态的条件来看，采用深埋处理法不仅有效地对病死猪进行了无害化处理，达到消灭病原微生物、阻断疫病传播的目的，也在很大程度上增强土壤有机质含量，有效提高土壤肥

图 4-9　深埋处理法

力。深埋处理要注意以下几点事项。

1. 选址

应选择地势高燥、处于下风向的地点；应远离动物饲养厂、屠宰加工厂、动物隔离场、动物诊疗场所、动物和动物产品集贸市场、生活饮用水源地；应远离城镇居民区，文化教育科研等人口集中区域，主要河流、公路、铁路等主要交通干线。

2. 挖坑

坑的大小取决于所需掩埋物品的多少，深度应尽可能地深(底部必须高出地下水位 1.0 m 以上)，坑壁应垂直。坑的宽度应能让机械平稳水平填埋处理物品，避免填埋后还不得不在坑中移动掩埋物品的现象。在任何情况下，都不允许人员下到坑中整理病死猪，以防止中毒、感染或其他意外发生，确保处理人员的生命安全。坑的容积大小可以按每头成年猪需 1.5 m^3 的填埋空间来估算。坑的长度则应由被填埋物品的多少来决定，长度的计算公式为：

$$长度=\frac{成年猪头数\times 1.5\ m^3}{(坑底到地面的高度-1.5\ m)\times 坑的宽度}$$

或

$$长度=\frac{猪头数\div 5\times 1.5\ m^3}{(坑底到地面的高度-1.5\ m)\times 坑的宽度}$$

建议坑深在 3 m 左右。

3. 病死猪的运输处理

①运输准备。应对病死猪尸体和其他需要处理的物品实施警戒，以防止其他人员接近、防止其他动物接触和携带染疫物品。如果存在昆虫传播的疫病可能给周围易感动物带来危险，则应考虑实施昆虫控制措施。对病死猪尸体及产品应用有效消毒药品彻底消毒。

准备好装运车辆、包装材料、消毒药品等必需机械与物品。工作人员应做好自身的防护工作，穿防护服、胶鞋及戴口罩、护目镜、乳胶手套等。

②装运。应使用密闭、不泄漏、不透水的包装材料或容器包装猪的尸体，小猪尸体可以用大

塑料袋盛装，运输车的车厢、车底应该密闭不渗水，以免流出粪便、分泌物、血液等污染周围环境。

箱体内病死猪的尸体不能装得太满，应留有一定空间防止尸体膨胀。装运前不要对尸体进行分割，防止污染扩大。工作人员应随时准备好途中发生溢溅时的消毒工作。

4. 掩埋

①坑底处理。在坑底撒一层厚度为2～5 cm的生石灰或漂白粉等消毒药，具体使用量由尸体的量来决定，尸体量大时应适当增加用量。

②入坑掩埋。将畜(禽)尸体连同包装物及污染物，一起投入坑内，最上层距离地表1.5 m以上。覆土时，先用40 cm厚的土层覆盖尸体，然后放入新鲜熟石灰或干漂白粉(20～40 g/m^2)，再覆土掩埋，覆盖土层厚度应不少于1～1.2 m。将掩埋场地面整平，并使其稍高于周边地面20 cm，防止雨水灌入及自然下沉形成坑洞，平整后应对深埋点及周围区域进行消毒。

③设置标识。掩埋场地应设立明显标志，同时在周围设置必要的防护措施，对掩埋点进行必要的保护，杜绝死猪被盗或其他畜禽接近掩埋点。

④场地检查。应对掩埋场地进行定期检查，以便及时发现问题和采取相应措施。

4.3.4.2 焚烧法

焚烧法是指在焚烧容器内，使动物尸体及相关动物产品在富氧或无氧条件下进行氧化反应或热解反应的方法。对确认患猪瘟、口蹄疫、传染性水疱病、猪密螺旋体痢疾、急性猪丹毒等烈性传染病的死猪，常采用此方法。

焚烧法又分为直接焚烧和炭化焚烧。直接焚烧是富氧环境，燃烧室温度应≥850℃。炭化焚烧是无氧环境，热解温度≥600℃，燃烧室温度要≥1 100℃。对于烈性传染病一般都采取焚烧后掩埋的处理办法。在焚烧过程中尽量减少新的污染物质产生，避免造成二次污染。直接焚烧要严格控制焚烧进料频率和重量，保证完全燃烧；燃烧室内应保持负压状态，严格控制烟气停留时间，避免焚烧过程中发生烟气泄漏；燃烧室顶部应设紧急排放烟囱，以便应急时开启；同时还应配有烟气净化系统。炭化焚烧系统的炉门密封性要好，以保证热解炭化室的隔氧状态；要保证焚烧中产生的热解气体排出顺畅，压力过大时能够自动泄压等。

1. 简易焚烧炉

通过燃料或燃油直接对动物尸体进行焚烧处理。此种设备投资小、操作简便、焚烧效果较好，目前在小型养殖场使用广泛(图4-10)。

图4-10　简易焚烧炉

2. 无害化焚烧炉

焚烧技术在国外的应用和发展已有几十年的历史，比较成熟的炉型有脉冲抛式炉排焚烧炉、机械炉排焚烧炉、流化床焚烧炉、回转式焚烧炉和 CAO 焚烧炉。整套处理系统由助燃系统、焚烧系统、集尘系统和电控系统等四个部分构成。如图 4-11 所示。

图 4-11　无害化焚烧炉

操作流程：注入燃料，接通电源，启动助燃开关，炉内温度达到自燃温度，将病害畜禽尸体及其产品投入炉内，关闭助燃开关，启动自燃开关并保持自燃状态。

焚烧法处理病死畜禽安全彻底，病原能被彻底杀灭，仅有少量灰烬，减量化效果明显。大量火床焚烧和简易焚烧炉燃烧的过程中会产生大量污染物（烟气），燃烧过程中如有未完全燃烧的有机物，会对环境造成污染。同时，由于焚烧炉建设成本高，使用过程中还需要大量的燃料或电力，对操作人员要求高，因此，采用焚烧处理病死猪的猪场并不多，主要在猪场发生烈性传染病时，国家强制要求采用此法。

焚烧法较适合于大型养猪场、集团化养猪场及生猪养殖集中区。对于生猪养殖业集中的地区可以联合兴建或由专门的服务部门兴建畜禽焚化处理厂，同时在不同的服务区域内设置若干冷库，集中存放病死畜禽，然后由统一管理的专运车辆负责收集装运，集中处理。该法在国外应用了多年，但从 20 世纪 90 年代就因处理成本高等问题逐步淘汰了。

4.3.4.3　化尸窖法

化尸窖又称密闭沉尸井（化尸池）（图 4-12），是指按照《畜禽养殖业污染防治技术规范》（HJ/T 81—2001）要求，在地面挖坑后，采用砖和混凝土结构施工建设的密封池。化尸窖处理技术，即以适量容积的化尸窖沉积动物尸体，让其自然腐烂降解的方法。

还可用钢结构建造可移动式化尸窖。

从池底结构上，地窖式化尸池分为湿法发酵和干法发酵两种，前者的底部有固化，可防止渗漏，后者的底部则无固化。钢结构的化尸窖属于湿法发酵。

化尸窖处理法的优点是：可进行分散布点，化整为零；尸体运输路线短，有利于减少疾病的传播；采用密闭设施，建造简单，臭味不易外泄，一般建于下风口地下，在做好消毒工作的前提下，生物安全隐患低，对周边环境基本无污染；可根据养殖规模进行设计，无大疫病情况下，利用期限较长，一般可利用 10 年以上；建池快、受外界条件限制少，设施投入低、运行成本低；操作简便易行，省工省时。在处理过程中添加的化尸菌剂能快速分解畜禽尸体、杀灭除芽孢菌以

图 4-12　化尸池

外的所有病原体、消除臭味，大幅度提高了化尸池使用效率。其也具有以下缺点：不能大规模处理尸体，对于大规模养殖场或大批量处理病死畜不适用；当化尸窖内容物达到容积的3/4时，应封闭并停止使用；化尸窖不能循环重复利用，只能使用一口，封一口，再造一口；化尸窖内畜禽尸体自然降解过程受季节、区域温度影响很大，夏季高温时期，畜禽尸体2个月内即可腐烂留下骨头，但冬季寒冷时期，畜禽尸腐过程非常慢。因此，化尸窖处理法适用于养殖场(小区)、镇村集中处理场所等对小批量畜禽尸体的无害化处理。

4.3.4.4　水煮处理法

水煮处理法是指利用普通大锅或高压锅通过高温蒸煮对病死畜禽进行处理的办法。此办法在20世纪八九十年代可见，经高温处理后的尸体可以作为肉食性鱼类的饲料，也有部分猪场将其作为育肥后期猪的能量与蛋白质补充饲料。由于在高温蒸煮前需要对病死畜禽尸体进行切块，操作费时、费力，极易造成二次污染等原因，现在此法在集约化猪场已经不见。

4.3.4.5　化制法

化制法是指在密闭的高压容器内，通过向容器夹层或容器内通入高温饱和蒸汽，在干热、压力或高温、压力的作用下，处理动物尸体及相关动物产品的方法。为国际上普遍采用的高温高压灭菌处理病害动物的方式之一，借助于高温高压，病原体杀灭率可达99.99%。

化制法又可分为干化法与湿化法两种。干化法是将动物尸体或废弃物放入化制机内受干热与压力的作用而达到化制目的，但热蒸汽不直接接触肉尸。干化法要求处理物中心温度≥140℃，绝对压力≥0.5 MPa，处理时间≥4 h(具体处理时间随需处理动物尸体及相关动物产品或破碎产物种类和体积大小而设定)。湿化法则是指在高压下蒸汽直接与动物尸体或组织接触，当高温蒸汽遇到尸体而凝结为水时，可使油脂熔化和蛋白质凝固。湿化法要求处理物中心温度≥135℃，绝对压力≥0.3 MPa，处理时间≥30 min(具体处理时间随需处理动物尸体及相关动物产品或破碎产物种类和体积大小而设定)。

化制法是一种可较好地处理病死畜禽的方法，是实现病死畜禽无害化处理、资源化利用的重要途径，具有操作较简单，投资较小，处理成本较低，灭菌效果好，处理能力强，处理周期短，单位时间内处理最快，不产生烟气，安全等优点。在处理过程中产生的废气需要进一步处理后方可排放。化制法对设备容器的要求很高,目前,国家或地区及中心城市畜禽无害化处理中心、集团化大猪场多采用此法进行病死畜的处理。行业内分析认为,随着生猪集约化、现代化、集团化发展的推进,化制法将是未来处理病死猪的主要方式之一。

光明生猪有限公司使用浙江临海多宝田牌畜禽自动无害化处理设备(图 4-13),采用干法化制与高温裂解法进行病死猪处理,最终将病死猪转化为动物油脂与肉骨粉,油脂可作为生物柴油的原料,肉骨粉可制作有机肥,从而达到资源再利用,实现循环经济目的。其工艺流程如图 4-14 所示。

图 4-13　多宝田病死猪全自动无害化处理系统

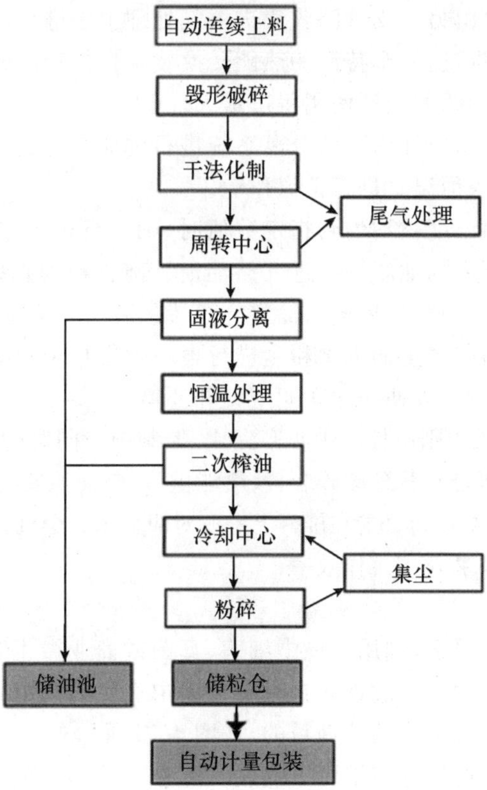

图 4-14　光明病死猪干法化制工艺流程示意图

①病死猪专用收集车，每天从各场收集病死猪送无害化处理站。

②病死猪及其产品等从运输车上自动卸下至喂料口。经传送线的密封通道输送进破碎装置进行破碎。当物料接触到破碎刀具时，菌种添加系统自动启动，此时因破碎物料产生的大量恶臭气体等被这种特制的菌种在瞬间消除，以免其顺着输送通道反窜到投料区，影响投料区的作业环境。

③破碎后的物料则由输送线进入化制仓等待化制。当化制仓内的物料足够批次生产量了，进料仓口的仓门自动关闭，加热系统启动。此时化制仓内形成了一个密闭的循环空间。化制仓内的物料因高温产出的水蒸气、废气、硫化物、细菌等非有益物质，经由管路集中收集到尾气处理中心进行全面系统的处理。这些非有益物质在尾气处理中心进行高温裂解和触媒转换后变成氢离子和氢氧根离子经由出气口可无色无味地达标排放。

④引风系统的作用则分期分批地把化制仓内的空气由常压变为微负压，再由微负压变为常压、微正压，如此反复数次，从而既节省了能耗和时间，又能让物料的化制和灭菌更彻底。因为 1 个标准大气压下水在 100℃继续加热才能变成水蒸气形态，而在低于 1 个标准大气压下，60℃就能让水沸腾。同样的，高压能让物料更快速有效地熟透。

⑤当物料在化制仓内经过了 10～12 h 的高温化制后，自动进入周转箱等待下一步作业，此时第二批次的物料可以进行投放，机组进入 2 批物料同步作业的状态。如遇重大疫情等需要突然增大产能时，系统开启同步作业模式，化制仓内的物料在化制 4～5 h 后就直接进入周转箱。此时的周转箱也变成了另一个化制仓。同样，由周转箱中物料产生的水蒸气、废气、硫化物等各种非有益物质也由另一支管路收集进尾气处理中心进行系统处理。尾气处理中心在运行中产生的余热被收集后由一个特制的热能转换装置自行转换成有用热能供应给周转箱作为辅助热能使用，从而让能源的循环使用得以最大优化。

⑥由周转箱出来后的物料经由固液分离系统进行油脂独立分离，产出的油脂由接油管流入储油池，固态物则被送入恒温室进行恒温作业。

⑦当恒温室中的物料温度被均匀到指定数值时，则自行进入二次榨油机进行压榨。榨出的油脂汇同固液分离时所产的油脂一并进入储油池。肉骨粉则直接进入冷却中心进行冷却。冷却后肉骨粉进一步进行粉碎，然后进入储料仓等待包装线的接收。

⑧集尘装置则会对粉碎产生的细微粉尘进行集中收集和对冷却进程中产生的带有肉骨粉味的气压进行除味消压作业，以便净化车间空气和环境。

⑨全套机组的控制、操作则由控制中心来完成，控制中心同时配备了自动报警装置，分别由红、黄、蓝、绿 4 个声光警报灯来管理破碎装置、热能供应、储油池安全位、电流电压。化制时的实时温度显示化制时长、作业导航等都能在屏幕上一一对应显示。全机完善的自动化程度，只需一人作业，大大节省了劳动成本、提高了工作效率。

4.3.4.6 堆肥法

堆肥法是指在人工干预下，利用环境中细菌、真菌或商业微生物等代谢作用，对畜禽尸体进行降解腐熟而形成肥料的自然过程。在降解过程中产生的高温可杀灭尸体中病原微生物，最终达到减量化、无害化、稳定化的处理目的，如图 4-15 所示。

堆肥法处理猪尸体多选择静态堆肥方式或发酵仓堆肥。条垛式静态堆肥是最先用于处理猪尸体的堆肥法，其设备要求简单，投资成本低，产品腐熟度高，稳定性好，现也可建成金字塔形。条垛式静态堆肥每 3～7 d 翻堆一次，金字塔形静态堆肥每隔 3～5 个月进行一次翻堆。

图 4-15　病死猪堆肥处理

在染疫动物体内病原微生物未被完全杀死之前，频繁翻堆可能会导致病原微生物的扩散，同时也会污染翻堆设备，甚至感染翻堆人员。另外，频繁翻堆会扰乱动物尸体周围菌群，干扰动物组织降解。发酵仓式堆肥系统较条垛式静态堆肥具有以下优点：设备占地面积小，空间限制小，生物安全性好，不易受天气条件影响，堆肥过程中的温度、通风、水分含量等因素可以得到很好的控制，因此，可有效提高堆肥效率和产品质量。

4.3.4.7　**生物降解法**

生物降解(图 4-16)是指将病死动物尸体投入到降解反应器中，利用微生物的发酵降解原理，将病死猪尸体破碎、降解、灭菌的过程，其原理是利用生物热的方法将尸体发酵分解，以达到减量化、无害化处理的目的。

图 4-16　生物降解

生物降解技术是一项对病死动物及其制品无害化处理的新型技术。该项技术工艺简单，辅料等可因地制宜就地取材，降解后不产生废水和烟气，无异味，不需高压和锅炉，杜绝了安全隐患，同时具有节能、运行成本较低、操作简单的特点。此外，采用生物降解技术可以有效地减少病死猪的体积，实现减量化的目的，进而有效避免乱扔病死猪尸体的现象。

根据利用微生物处理角度及对处理效果、效率的需求不同，生物降解法有多种利用模式，如在堆肥技术上演进的发酵床处理模式;为增加通气性加强发酵效率的滚筒式发酵仓模式;为加快发酵辅助热源的微加温生物降解模式;为加快发酵在辅助热源基础上提前破碎的生物降解一体机模式等。

近年来,随着病死畜禽无害化处理的要求逐渐提高,出现了将高温化制和生物降解结合起来的新技术。此种方法在高温化制杀菌的基础上,采用辅料对产生的油脂进行吸附处理,可消除高温化制后产生的油脂,彻底解决高温化制后产生油脂的烦琐处理过程带来的处理成本增加的难题;同时添加的辅料还可以改善物料的通透性,为后续的生物降解提供条件。在高温化制基础上利用微生物自身的增殖进行生物降解处理,可达到显著减量化的目的。

第5章
猪场废弃物资源化利用技术进步

本章内容提要

猪粪便是物质和能量的载体,是一种特殊形态的农业资源。堆肥发酵后作为肥料还田是处理粪便的传统方法,然而未经腐熟的粪便极易引发二次污染。近几年,随着技术的进步,专门的肥料生产企业选用适宜的发酵微生物对猪粪便进行高温发酵和无害化处理,制成有机肥产品,用于蔬菜、树木、花卉等的种植。猪粪水经发酵产生沼气,沼气用于日常生活用气、照明、取暖、发电、生产天然气等,沼液和沼渣被还田利用。少数中小规模猪场,结合本地种植业特点,通过发酵猪粪,种植食用菌,养殖蚯蚓等实现猪粪的资源化利用。本章主要从猪场废弃物在肥料化、能源化及其他资源化利用技术进步方面,介绍改革开放以来生猪养殖废弃物资源化处理现状,以期为合理利用猪场废弃物提供参考。

5.1 肥料化利用技术

随着集约化、规模化养殖场的发展,养殖所产生的大量废弃物也遇到了前所未有的挑战,不合理的利用和处置,不仅会造成资源浪费,更严重的是可能带来难以控制的环境污染。如果能够充分、合理地利用好这些废弃物,那又是一种极富价值的资源。消化利用畜禽养殖废弃物的根本途径在于资源化利用,其中最便捷、最安全、最理想的方式是实现肥料化利用。

5.1.1 生猪粪便的肥效

猪粪在保持和提高土壤肥力的效果上远远超过化肥。由表5-1可见,就肥分含量来说,猪粪的含氮量为1.06%～2.96%，比马粪、牛粪高出数倍；和羊粪相比含量不相上下，但羊粪的碳氮比值高(含碳多、含氮少)，羊粪中氮的释放比猪粪中氮的释放缓慢。

表5-1　猪粪肥分含量 (%)

项目	含量
含水率	72.23
全氮	1.05～2.96
全磷	0.40～0.49
全钾	0.39～2.08
灰分	3.93
有机质	3.84
纤维分解氮	0.50
水解氮	0.24
氨态氮	0.13
可溶性碳	1.91
C/N	7.14～13.17

资料来源：中国农业大学，等(1997)。

粪肥中的磷都是有机磷，它的肥效特性比磷酸钙好。施用磷酸钙后，北方土壤中的大量石灰质，会把磷酸固定而形成不溶性化合物；南方土壤含很多的铁，会和磷酸化合形成磷酸铁沉淀下来；这些都大大降低了磷的利用率。猪粪所含的有机磷，被固定的可能性小，相对提高了磷肥肥效，其结果是施畜肥后作物结籽饱满。

猪粪中脂肪质含量占全碳量的11.42%，比牛粪马粪高。而脂肪质多，可以形成很多反毛细管水，降低表层土壤水分的蒸发，使土壤的保水力增加。另外，猪粪腐熟后形成很多优质的腐殖酸。腐殖质含量较高(23%～26%)，对土壤形成团粒结构、含蓄水分、调节水分、增进吸收代换量、保蓄肥料养分，都大有好处。猪粪肥料的好处还在于它腐熟后，形成较高量的胡敏酸，这是经微生物缩合而成的高分子状态的有机化合物，土壤是否有良好的团粒构造，全靠它起主导作用。这种高分子化合物在转化过程中放出能量，能刺激作物根多吸收养分。试验证明，有机肥料中的胡敏酸，对作物吸收无机养分有刺激作用，能促进无机养分大量进入植物体，使庄稼长得株高籽多。这就说明了畜粪不仅直接供给大量的氮、磷、钾，还有刺激植物大量吸收无机养分的作用，这些性质都是化学肥料所不能及的。

5.1.2　固体粪便的利用

自古以来猪粪一直被作为有机肥返还农田，是一种最为经济、简便和资源化循环利用的粪便污染治理方式。猪粪作为重要的有机肥资源，具有数量大、养分高、有着悠久利用历史的特点，猪粪中含有大量的N、P、K及微量元素，可供农作物吸收，从养分循环利用角度，养殖业和种植业是密不可分的。

1.运输和贮存

集约化养猪场在设计前应考虑配备相应的农田、果园、菜地等消纳养猪废弃物，在还田利用的农田间应建立有效的固体粪便运送网络，通过车载形式将粪便运送至农田。运输车辆应具有防渗漏、防流失和防撒落等防止粪便运输过程中污染环境的结构措施。

粪便运输到田间后贮存在贮存池中。田间贮存池应设置在运输粪便方便的砂石路或者机耕路旁的农田间，必须远离各类功能的地表水体。同时，田间贮存池应建于地基坚实，并高于周边农田，不宜设置在交通道路周边或坡地内。池底须设简易排水沟和小型田间贮液池，以便渗沥液收集，并定期抽出施用于农田中。田间贮存池采用塑料薄膜覆盖防雨，确保粪便长期堆放自然发酵，并防止堆放腐熟过程中的恶臭释放。田间贮存池总容积应以当地农作物最长施肥淡季需储存的粪便总量为依据。

田间贮存池沤制的猪粪便必须完全发酵腐熟和达到畜禽粪便还田技术规范的要求才能还田施用。施用时应根据气象预报选择晴朗天气，避免雨天和下雨前一天施用。施用农田与各类功能的地表水体距离不得少于 5 m。

2. *农田施用*

所有粪便还田系统的目标都是将粪肥均匀地抛撒到耕地里，使农作物尽可能地充分利用粪肥的养分。粪肥抛撒到耕地表面暴露于空气之中，由于气体挥发的原因，养分容易流失。而钾、磷等养分则会留在土壤表面，大部分无法被农作物利用，更可能随着降水被冲刷走。因此，最好的做法是用注入设备直接将粪肥注入土壤里，或者在表层施肥之后尽快翻土，将粪肥与土壤混合，减少养分流失，提高农作物对养分的利用率。

①基肥。粪便做基肥时，可以选择撒施、沟施、穴施和环状施肥。

撒施：在耕地前将肥料均匀撒于地表，结合耕地把肥料翻入土中，使肥土相融，此方法适用于水田、大田作物及蔬菜作物。

条施(沟施)：即结合犁地开沟，将肥料按条状集中施于作物播种行内。适用于大田、蔬菜作物。

穴施：即在作物播种或种植穴内施肥，适用于大田、蔬菜作物。

环状施肥(轮状施肥)：即在冬季或春季，以作物主茎为圆心，沿株冠垂直投影边缘外侧开沟，将肥料施入沟中并覆土。适用于多年生果树施肥。

②追肥。粪便做追肥时，可以选择条施、穴施、环状施肥，根外追肥和叶面施肥。

条施：即使用方法同基肥中的条施，适用于大田、蔬菜作物。

穴施：即在苗期按株或在两株间开穴施肥。适用于大田、蔬菜作物。

环状施肥：即使用方法同基施中的环状施肥。适用于多年生果树。

条施、穴施和环状施肥的沟深、沟宽应按不同作物、不同生长期的相应生产技术规程的要求执行。

5.1.3　液泡粪的利用

液泡粪工艺是 20 世纪 80 年代中国从欧美引进规模化养猪技术和管理方法时采用的主要清粪模式。猪饲养过程中产生的粪便、尿液、冲洗和饲养管理用水一并排入漏缝地板下的粪沟中，储存一定时间后(一般为 1～3 个月)，待粪沟装满后，拔开出口的闸门，通过虹吸原理将沟中粪水排出。该工艺的主要目的是及时、有效地清除猪舍内的粪水，保持猪舍环境卫生，减少粪污清理过程中的劳动力投入，提高养殖场自动化管理水平。猪舍内排出的液泡粪经过一定的处理工艺后(如:自然曝氧发酵或厌氧发酵),将其作为水和养分资源进行农田施用,可促进农作物的生长和土壤肥力的提高,对提高农田土壤质量具有重要意义,也是缓解农业水资源短缺的重要措施之一。在为作物提供水肥的同时,也促进了养殖废弃物的循环利用,实现粮食生产和环境保护的双赢。

5.1.3.1 贮存和输送

液泡粪田间贮存池(图 5-1)应根据农田的实际分布情况布置,以便于就近、方便、均匀地还田。确定粪水贮存池的数量和位置,使其远离各类功能的地表水体。贮存池的总容积应以匹配农田农作物最长施肥淡季需储存的猪粪水总量为依据,全年生产二季农作物最小总容积不得少于集约化养猪场 6 个月的粪水贮存量,一季农作物不少于 9 个月的粪水贮存量。贮存池有效深度应控制在 2.0～2.5 m,池底不低于地平面以下 0.5 m,并设置防护栏和醒目标志防止安全事故的发生,贮存池底部应铺设厚度 0.7～1.0 mm 的黑色防渗膜,田间贮存池需配置固定或流动的还田设备。

近几年,在田间贮存池基础上发展出黑膜式沼气池(图 5-2),即在田间贮存池上覆盖黑色防渗膜,对液泡粪厌氧发酵,提高肥效。许多研究表明,施用厌氧发酵后的液泡粪可增加作物产量,厌氧液泡粪中氮、磷养分能够替代化学肥料补充土壤中养分,且在一定程度上提高作物养分利用率。同时,厌氧液泡粪含有大量有机质,进入土壤后,能活化土壤吸附的磷。另外,施用后可增加土壤孔隙度、土壤有机碳含量。

图 5-1 田间贮存池

图 5-2 黑膜式沼气池

经过自然曝氧发酵处理的养猪粪水进行农田施用时,应根据养殖场匹配农田的地形和位置,合理地设置可调配水量的管道、沟渠输送系统或罐车运输系统(图 5-3),确保粪水能到达需肥的农田。农田与养殖场距离较近(1 000 m 以内),应用衬砌渠道或管道输水,或采取衬砌渠道与管道输水相结合的形式,通过各个支渠进行施用。粪水渠道、管道输送系统应采用防漏、防渗结构,防止粪水输送过程中养分流失,污染周边河道。农田与养殖场距离较远(1 000 m 以外),可在田间建立粪水农田贮存池,并设置阀门,应用粪水罐车将液泡粪运输到粪水农田贮存池,使管道、沟渠输送系统与粪水农田贮存池连接,进入田间后以中、低压输水管道为主,也可从池中抽取粪水通过各级管道输水到田间;粪水农田施用时,避免使用土质渠道,以减少粪水中养分的渗漏,防止地下水污染。

图 5-3　液泡粪的运粪车

5.1.3.2　还田方法

曝氧或厌氧发酵的液泡粪施用于农田，用量、施用次数及时期应当充分考虑作物耗水需肥量、气候条件、土壤养分动态、土壤环境状况及作物生育期等。液泡粪农田施用时，在不影响农作物农产品卫生品质的前提下，可因地制宜地采取沟灌、淌灌(图 5-4)和喷灌(图 5-5)方式。粪水农田施肥时应根据气象预报选择晴朗天气和干燥土壤，避免雨天和下雨前一天施用。同时，喷洒在农田的粪水必须在 24 h 内翻土，施用农田与各类功能的地表水体距离不得少于 5 m。

图 5-4　农田淌灌

图 5-5　农田喷灌

1. 水稻生产中猪液泡粪还田技术

还田方式：水稻茬的液泡粪还田可结合水浆管理进行，在田间上水时用泥浆泵将液泡粪直接抽送到进水沟渠排放，随沟渠水混匀后淌灌入田，最后用泥浆泵将剩余在渠道内的液泡粪抽送到稻田，防止多余的液泡粪排放河浜污染外部水体。

还田时间：根据猪液泡粪肥效特点和施用便利性考虑，结合茬口在不同时期还田。

一次使用：一是绿肥茬口翻压前，通过田间沟系淌灌还田猪液泡粪每亩 10 t 左右作基肥。

二是冬翻茬口在耕翻整田前,结合上水淌灌还田猪液泡粪每亩 10 t 左右作基肥。三是二麦茬考虑茬口松紧,可在头耕前或后淌灌猪液泡粪每亩 10 t 左右入田作基肥。

分二次使用:播种前作基肥施用,每亩 6～7 t;水稻 4～5 叶期作分蘖肥施用,每亩 3～4 t。猪液泡粪作追肥时,还田时间不能过晚,否则造成水稻贪青迟熟、秕粒多。

还田数量:单季晚稻猪液泡粪还田量每亩 10 t 左右作基肥比较适宜(相当于尿素约 15 kg),过少达不到省肥效果,过多会造成水稻无效分蘖,生长过旺,通风透光不良,叶色嫩绿,纹枯病等病虫害加重。

还田注意事项:在淌灌前一天排干水稻田间水,便于粪肥随灌溉水送到全田各个方位,并让水层自然落干,有利于肥效发挥,防止污染水源。

施肥范例:以每亩还田 10 t 左右猪液泡粪作基肥为例,再追肥纯氮用量每亩 12 kg 左右,折尿素 26 kg 左右。水稻 2～3 叶期,断奶肥尿素 7.5 kg/亩;4 叶期分蘖肥尿素 10 kg/亩。够穗数后控肥搁田。穗肥,如叶色较淡,施尿素 8～10 kg/亩;如叶色较深,施肥延迟半个月,并适量减少肥料,或用复合肥。

2.二麦生产中猪粪尿还田技术

冬至(12 月中旬):猪液泡粪作苗肥施用,在二麦生长至 3～5 叶期,用熟化后的猪液泡粪每亩 5 t 进行喷灌。

小寒(1 月上旬):猪液泡粪作腊肥施用,二麦越冬期,在连续晴好气温较高的天气条件下,用熟化后的猪液泡粪每亩 5 t 进行喷灌。

5.1.4 沼液的利用

沼液作为畜禽粪水厌氧发酵产物,是一种宝贵资源,进行农田施用,已逐渐被全球农业生产所接受。沼液含有一定的有机质、氮、磷、钾等营养成分,还含有多种氨基酸、B 族维生素、活性酶等物质,是一种兼具速效性与长效性特质的有机肥料。其还含有微量的吲哚乙酸、乳酸菌、芽孢杆菌、赤霉素和一定含量的氨和铵盐,具有抑制病虫害的作用。通过农田利用,既能解决畜禽养殖的环保问题,又能与种植业结合,实现资源化利用。通过合理贮存、运输、测土配方施肥实现沼液的资源化利用。

5.1.4.1 贮存和输送

厌氧反应后的沼液,在非施肥季节暂存于沼液贮存池中。根据种植的作物施肥周期、当地的气候条件及养殖场每天产生的沼液量,设计适当的储存周期。因作物施肥时间可能受天气影响,建议沼液暂存池设计预存期为 6～9 个月。沼液暂存池底部需做防渗处理,在沙土地建议坡体进行清场夯压后附着 GCL 膨润土衬垫防渗层,随后铺设高密度聚乙烯膜(HDPE 膜),最外层使用“土工格栅＋混凝土”结构,其他地质可采用 HDPE 膜或钢筋混凝土防渗。

沼液能否真正地回到农田,过程中的输送非常重要,沼液运输的途径常见的有罐车、管道运输。沼液通过罐车或管道输送到农田进行施肥。国内常见的罐车为吸污车,能够很好地实现沼液从养殖场到农田的输送。吸污车是收集、中转清理运输沼液,避免二次污染的新型环卫车辆。吸污车可自吸自排,工作速度快,容量大,运输方便,适用于规模较小的养殖场沼液还田或是距离养殖场较远的需肥地块,不用额外建设管网或者其他输送设施,施肥机动性强、灵活。

管道输送适合于近距离和大规模的沼液输送，一次性投资，具有使用时间长、便于管理等优点，管道铺设完成后能够更好地按作物的需肥情况进行施肥，普遍为规模化养猪场使用。养猪场自建施肥管网可以采用“污水潜水泵＋压力罐＋固定管道＋预留口”的方式将沼液输送到农田，需要使用时通过软管与预留口连接进行施肥。管理铺设根据地形与施肥便捷的原则，在田间地头设置预留口，预留口用水泥柱保护防止破坏。施肥软管可使用消防水管，方便移动，软管长度根据固定管网内沼液压力大小确定，不宜超过 150 m。沼液暂存池处设总阀门，每条主管线设置支阀门，每个施肥口再设阀门控制，控制好阀门的开关，防止预留口沼液的滴漏及恶意损害而造成污染。

5.1.4.2　沼液的使用

沼液大规模施用前，应根据土壤类型、肥力水平、作物品种、种植制度、自然环境、天气条件等因素，经肥效试验后最终形成当地沼液科学施用体系。施肥时间应根据作物的养分需求时间确定。施肥一般采用基肥和追肥的方式。基肥可采用开沟漫灌的方式，建议隔行施肥，避免过量施肥；追肥依据便捷性原则，可采用沟灌、喷灌、滴灌等方式。基肥与追肥的施加量应根据土地及作物不同时间的需肥量确定，一般大田作物如水稻、小麦、玉米，可施基肥一次，追肥一次，施加比例可控制在 2∶1，具体数据应与作物匹配。地下水的水位较浅区域建议采用喷施或滴灌施肥，防止对地下水的影响。

沼液过滤去除悬浮颗粒物后，可以用于叶面喷施，在作物生长季节都能进行，特别是当作物及果树进入花期、孕穗期、灌浆期和果实膨大期。沼液既可单施，也可与化肥、农药、生长剂等混合施用(表 5-2)。气温高以及作物处于幼苗、嫩叶期时浓度宜低，一般沼液与水按 1∶2 以上比例兑施；气温低以及老叶(苗)、作物处于生长中后期时，可少加清水或者沼液直接喷施，蔬菜、果品上市前应停止使用。

表 5-2　几种主要蔬菜沼液与化肥配合的年参考施用量　　kg/hm^2

蔬菜种类	沼液施用量	尿素施用量	过磷酸钙施用量	氯化钾施用量
番茄	30 000	450	315	645
黄瓜	30 000	300	495	360

资料来源：NY/T 2065—2011《沼肥施用技术规范》。

作为宝贵的资源，近年来人们还用沼液浸种和抑制作物病虫害。沼液浸种可以提高种子发芽率，促生根，提高抗逆性。沼液浸种时间随作物品种、温度差别灵活掌握，时间不宜过长，以种子吸足水分为好，也可参照常规的浸种方式进行。浸好后的种子应用清水淘净，然后按常规播种或催芽。沼液浸种会改变某些种壳颜色，但不影响发芽。沼液含有提高植物抗逆性的激素和抗生素，施用时采用沼液浸种、叶面喷施、沼液灌根等方法对农作物病虫害有一定的抑制效果。

5.1.5　沼渣的利用

养猪粪水通过厌氧发酵集中处理后产生的沼渣量比较大，一般都生产成有机肥，通过有机肥的使用，达到资源化利用的目的。

5.1.5.1 沼渣的营养成分

沼渣是沼气发酵后剩余的半固体物质，含有丰富的有机质、腐殖酸、氨基酸、氮、磷、钾和微量元素，以干物质计算有机质一般在95%以上。

5.1.5.2 沼渣的使用

沼渣主要用于生产有机肥，其主要用途是作土壤改良剂，农作物基肥和追肥，配制花卉、中药材和蔬菜育苗的营养土，栽培食用菌等。

沼渣用作基肥时，应视作物及品种不同而异，一般每亩施用沼渣1 500～3 000 kg，在翻耕时撒入，也可在移栽前采用条施或穴施。用作追肥时，每亩用量是1 500～3 000 kg，施肥时先在作物旁边开沟或挖穴，施肥后立即覆土。

5.1.6 应用要求

种养结合模式简单、易操作、处理成本相对较低、可实现农牧结合生态循环利用，适用于所有养猪场的养殖粪便处理与综合利用。养猪废弃物经固液分离后，粪水进入沼气系统厌氧发酵或进入规范配套设计建设的氧化塘深度处理，满足还田使用要求；固体粪便经过堆积发酵后还田利用。

采用种养结合模式，粪便需有足够的贮存空间，并有足够的土地进行消纳，因此，此类模式适用于远离城镇，土地宽广，周边有足够良田良地来消纳养猪场粪便的地区，特别是蔬菜、果树、茶园、林木、大田作物等种植区域。养殖场内部要有足够空间配套修建无害化处理设施及沼渣沼液、堆肥的贮存设施。

5.1.6.1 卫生要求

猪粪水还田前，需要进行处理，充分腐熟并灭杀病原菌、虫卵及杂草种子等。未经无害化处理的粪便不得施于农田。粪便堆肥无害化卫生学要求见表5-3，液态粪便厌氧无害化卫生学要求见表5-4。

表5-3 粪便堆肥无害化卫生学要求

项目	卫生标准
蛔虫卵	死亡率≥95%
粪大肠杆菌群数	≤105个/kg
苍蝇	有效控制苍蝇滋生，堆体周围没有活的蛆、蛹或新羽化的成蝇

资料来源：NY/T 1168—2006《畜禽粪便无害化处理技术规范》、GB/T 25246—2010《畜禽粪便还田技术规范》。

表5-4 液态粪便厌氧无害化卫生学要求

项目	卫生标准
寄生虫卵	死亡率≥95%
血吸虫卵	在使用粪液中不得检出活的血吸虫卵
粪大肠杆菌群数	常温沼气发酵≤10 000个/L，高温沼气发酵≤100个/L
蚊子、苍蝇	有效地控制苍蝇滋生，粪液中无孑孓，池的周围无活的蛆、蛹或新羽化的成蝇
沼气池粪渣	达到表5-3要求后方可用作农肥

资料来源：NY/T 1168—2006《畜禽粪便无害化处理技术规范》、GB/T 25246—2010《畜禽粪便还田技术规范》。

有机肥料污染物质允许含量见表 5-5。

表 5-5　有机肥料污染物质允许含量　(mg/kg)

项目	浓度限量
总镉(以 Cd 计)	≤3
总汞(以 Hg 计)	≤5
总铅(以 Pd 计)	≤100
总铬(以 Cr 计)	≤300
总砷(以 As 计)	≤70

资料来源:NY/T 2065—2011《沼肥施用技术规范》。

5.1.6.2　安全生产要求

猪粪水处理及贮存设施,应与养殖场规模、处理方式相配套,相关设施位置应距离地表水体 400 m 以上,底部和四周要进行防渗漏处理,粪便堆积设施还要求顶部有遮雨棚,贮存设施必须有足够的空间。

猪粪水处理及贮存设施周围应设置安全警示牌和围栏等防护措施,保障人畜安全。尤其是液体粪水贮存池可能给工作人员的人身安全带来威胁。长时间处于高浓度硫化氢、氨气等气体的环境中,人体会出现头痛、眼睛刺痛等症状,乃至发生死亡。另外,为防止掉进贮存池里,不得单独在液体粪水储存池周围作业。可用绳索一端捆绑在身体上并将其拴在一个固定物体上(如拖拉机、汽车或者牢固的立柱等),减少意外发生的可能性。

5.2　能源化利用技术

猪场废弃物能源化利用技术主要是通过厌氧发酵生产沼气,为生产生活提供能源。生猪粪便通过集中处理后主要产生沼气、沼渣和沼液,沼气可用于日常生活用气、照明、取暖、发电、生产天然气、火焰消毒等,沼渣和沼液则可用做肥料还田利用。

5.2.1　沼气工程的发展历程

我国沼气发展已有近百年的历史,但是沼气工程真正的建设却在 20 世纪 80 年代之后。20 世纪 20 年代后期,罗国端在广东潮梅地区建成了我国第一个混凝土沼气池,并成立了“中国国瑞瓦斯总行”。30 年代期间,国内很多地方已经建了这种沼气池,但是由于其气密性差、出料困难等原因,推广受到了限制。20 世纪 60 年代末到 70 年代初,我国出现了兴建沼气的热潮,全国建起了 600 多万个沼气池,基本上都是农村家用沼气池及少量大中型人、畜粪便沼气池。但由于技术水平的限制及发展速度过快,沼气池的设计和施工都很不规范、缺乏正确的技术管理,能有效使用的沼气池为数很少,大部分都被荒废了。

1979 年,国务院成立了全国沼气建设领导小组,认真总结了沼气工作中的经验教训,1988 年又成立了中国沼气协会,组织 1 700 多名沼气技术工作者,对沼气的关键技术进行协作攻关,提出了“因地制宜、坚持质量、建管并重、综合利用、讲求实效、积极稳步发展”的沼气建设方针，开展了大规模的基础应用技术研究，引进消化国外厌氧研究新成果，逐步形成了规范标准的水压式沼气池及相配套的科学建池技术、发酵工艺及配套设备，使我国沼气建设进入了健康、稳步发展的阶段。

20 世纪 80 年代，随着规模猪场的发展，粪污污染问题日益严重，养殖场沼气工程应运而生。当时重点借鉴了德国沼气工程的经验技术，对其工艺进行优化设计，设计出了两步发酵工艺、CSTR（全混式厌氧发酵工艺）、USR（上流式污泥床）等。1982 年建成的成都凤凰山畜牧园艺场沼气工程是我国最早的代表型养殖场沼气工程。

20 世纪 90 年代之后，研究目光开始集中到了沼气的综合利用，根据其处理工艺，基本分为生态型、综合利用型、厌氧好氧达标型，我国沼气建设基本形成了一个较为完善的系统。技术的突破，与农业生产技术的紧密结合，大中型沼气工程在规模化养殖业快速发展的东部地区及大城市郊区快速发展，如江苏、浙江、江西、上海和北京等，为减少规模养殖业废弃物的环境污染，改变城乡卫生环境发挥了积极的作用。

进入 21 世纪，随着我国畜禽养殖业规模化程度的不断增加，全社会对畜禽养殖污染防治关注度也日益提高，国家将大中型沼气工程建设项目列入畜禽养殖污染治理和畜禽规模化养殖标准建设的重要内容，加大财政支持力度。沼气工程建设取得了较大进展，进入加快发展阶段，截至 2006 年底，据有关部门统计，全国建成大中型畜禽养殖场沼气工程约 2 010 处，全国在用沼气工程累积达到 17 747 处，年产沼气 3.4 亿 m^3。到 2010 年底，全国建有的大中型沼气工程达到 4 700 余个。

目前，厌氧发酵技术已成为我国大中型畜禽养殖场粪污处理的主要方式之一，沼气工程逐步从单纯的能源利用发展成沼渣沼液多层次综合利用，并广泛地同养殖业、种植业相结合，成为发展绿色生态农业和巩固生态建设成果的一条重要途径。沼气工程的零部件基本实现标准化生产，沼气技术服务体系较为完善。

5.2.2 日常生产、生活用气

猪场沼气最初用于日常生活和生产用气，通过管道将沼气通到生活用房，主要是满足猪场食堂烧菜、烧饭和烧开水。多余的沼气在冬天用作小猪保温，点燃保温灯，通过燃烧来提高猪舍温度。夏天的晚上点燃灭蚊灯，利用蚊子的趋光性，将蚊子烧死。

沼气用于人们的日常炊事是沼气的最基本用法。沼气炊事要用沼气灶，才能达到最佳效果，保证使用安全。沼气是一种与天然气较接近的可燃混合气体，但它不是天然气，不能用天然气灶来代替沼气灶，更不能把煤气灶和液化气灶改装成沼气灶使用。在使用沼气灶具时，应注意控制灶前压力，当灶前压力与灶具设计压力相近时，燃烧效果最好。而当沼气池压力较高时，灶前压力同时也会增高，当灶前压力大于灶具的设计压力时，虽然沼气灶具的火力大了，但沼气却浪费了。所以，当沼气压力较高时，将开关关小点控制灶前压力，从而保证灶具具有较高的热效率以达到节约沼气的目的。沼气灶当火苗发黄时，表明沼气中所含的甲烷较多，可将调风板开大一些，使沼气得到完全燃烧，以获得较高的热效率。当甲烷含量少时，火焰颜色呈橘红色，将调风板关小一些，但千万不能把调风板关死。这样火焰虽然较长却无力，形成扩散式燃烧。这种火焰温度很低，燃烧极不完全，并产生过量的一氧化碳。一般情况下调风板开启度以打开 3/4，使火焰呈蓝色为宜。灶具与锅底的距离，应根据灶具的种类和沼气压力的大小而定。过高过低都不好，合适的距离应是灶火燃烧时“伸得起腰”有力，火焰紧贴锅底，火力旺，带有响声。在使用时可根据上述要求调节适宜的距离，一般灶具灶面距离锅底以 2～4 cm 为宜。

沼气保温灯、取暖灯，目前采用高温搪瓷双层反射外罩、高热能红外线循环燃烧器，集取暖、保温消毒为一体，循环燃烧、高效节能、环保卫生。必须安装在空气流通的地方使用，若空气流通较差，使用应同时开启排气扇和打开门窗，使空气流通，防止缺氧和燃烧不完全产生一氧化碳中毒事故。

5.2.3　沼气发电

沼气是一种具有较高热值的可燃气体，与其他燃气相比，其抗爆性能较好，是一种很好的清洁燃料，传统上大多利用沼气进行取暖、炊事和照明。同时随着大型沼气池建设和沼气综合利用的不断发展，一项新的沼气应用技术出现了，那就是沼气燃烧发电，它将厌氧发酵处理产生的沼气用于发动机上，并装有综合发电装置，以产生电能和热能。沼气发电具有创效、节能、安全和环保等特点，是一种分布广泛且价廉的分布式能源。

5.2.3.1　发展概况

我国开展沼气发电始于 20 世纪 70 年代初期。80 年代初，先后有一些科研机构进行过沼气发动机的改装和提高热效率方面的研究工作。我国的沼气发动机主要为两类，即双燃料式和全烧式。当时对“沼气-柴油”双燃料发动机的研究开发工作较多。如：中国农机研究院与四川绵阳新华内燃机厂共同研制开发的 S195-1 型双燃料发动机；上海新中动力机厂研制的 20/27G 双燃料机等。成都科技大学等单位还对双燃料机的调速、供气系统以及提高热效率等方面进行过研究。因对双燃料发动机的热工性能研究不深，产品质量不过关，在运行使用中出现诸多问题，给用户带来不便，从而影响其发展进程。

在“十五”期间我国研制出 20～600 kW 纯燃沼气发电机组系列产品，其中：潍坊柴油机厂研制出功率为 120 kW 的 6160A-3 型全烧式沼气发动机，贵州柴油机厂和四川农业机械研究所共同开发出 60kW 的 6135AD(Q)型全烧沼气发动机发电机组；此外，还有重庆、上海、南通等一些机构进行过这方面的研究、研制工作。1998 年全国沼气发电量为 105.51 万 kW · h。目前，我国在沼气发电机方面的研究工作取得一些进步，但因对沼气发动机深入研究不够，技术不过关，缺乏足够的生产实践，致使发动机在运行中产生热负荷高、可靠性差、启动困难；另外，我国研制的全烧沼气发动机的排气温度过高，气阀易烧坏，使气缸盖等成为易损件等诸多技术问题，成为影响畜禽养殖场沼气发电稳定运行的关键因素。

2007 年底，我国处理农业废弃物的大型沼气工程已经有 1 700 座，多数为常温发酵，沼气发电率不到 5%。其结果造成产气率非常不均衡，出水水质不稳定，工程的环保、卫生、能源和能源效益很难保证。

2011—2017 年我国沼气发电市场规模实现了跨越式增长。2011 年的市场规模仅为 7.89 亿元左右，2013 年突破 10 亿元，增速也达到了近年来的最高值 19.32%。2014 年以来，随着国家连续出台了多项沼气发电发展规划以及补贴政策，带动行业主体数量实现扩幅的同时，市场规模也实现了快速的增长，2014 年行业市场达到了近 12.3 亿元，增幅保持在 16%左右。2016 年 12 月，国家发布了《生物质能发展“十三五”规划》，提出到 2020 年，生物质能基本实现商业化和规模化利用，其中沼气发电量50万kW·h。2017年行业市场规模增长至18.12亿元，综合来看，沼气发电市场2011—2017年年均复合增长率为14.9%。

5.2.3.2 优、缺点

畜禽粪便等农业有机废弃物通过厌氧发酵、产生大量的优质沼气，经沼气发电机组生产电力后可自用，也可上国家电网销售，可获得可观的经济效益。沼气发电机组产生的多余热能可用于厌氧罐体的增温和保温，维持厌氧罐中的发酵温度，获得最佳的发酵效果。畜禽粪便等农业有机废弃物通过厌氧发酵工艺后产生的沼液、沼渣可作为有机肥使用。这样不但降低了直接使用粪便对农作物的伤害，而且沼液、沼渣对农作物还具有防虫防病的作用，同时也提高了有机肥的肥效，有利于作物增产，还可获得绿色有机农产品，提高农产品质量。

减少温室气体的排放量，并使废弃物得以再生利用，实现清洁生产和畜禽废弃物的零排放，可取得显著的环境效益。畜禽粪便经过中温厌氧发酵处理，可杀灭畜禽粪便中的致病菌和寄生虫卵，可防止疫病的传播，改善畜禽养殖的卫生环境，促进畜牧业健康发展。

虽然沼气发电技术具有较多的优点，但是，在实际应用过程中也存在一些缺点，主要包括：沼气发酵受温度影响，冬季温度低，产气慢且效率低，特别是在北方寒冷地方冬季粪污处理效果差。大中型规模猪场由于污水量大，需要建设的沼气工程设施投资大、运行成本高。沼渣和沼液如不进行适当的处理或利用，将导致二次污染。厌氧发酵池对建筑材料、建设工艺、施工要求等较高，沼气发电设备技术含量高，任何环节稍有不慎，影响正常运行。

5.2.3.3 场地选择和布局

选择建设沼气发电工程的地址，除须符合行业布局、国土开发整体规划外，还应考虑地域资源、区域地质、交通运输和环境保护等要素。其主要选址原则包括：符合国家政策和生态能源产业发展规划。满足项目对发酵原料的供应需求。交通方便，运输条件优越。充分利用地形地貌，地质条件符合要求。位于居住区下风向，离居住区1 000 m以上。满足养殖场的防疫要求，并远离水源。基础条件适合沼气发电工程的特定生产需要和排放要求。

厂区平面总体布局应符合沼气发电工程工艺的要求，功能分区明确，布置紧凑，便于施工、运行和管理；结合地形、气象和地质条件等因素，经过技术经济分析确定。竖向设计充分利用地形、设施高度，达到排水畅通、降低能耗、土方平衡的要求。构筑物的间距应紧凑、合理，并应满足施工、设备安装与维护、劳动安全的要求。附属建筑物宜集中布置，并应与生产设备和处理构筑物保持一定距离。各种管线应全面安排，流程力求简短、顺畅，避免迂回曲折和相互干扰，输送污水、污泥和沼气管线布置应尽量减少管道弯头以减少能量损耗和便于清通。各种管线应用不同颜色加以区别。厂内绿化面积不小于25%。总平面布置满足消防的要求。

5.2.3.4 相配套的设施设备

设施设备可根据畜禽粪便的量来确定，如1 MW发电机组每日处理畜禽粪便约250 t(TS 12%)，日产沼气约10 000 m^3，日发电量约为2万kW·h，一年按345天生产日计算，年发电量约为690万kW·h。相应的发电设施(图5-6、图5-7)有：均浆池600 m^3、厌氧发酵罐8 000 m^3、贮气罐1 200 m^3、生物脱硫系统1套、1 MW发电机组1套、板式热交换器1套、半内燃沼气火炬1套、沼气流量计1套、高压配电1套、自控系统及有关附属设施。在机组功率配置上，如果所配机组功率较小，沼气不能完全使用，当超过贮柜容积时就必须点燃火炬烧掉多余沼气，造成资源浪费；如果机组配置过大，则会造成效率降低。因此，机组配置原则上以沼气所需量接近供应量并稍大于沼气供应量，机组运行负荷不小于80%最好。

图 5-6　沼气发电机

图 5-7　沼气预处理系统

5.2.3.5　技术工艺设计和流程

沼气发电在工艺技术上以厌氧发酵为技术核心，同时结合其他工艺技术，采用节能及综合利用的"循环经济"模式，以达到最佳的利用效果（图 5-8）。目前，养猪场多采用成熟可靠的国内领先技术——高浓度全混合工艺与设备。通过厌氧发酵产生的沼气经生物脱硫净化后，通过干式贮气柜进入沼气发电机组生产电力，并把发出的电能传输至控制系统，进而输送至电力网络系统，最后环节将其输送至电网，实现沼气发电。发电机组产生的余热用于厌氧罐的增温与保温。经厌氧罐发酵后所产生的沼渣、沼液经固液分离后，固体部分（沼渣）用于生产固体有机肥料，液体部分（沼液）则被用作液态有机肥料，供种植基地使用。

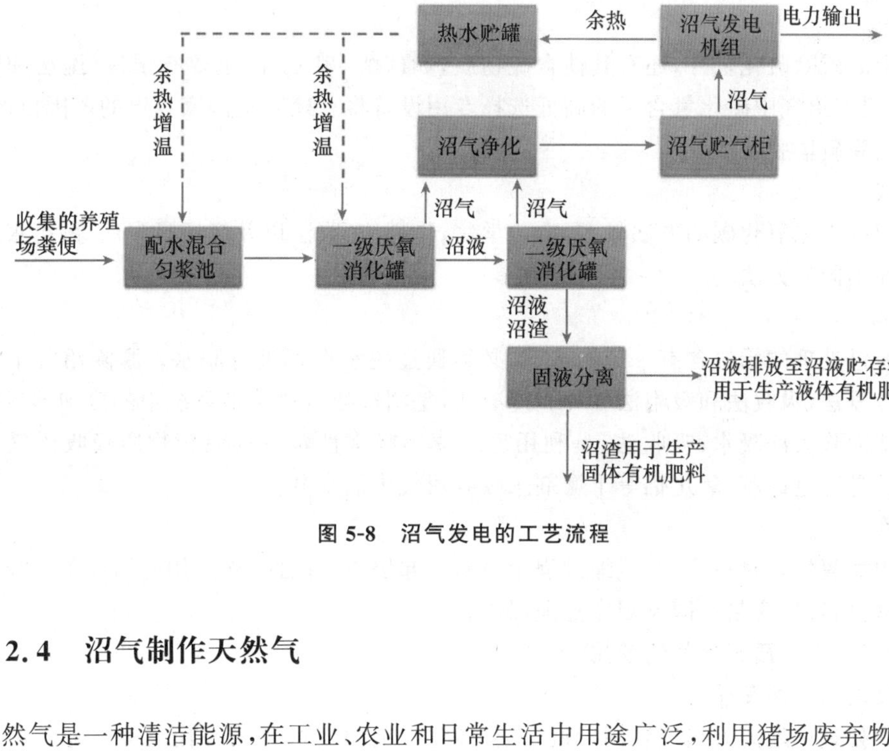

图 5-8　沼气发电的工艺流程

5.2.4　沼气制作天然气

天然气是一种清洁能源，在工业、农业和日常生活中用途广泛，利用猪场废弃物处理产生的沼气生产天然气的技术目前已非常成熟。近年来，猪场粪便以治污为目的通过厌氧发酵生产沼气非常普遍，但产生的沼气大部分没有利用，而是直接排于大气中，沼气中的主要成分甲烷和二氧化碳是强温室效应气体，直接排放会对大气环境造成极大的破坏。粪便集中处理产生的大量沼气为制作天然气带来了方便，可以以低成本而获得较好效益，在保护生态环境的同时实现了猪场废弃物的资源化利用。

5.2.4.1 技术概括

沼气和天然气虽然二者的主要成分都是甲烷，但在主要组分和热值方面有很大的不同：沼气中含有硫化氢气体，在燃烧使用前必须要进行脱硫；沼气中的甲烷成分含量为55%～65%，而天然气中的甲烷含量达90%以上，所以天然气燃烧起来火力要强一些；天然气的压力大，沼气的压力小，由于压力的关系，两者之间灶具是不能通用的。

由于沼气含有杂质且沼气的流量、压力、温度、浓度等都很不稳定，直接用于燃气发电势必造成燃气发电机的设备腐蚀、研磨等问题，从而严重缩短燃气发电机的寿命，所以在利用之前，必须对沼气进行净化处理以解决上述问题。脱除CO_2、水分、H_2S等组分，使沼气与天然气的特性参数基本相同，各项指标符合国家天然气标准要求，则沼气就成为真正意义上的天然气。

5.2.4.2 沼气的净化处理

沼气制作天然气首先必须净化，可用化学吸收法、洗涤法以及变压吸附法等，通过专业设备有效去除沼气中的水、二氧化碳、硫化氢等混杂气体，如氧的含量过高，还要进行脱氧，确保沼气得到充分净化，达到国家天然气的质量水平，可直接用作车载燃料，也可进行压缩罐装或接入管网，替代罐装液化气或管道煤气，作为工业、农业或家庭日常燃料使用。

1. 过滤

通过过滤器分离出沼气中的绝大部分物理杂质后，进入下一道工序。

2. 脱硫

沼气中的硫除硫化氢外，还有其他含硫物质，如硫醇、硫醚等，主要有干法、湿法和膜分离法等工艺，根据沼气中硫化氢含量的高低选择专用设备将总硫脱至国家规定的范围以内，常用的办法是用脱硫塔脱硫。

3. 脱碳

脱除沼气中二氧化碳的方法较多，有化学法、物理法、膜法以及变压吸附法等，可根据不同的工艺选择不同的方法。

4. 脱水

没有经过处理的沼气含有一定的水汽，必须通过脱水设备进行脱水。脱除沼气中的水分常见的有冷凝法、吸收法和吸附法3种。冷凝法，是沼气通过热交换系统中的冷却器使沼气中的水汽冷却而除去冷凝水；吸收法，是利用乙二醇等吸水性较好的液相物质吸收沼气中的水分；吸附法，是通过硅胶、氧化铝等干燥剂来吸收沼气中的水分。

5. 脱氧

沼气中如氧气含量过高，在压缩过程中极易引起爆炸。因此，必须用专用设备对收集的沼气进行脱氧，使氧气含量在国家规定范围以内。

5.2.4.3 生物质天然气的使用

1. 直接进入天然气管网

如集中处理场地离天然气管网较近，充分净化后的沼气可直接替代天然气进入天然气管网，供用户使用。

2. 压缩罐装

经充分净化后的沼气，甲烷组分体积含量超过 97%，其主要成分和燃烧特性与管输天然气完全一致，将这种净化沼气再进行深度脱水和脱氧处理后进行压缩，则可成为罐装天然气产品。

沼气制作天然气进行使用时，必须遵循下述国家标准：《天然气》(GB 17820—1999)、《车用压缩天然气》(GB 18047—2 000)、《城镇燃气设计规范》(GB 50028—2006)、《城镇燃气分类与燃烧特性》(GB 16121—2008)、《城镇燃气技术规范》(GB 50494—2009)。

5.3　其他资源化利用技术

除利用猪粪还田、生产沼气外，部分养猪场根据当地的种、养殖特点，积极利用猪粪开展食用菌栽培、养殖蚯蚓等，高效利用养猪废弃物，不仅实现废弃物变废为宝，而且延伸了生猪产业链，实现了农牧业的生态循环发展。

5.3.1　食用菌栽培基质

猪干粪适于作食用菌基质的养分物质。食用菌的栽培基主要为食用菌的生长提供水分和营养物质等。由于猪干粪中含有大量的营养物质(表 5-6)和丰富的矿物质元素(表 5-7)，故可以用猪干粪作为食用菌的栽培基。

表 5-6　猪干粪中营养物质含量　%

粗蛋白质	粗纤维	粗脂肪	粗灰分	有机质	全氮
20.1	3.9	20.9	18.5	76.9	3

资料来源：全国畜牧总站(2016)。

表 5-7　猪干粪中矿物质含量　%

全钾	钙	全磷	镁
1.01	2.51	1.32	0.79

资料来源：全国畜牧总站(2016)。

猪粪是很好的氮源，但其碳含量相对有限，而种植蘑菇的培养料堆制前的碳、氮比为 33∶1，故必须在畜禽干粪中加入碳素含量较高的材料，如稻草或玉米秆，并添加适当的无机肥料。猪粪作为传统食用菌的栽培基质，不仅解决了猪场内粪便处理的难题，减少了粪便对环境的污染，且为食用菌的生长提供了丰富的营养物质，使栽培出的食用菌品质更加优良，产量提高、成本降低，提高了食用菌种植的整体效益(图 5-9)。

使用猪粪栽培食用菌的具体工艺如下。

方法 1：将新鲜猪粪发酵晒干粉碎，稻草或玉米秆要先晒干再切断。粪草比例一般为 7∶3 或 6∶4。培养料用清水或尿液浸湿，一层草一层粪堆好，然后可覆盖草帘保温湿。建堆 3～4 d

图 5-9　猪粪混合物栽培食用菌

后可第一次翻堆,水分不够可加水增温。7～8 d以后第二次翻堆,每100 m^2培养料中加入1.5 kg石膏粉。11～12 d后可第三次翻堆,100 m^2培养料中加入150 g过磷酸钙。堆制后约13 d,即完成前发酵。趁热将料搬进菇房,在菇床架上摊开,密闭房内窗户,迅速将室温提高到60℃左右,保持2～3 h,而后可降低到52℃左右,保持4～7 d。室内加温可用煤炉或蒸汽管道,并维持室内一定湿度,这就是后发酵。后发酵是蘑菇培养中一项新技术,有杀虫灭杂菌的效果,并使培养料中产生大量有益微生物,氨味完全排除。由于嗜热性微生物的活动,大大地改善了培养料的质地,蘑菇可吸收利用的营养物质增加了。

方法2:工艺流程为猪粪进行固液分离→得到的猪粪渣加入稻草→堆料预湿→前发酵→后发酵→高温消毒→降温冷却→播种→培基→覆土→出菇管理→采菇。

5.3.2　养殖蚯蚓

蚯蚓是一种多功能生物资源,以畜禽粪便和有机垃圾为食。利用蚯蚓资源化处理猪粪,既净化环境、改善土壤,又能作高蛋白饲料,同时又是一味传统中药。以蚯蚓为原料进行产业化综合开发利用,不仅经济效益好,产品附加值高,且社会效益显著。

蚯蚓是喜温、喜湿、喜安静、喜黑暗的穴居动物,一生均在土壤中度过。以腐烂的有机质废物为食,喜食带有酸甜味的食物。适合人工养殖的蚯蚓应选择那些生长发育快、繁殖力强、适应性广、寿命长、易驯化管理的种类。目前最优良的品种有大平二号、北星二号等,它们是赤子爱胜蚓经人工驯化的品种,其他还有环毛蚓、爱胜蚓、杜拉蚓等等。蚯蚓粪,富含多种氨基酸,保湿性能好,可开发高效有机肥,既能肥沃土壤、提高作物产量,又能抑制有害微生物的繁殖生长,提高种植业的经济效益。蚯蚓本身可作为高蛋白的饲料,饲喂鱼、虾及禽类等,并且具有较高的药用价值,从蚯蚓中提取的蚓激酶可以作为防治疾病的药品及保健品。

5.3.2.1　基料和饲料

基料是蚯蚓栖息的物质材料,同时又是蚯蚓的食物来源,养殖成功与否,基料的好坏起着决定性作用。以猪粪、稻草或瓜果混合为基料,基料要求密度小、压力小、含水高、保水性好、透气性强,以适应蚯蚓的生长需求。将新鲜猪粪60%,草料40%,加入一定量的EM菌发酵液和红糖拌匀，充分浇水，使含水率在55%～70%，堆高为1 m左右，让其松散不要压实，盖地膜密封厌氧发酵20 d备用(每周翻堆一次、添加水分)。

5.3.2.2 建立养殖床

选择在地势平坦、土质松软、没有大块的土块、能灌溉能排水的地方。首先将地面平整，将发酵好的基料均匀地铺在地上，铺设厚度为10 cm左右，宽度为1.0 m左右。铺好后将蚯蚓种均匀地撒在基料上，蚯蚓要撒均匀，一般每平方米可以投放0.25～0.40 kg，夏季密度可以小些，冬季密度大些。铺好蚯蚓后，在蚯蚓上面再铺上一层基料，基料上面覆盖一层稻草，以达到保温、保湿的目的。铺好后在基料上浇上适量的水，一天后进行检查。如果出现蚯蚓逃跑，萎缩，死亡，肿胀，要查明原因，可能是基料没有发酵好，应重新发酵(最好在建立养殖床前用基料做预备试验)。养殖床之间要有1 m左右的空隙，以便加料和管理。

5.3.2.3 养殖条件

温湿度对蚯蚓的生长发育有重要的影响，生长温度为5～30℃，最适合温度为20℃。低于5℃或高于30℃均不利其生长，0℃以下会冻死蚯蚓，当温度超过32℃时，蚯蚓就会停止生长，40℃以上时蚯蚓出现死亡。蚯蚓的生长发育水分要求在60%～70%、孵化期水分56%～66%为宜。蚯蚓的生长繁殖与pH有密切关系，生长环境和基料的pH在6～8，最适宜为7，超过这个范围蚯蚓会出现脱水变干、萎缩、反应迟钝、逃逸等现象。

5.3.2.4 日常管理

20 d左右蚯蚓就能将全部猪粪变为蚯蚓粪，此时需补料。补料时，可以在原饲料的基础上覆盖新料，根据蚯蚓的食量确定加料量，饲料要铺设均匀，再加上稻草，经常浇水保湿。为了确保蚯蚓正常生长，特别是夏季，每天至少要浇一遍水，水不能有污染，水流量不宜太大，一定要浇透，使上下层料接上，最好选择温度较低的早上或晚上浇。蚯蚓养殖床中不能混入其他杂物，并且要经常疏松，以保证空气流通和幼蚓成活，养殖床之间的过道要保持干净。定期清除蚯蚓粪，以保持环境的清洁。用铁耙翻动养殖床时动作要轻，尽量把蚯蚓卵埋入基料中，以免影响孵化率。蚯蚓养殖出现的病害很少，主要是避免黄鼠狼、鸡、鸭、鹅、鸟、蛇、老鼠等天敌的捕食危害。

5.3.2.5 采收

蚯蚓的世代间隔为60 d左右，蚯蚓有祖孙不同堂的习性，所以在养殖过程中要及时采收，如果不及时采收就会外逃。大小混养还会出现近亲交配，使蚯蚓种衰退。当每平方米达到1.5万～2万条，大部分蚯蚓体重为400～500 mg时，采收成蚯蚓。夏季每个月采收一次，春、秋、冬季每3个月采收2次，采收后及时补料和浇水，通常一个月加料一次。通常采用诱集法采收蚯蚓，主要是利用蚯蚓的避光性进行采集。采收24 h前灌足水，不可以过干或过湿。先在养殖床旁边铺1 m左右宽的薄膜，将要采集的蚯蚓和基料堆积在薄膜上；用多齿耙疏松表面，根据蚯蚓的避光性，蚯蚓就会往下钻，上层基料基本上没有蚯蚓；然后将上层基料耙去，随后蚯蚓还会因为避光性再次往下钻；再次去除上层的基料，依此类推，反复进行。当去除完基料后，塑料薄膜上剩下的就是蚯蚓。由于基料上还有剩余的蚯蚓，所以还要把基料重新浇到养殖床上，以便剩下的蚯蚓繁殖出小蚯蚓后下次继续采收。采收完毕后对蚯蚓进行称重装箱，如果不马上运输的话要放到冷库中保存，以免腐烂，冷库温度控制在－20℃左右。

第6章
猪场废弃物减量化技术进步

本章内容提要

随着规模化养猪生产的发展，养猪场排放的废弃物对环境造成的污染问题凸显出来。据初步估算，一个万头猪场每天排放粪污约 80 t，每年至少向外排放 3 万 t，相当于 107 t 氮和 31 t 磷。针对养猪生产造成的环境污染日益加重的现状，国家出台了一系列政策和法规以实现养猪生产的节能减排。科研人员和养殖技术人员积极探索，优化日粮配方，按照理想蛋白模式，采用可消化氨基酸及有效磷等，保证最大生产效率的同时减少氮、磷的排放及重金属等有害物质的减量排放；通过添加酶制剂、益生素等饲料添加剂，减少抗生素的使用，可以有效地提高饲料转化率，降低畜牧生产的污染，并增强猪的抗病能力，改善动物产品的品质；通过选择正确的饲喂模式减少饲料浪费并改善饲料利用率；通过改进饮水系统和清粪工艺等实现养殖污水的减量排放。

6.1 日粮配方的优化

6.1.1 合成氨基酸

从氨基酸平衡着手在畜禽日粮中使用合成氨基酸，能够降低饲料粗蛋白水平，提高日粮中氮的利用率，减少粪尿中氮的排泄量。这样既可以节省天然蛋白质饲料资源，又可以减轻集约化畜牧业生产对环境的氮污染问题。

日粮必需氨基酸占总氮的 45%～55%时，氮的利用率最高。许多试验表明，在日粮氨基酸平衡性较好的条件下，日粮蛋白质降低2个百分点对动物的生产性能无明显影响，而这可使氮的排泄量下降20%。根据报道，通过向日粮中添加合成氨基酸，而使生长猪和肥育猪日粮的蛋白质水平分别从21%降到14%、19%降到13%，结果使尿的排出量减少40%，还使两者粪尿中的臭味物质显著减少(石军等，2012)。饲喂13%粗蛋白并补充0.2%赖氨酸的日粮与饲喂16%粗蛋白的日粮相比猪的生产性能相似，0.2%合成赖氨酸可节约2%粗蛋白而生长不受到限制，各处理间胴体品质无差异。根据Jin等1998年的报道，断奶仔猪日粮中使用合成赖氨酸、蛋氨酸、苏氨酸和色氨酸，可节约蛋白质3%；低蛋白(15%)日粮中氨基酸的限制顺序依次是赖氨酸(第一限制性氨基酸)、苏氨酸(第二限制性氨基酸)和蛋氨酸(第三限制性氨基酸)。研究表明，在11～25 kg仔猪玉米-血粉-豆粕型日粮中添加赖氨酸、蛋氨酸、苏氨酸、色氨酸和异亮氨酸，可节约蛋白质4%。

日粮蛋白质水平降低2%以上，可显著降低氮的排出，在此情况下必须补充赖氨酸和蛋氨酸，在大多数情况下，还必须补充苏氨酸和色氨酸。在补充四种氨基酸(赖氨酸、蛋氨酸、苏氨酸和色氨酸)的基础上，日粮蛋白质水平降低2.6%，氮排出减少31.5%。通过文献综述后得出结论，日粮蛋白质每降低1个百分点，氮排出量减少8.4%。

另一方面，在低蛋白质日粮中补充氨基酸，不仅可降低氮的排出，而且可减少尿量。因为日粮蛋白质水平的降低通常涉及豆粕用量的减少，而豆粕中含有2%～2.2%钾，这样豆粕用量的降低意味着日粮钾水平的降低；日粮蛋白质和钾水平的降低将使畜禽的自由饮水量下降，从而减少排出的尿量。根据研究结果补充合成氨基酸的低蛋白日粮可使尿中氮浓度降低17%，排尿量降低28%，两项可降低尿中总氮41%，此外，还可以降低猪舍中氨的浓度(59%)，其释放速度为47%。日粮蛋白质水平每降低一个百分点，排尿量减少11%。

但有报道指出，补充合成氨基酸的低蛋白日粮对猪生产性能和胴体脂肪含量表现出负面影响，使胴体脂肪增加而影响胴体品质。补充合成氨基酸的低蛋白日粮增加胴体肥度的原因目前尚不清楚。这可能是日粮中净能含量较高的缘故。曾有人报道，猪在饲喂补充合成氨基酸的低蛋白日粮时，其血浆尿素氮浓度降低，这表明此时猪对能量氨基酸进行脱氨基需要降低了，而对氨基酸进行脱氨基是一个需要消耗能量的过程。此外，猪采食补充合成氨基酸的低蛋白日粮后胰脏的重量减轻了，这可能表明胰脏的活性降低了，猪对能量的需要也降低了。因此，补充合成氨基酸的低蛋白日粮中就有较多的净能供猪利用，结果导致了脂肪沉积。对这一问题的解决办法之一是调低日粮净能含量，如添加纤维或减少日粮油脂用量等。

6.1.2　酶制剂

猪植物性饲料中约75%的磷是植酸磷，它不能被猪利用，大部分从粪尿中排出，会使土壤和水中的磷浓度超过卫生标准，造成土壤的营养累积和水体的富营养化，引起严重的环境污染。同时，植酸又是一种重要的抗营养因子，会严重影响动物对于多种微量元素的吸收。植酸酶是能够将植酸(肌醇六磷酸)水解成肌醇与磷酸(或磷酸盐)的一类酶的总称，属磷酸单酯水解酶，包括植酸酶与酸性植酸酶两种。现在已知有3种类型，即肌醇六磷酸3-磷酸水解酶、肌醇六磷酸6-磷酸水解酶和非特征性的正磷酸盐单酯磷酸水解酶。

许多研究表明，日粮中添加植酸酶，可以提高植酸磷的利用率，降低粪中磷含量。在猪饲料中添加植酸酶，猪增重明显提高，料肉比降低。

当前，采用商品微生物植酸酶处理饲料的成本太高，限制了植酸酶的应用范围。而某些饲料原料，如小麦、小麦麸、黑小麦、大麦和燕麦等，含有较高活性的植酸酶，因此以适当比例添加于猪饲料中对于植酸磷的利用和生产成本的降低都有很好的效果。一般认为，饲料中植酸磷含量在0.2%以上时，才考虑使用植酸酶制剂。猪日粮中的添加剂量一般为500～700 U/kg，欧洲各国整体推荐量为400～600 U/kg，可取代0.1%～0.12%的饲料无机磷。

根据1995年的报道，饲粮中添加0.2% β-葡聚糖酶，育成猪平均日增重和饲料转化效率分别提高8%和13%，氮利用率提高12%。植物性饲料中植酸磷含量通常占总磷的60%～80%，猪等单胃动物体内缺少植酸酶，对植酸磷的利用率很低，而且植酸盐还通过螯合作用影响其他必需元素（如钙）和蛋白质的利用。为满足猪对磷的需要，通常不得不依靠外源添加无机磷。这样，一方面耗费大量能源和人力开采磷矿，有的磷酸氢钙产品含氟量还严重超标；另一方面，猪禽粪便中含有大量未被消化吸收的植酸态磷和磷酸盐，直接渗入地下水或沉积在土壤中，对环境造成污染。最近几年有不少关于植酸酶在磷利用率方面的研究报道，一般认为植酸酶可提高磷消化率，有时也可以提高日增重和饲料转化效率。植酸酶分为植物性植酸酶和微生物植酸酶。植物性植酸酶存在于大多数禾谷类植物中，但其活性有很大差异，大麦和小麦等具有较高的植酸酶活性，而玉米、高粱、黑麦和油菜籽植酸酶活性很低。植酸酶适宜的pH范围为4.0～6.5，在胃的酸性环境（pH 1.0～2.5）下酶活性大部分损失，在4.7～6.2范围内比较稳定，在7.0～8.0时酶活性部分或全部损失。微生物植酸酶来源于真菌、细菌、酵母等，它能在很宽的pH范围（pH 2.5～5.5）内保持活性，在胃肠道中比植物性植酸酶效率高，当前对植酸酶的研究及其应用主要集中于微生物植酸酶。1990年首次在猪饲粮中添加植酸酶，并取得了满意的结果。如仔猪饲粮中添加500 mg/kg植酸酶，平均日增重、饲料转化率、干物质利用率和氮利用率分别提高15.56%、9.76%、7.46%和12.86%。

与添加无机磷的生长育肥猪日粮相比，在日粮中添加植酸酶1 000～1 200 U/kg可使粪中磷和氮的排出量分别减少31%和62%；用微生物植酸酶或谷物（麦麸）中的植酸酶替代日粮无机磷，在生理上是可行的，在环保方面是有益的。

在猪饲料中添加植酸酶可明显提高植酸磷的利用率，同时植酸盐被植酸酶水解后使许多抗营养特性被消除（如阻碍矿物质和氨基酸吸收的特性等），有利于猪对矿物质和氨基酸的吸收利用。因此，添加植酸酶能提高动物生产性能。更为重要的是，饲料中添加植酸酶可有效提高氨基酸和磷的利用率，减少粪便中氮、磷的排出，防止氮、磷对环境的污染。全国饲料办公室在《1996—2020年中国饲料工业发展战略研究》中已将植酸酶制剂的开发和应用作为一个专项列入了发展规划，因此，开发和应用植酸酶具有十分重要的意义（张敏等，2002）。

6.2 重金属的源头减量

6.2.1 微量元素在养猪生产中的作用

1945年，首次发现饲料中添加高剂量铜对生长猪有促生长作用。在仔猪开食料中添加3 000 mg/kg锌（氧化锌的形式）饲喂14 d，可降低仔猪断奶后腹泻的发生率，并提高增重。一般在猪(特别是仔猪)日粮中铜(硫酸铜的形式)的添加量为 150～250 mg/kg,锌(氧化锌的形式)的添加量为 2 000～3 000 mg/kg。高铜除能促进仔猪生长外,也能提高母猪繁殖性能,使母猪体重增加,仔猪初生重和断奶重有所增加,高铜可分别提高仔猪、生长猪和肥育猪日增重 22.1%、6.5%、3.6%,使猪肉中 8 种氨基酸含量提高 6.61%,总氨基酸的数量也增加;高锌的促生长作用主要体现在仔猪上;硒有预防过氧化的作用;碘在消化道内有还原过滤三价金属离子,提高微量元素离子吸收效率的作用(李鹏等,2006)。但由于我国过度使用微量元素造成环境严重污染。

6.2.2　重金属对环境的影响

自 20 世纪 80 年代以来,我国规模化养猪业迅速发展,规模不断扩大,2017 年底,生猪存栏量达到了 43 325 万头,由此产生了巨大数量的粪便并引起一系列环境问题。由于猪粪中含有大量的养分,其农田应用已成为处置猪粪的重要途径。然而在养猪过程中,为了预防疾病和促进生长,Cu、Zn 等重金属元素往往作为饲料添加剂大量使用且添加量多超正常饲养标准。此外,由于肉猪对饲料中 Cu、Zn 等元素吸收率较低,致使大部分 Cu、Zn 等元素积累在猪粪中,导致猪粪和以其作为主要原料生产的有机肥料中重金属含量显著提高,增加了农田应用的环境风险。

畜禽粪便中 Cu、Zn 对土壤 Cu 和 Zn 积累的年贡献率分别为 37%～40%和 8%～17%。长期施用高 Zn 猪粪,黄壤、冲积土和紫色土中 Zn 含量分别在 12 年、16 年、28 年后超过国家土壤环境质量二级标准;施用高 Cu 猪粪同样会引起土壤 Cu 积累,并且直接影响土壤的安全使用年限。红壤中连续施用猪粪,土壤中 Cd 含量超过国家土壤环境质量二级标准。潮土中连续施用 25 年猪粪后,土壤中 Cu 含量增加 35.1%～119%,但未超过国家土壤环境质量标准。长期施用猪厩肥后土壤中 Zn、Cu、Cd 含量分别增加了 6.1%、8.7%和 8.3%,其中 Cd 超出国家土壤质量标准。棕壤长期定位试验研究表明,连续施用猪粪不仅增加土壤中 Cd 含量,而且其有效性即潜在环境风险也同样增加(薄录吉等,2018)。

有机砷制剂很少在消化道吸收,大部分通过粪便排出体外。一个万头猪场按美国 FAD 允许使用的砷制剂推算,连续使用含砷的加药饲料 5～8 年后,其粪便中残留的砷可达 1 t;16 年后,土壤中砷即可增加 1 倍。这些“毒粪”将长期影响周围的土壤和地下水,如人长期饮用被砷污染的水,可致人手、脸表皮干裂,易引发皮癌;而水源一旦被砷污染后,水生生物(特别是海洋生物中贝类)对砷高度富集,通过食物链最终危害人体的健康。土壤中砷含量每升高 1 mg/kg,则甘薯块根中砷含量即升高 0.28 mg/kg;当土壤中砷酸钠加入量为 40 mg/kg 时,水稻减产 50%。所以,目前许多专家学者强烈呼吁农业部禁用阿散酸等砷制剂(李鹏等,2006)。

我国规模化养猪场猪粪重金属超标元素以 Cu、Zn、As、Cd 为主,其中 Cu 和 Zn 超标最严重,其次是 As。这是因为在肉猪养殖过程中,为了预防疾病和促进猪生长,饲料中往往添加大量的 Cu、Zn 和 As 等微量元素。虽然《猪饲养标准》和《饲料卫生标准》中明确规定了 Cu、Zn 和 As 的含量,但在实际生产过程中,饲料中 Cu、Zn 和 As 的添加量远远超出标准,这说明多数饲料生产厂家甚至知名品牌厂家并未严格执行标准,需要加强饲料添加剂的监管力度。另外,由于猪对饲料中 Cu、Zn 和 As 的利用率并不高,导致大量 Cu、Zn 和 As 进入猪粪中,猪饲料和猪粪中 Cu、Zn 和 As 的相关性也说明这一点。此外,猪粪中 Cd 也有一定量的超标,这主要是因为Cd和Zn为同族元素,性质相似,常常伴生存在且不易分离,故用含镉锌矿或铜镉渣制成含Zn添加剂的饲料中含有一定量的Cd,最终导致Cd在猪粪中积累。

如果按照规模化养猪场的标准进行饲养,且从饲料源头控制重金属的投入,应该不会出现猪粪中重金属过量的现象。但事实是部分地区猪粪中重金属不但过量,而且不同地区猪粪中重金属含量差异较大,这一方面是因为高铜、高锌饲料可促进猪的快速生长的传统喂养观念促使饲料生产厂家或农户为追逐利益往往过量添加Cu、Zn等微量元素,另一方面可能是地区差异导致Cu、Zn等微量元素的添加水平不同所致,经济发达地区的Cu、Zn添加水平明显高于欠发达地区。上述因素协同影响导致了部分地区养猪场猪粪中重金属超标且超标范围不一致的现象出现。猪粪中因含有过量重金属残留限制了其农田利用,且带来了很大的潜在环境风险。猪粪农用过程中影响土壤正常使用年限的主要限制因子是Cd、Cu和Zn, Cd、Cu、Zn是限制吉林、辽宁、山东、北京和天津养猪场粪便安全农用年限的主要元素。然而,在实际生产中,各地农田土壤的重金属实际输入量可能要更大,土壤安全农用年限可能更低。这是因为这些结果只考察了猪粪向农田的输入,未涉及其他畜禽养殖业的粪便,也未考虑大气沉降、污水灌溉和化肥等方式带入重金属。作物生长过程中可能带走一部分重金属,但很难影响土壤不断积累重金属的大趋势。综合各种重金属的输入和输出,土壤重金属实际累积速率可能有所波动,但长期施用重金属超标的猪粪必然会引起土壤重金属污染风险(薄录吉等,2018)。

6.2.3 重金属的减量控制

6.2.3.1 制定和贯彻相关法律法规和标准

重金属主要通过污染土壤和水,进而影响到人类的健康。目前,我国涉及畜禽粪污污染控制的法律法规主要有《中华人民共和国环境保护法》及《畜禽规模养殖污染防治条例》《水污染防治行动计划》《土壤污染防治行动计划》等法律法规,环境保护部门、农业部门应进一步加强监管。为了从源头防止耕地土壤重金属污染,我国颁布了《农田灌溉水质标准》(GB 5084—2005)和《农用污泥中污染物控制标准》(GB 4284—84),分别对农田灌溉水和农用污泥中的重金属含量进行了限制。1995年《土壤环境质量标准》(GB 15618—1995)正式发布,该标准依据土壤功能和pH规定了土壤中重金属总量的最高允许值,耕地土壤适用于二级标准,保护目标是保障农业生产和维护人体健康。

2006年,原国家环境保护总局发布了《食用农产品产地环境质量评价标准》(HJ/T 332—2006)和《温室蔬菜产地环境质量评价标准》(HJ/T 333—2006)两项指导性标准,其中也涉及了重金属的限值标准。

针对土壤监测、土壤调查、场地风险评估和场地修复,农业部和环保部相继出台了一系列规范和指南。其中,《农田土壤环境质量监测技术规范》(NY/T 395—2000)和《土壤环境监测技术规范》(HJ/T 166—2004)规定了农田土壤环境监测的布点采样和污染物分析方法;《无公害食品产地环境质量调查规范》(NY/T 5335—2006)、《绿色食品产地环境调查、监测与评价导则》(NY/T 1054—2006)以及《场地环境调查技术导则》(HJ 25.1—2014)分别规范了无公害食品产地、绿色食品产地以及一般场地调查的原则、方法、内容等;《污染场地风险评估技术导则》(HJ 25.3—2014)和《污染场地土壤修复技术导则》(HJ 25.4—2014)则分别规定了污染场地人体健康风险评估的原则、内容、程序、方法和技术要求以及污染场地土壤修复技术方案编制的原则、程序、内容和技术要求(蔡美芳等,2014)。

6.2.3.2　猪场粪污重金属的去除

1.厌氧消化过程对重金属的去除

猪场粪污中的重金属经过厌氧消化后,在沼液中浓度会大大降低。原因是猪场粪污在厌氧消化过程中有一些进料固体物质沉降在沼渣中,液相中的重金属会吸附在固体表面或者胶团上从而沉淀在沼渣中,因而猪粪经厌氧消化后沼液中重金属含量会大幅度降低。但是就算重金属浓度大大降低,沼液中的一些重金属浓度仍然超出了农田灌溉水质标准。其次,一些研究也表明,Zn在厌氧消化后浓度反而增加,Cu含量有时增加有时减少。猪场粪污中的Cu和Zn在厌氧消化后分别增大120%和60%;谢志坚等调查厌氧消化对污染物的去除发现:Cu降低41.5%,而Zn反而增加了17%,但都没有超出《农田灌溉水质标准》(GB 5084—2005)限量标准。

2.好氧处理过程对重金属的去除

猪粪堆肥可以有效地使其中的重金属有效态钝化,但猪粪中重金属的浓度一般会增加,原因是猪粪中水分的散失、CO_2及其他挥发性物质的挥发损失,使堆料的体积和重量都减少,由此产生的"浓缩效应"使堆肥中重金属浓度增加。经过好氧堆肥处理后Pb、Cu、Zn、Ni、Cr、Cd、As的总浓度升高;碳酸盐结合态Ni、Zn的浓度降低,其余Pb、Cu、Cr、Cd的浓度也都升高;可交换态Cu、Zn、Cr、As的浓度显著降低,使有效重金属转化为植物难利用的残渣态,降低了猪粪农用过程中的重金属风险。

3.物化处理过程对重金属的去除

一些物化处理也可以有效地去除猪场粪污中的重金属,低温热裂解可以使重金属的有效态钝化,其大部分向植物较难利用的残渣态转化,有效降低了重金属的危害。有研究表明,经过低温热裂解,猪粪中重金属的有效态去除率可以达到95.4%。对于生物沥浸法,其可以有效地将猪场粪污中的重金属吸附去除,但猪粪TS(总固体)含量及生物接种量对去除率的影响都较大。TS含量越低,重金属沥浸时间越短,去除效果越好;生物接种量越大沥浸时间越短,但考虑经济效益,则接种2%的生物量即可满足生物沥浸法的要求(王霜等,2016)。

4.使用有机微量元素可以减少养殖业对环境的污染

有机微量元素是金属元素与蛋白质、小肽、氨基酸、有机酸、多糖衍生物等配位体通过共价键或离子键结合而形成的络合物或螯合物。有机微量元素的研究始于20世纪60年代,到70年代之后,世界上许多国家如美国、意大利、丹麦、荷兰等都在这一领域进行了深入研究,相继有数十种产品问世。我国研究此类产品始于20世纪80年代中期,经过多年努力探索,已有部分产品上市销售。有机微量元素由于其稳定性好、吸收利用率高、作用效果显著等优点,已大有取代无机微量元素盐(如硫酸盐)的趋势。

根据2001年美国饲料管理官员协会有关微量元素的定义,有机微量元素化合物可分成5类:①金属氨基酸络合物,由可溶性金属盐与某种或几种氨基酸形成的络合产物,常用的络合物有氨基酸、小肽等;②由可溶性金属盐与一种特定氨基酸按1∶1摩尔比形成的金属氨基酸络合物,如赖氨酸铜络合物;③金属氨基酸螯合物,由可溶性金属盐与氨基酸按(1∶1)~(1∶3)(最好为1∶2)摩尔比以共价键结合而成的金属氨基酸螯合物;④金属蛋白盐,由可溶性金属盐与部分水解的蛋白质螯合而成的产物;⑤金属多糖络合物,由可溶性金属盐与多糖溶液形成的络合物。

有机微量元素比无机微量元素吸收率更高，有机微量元素比无机微量元素有更高的生物学效价，有机微量元素与饲料中其他成分相互影响小，有机微量元素的抗病和抗应激作用明显优于无机微量元素。由于有机微量元素生物学效价高，在日粮中少量添加即可代替高剂量的无机盐，从而减少动物微量元素的排出量，减少对环境的污染（邓红等，2006）。

6.3 抗生素的源头减量

饲用抗生素是指在健康动物饲料中添加，以改善动物营养状况和促生长为目的，具有抗菌活性的微生物代谢产物。抗生素为提高畜牧业的产量发挥了重要的作用，在饲料中以低剂量长期添加，可促进动物生长，提高饲料利用率，降低死亡率，从而提高动物生产性能（郭福有等，2007）。

然而，饲料添加剂的安全性问题，始终是人们关注的热点。抗生素也不例外，尤其是自20世纪50年代末发现病原菌对抗生素具有抗药性以来，使用抗生素饲料添加剂的安全性更是人们关注的焦点。虽然目前还没有足够的证据证明合理使用抗生素饲料添加剂产生的危害，但许多事实说明，抗生素可能会产生很大的副作用。

6.3.1 抗生素的副作用

6.3.1.1 使病原菌产生耐药性

细菌可通过3种方式获得耐药性：一是在细菌繁殖的二分裂阶段通过代与代之间进行传递；二是通过自发的基因突变产生；三是从附近其他的细菌细胞上获得耐药性基因。虽然耐药性因子的传递频率不高，但由于细菌数量大，繁殖快，仍易造成细菌的扩散蔓延。

6.3.1.2 在机体内残留，影响人和动物的免疫效果

长期使用，特别是滥用，会造成抗生素在机体的残留量增加。药物在机体内残留，一方面可能诱发产生耐药菌；另一方面残留的抗生素又降低了疫苗的免疫效果，为控制疫病的发生埋下了隐患。

6.3.1.3 易产生致病菌的交叉感染

使用抗生素，尤其是超量使用会破坏肠道内的微生态平衡，一方面使胃肠道内对抗生素敏感性强的微生物减少，而敏感性差的菌群趁机大量繁殖，引起微生物态失衡；另一方面体内的细菌被抗生素消灭后，为体外的微生物的侵入繁殖创造了条件，从而易产生致病菌的交叉感染（张兆顺等，2012）。

6.3.2 抗生素对环境的污染

随着集约化养殖业的快速发展，抗生素等具有促进生长和疾病预防作用的物质都被广泛添加于饲料中。据不完全统计，截至2003年全世界范围的抗生素年用量就达到10万～20万t。中国作为目前全世界抗生素使用最多的国家，在2007年，就有96 810 t抗生素用于畜禽养殖，相当于美国1999年畜禽养殖抗生素用量的4倍。中国浙江的畜禽粪便中抗生素（四环素

类）平均含量达2.0～5.1 mg/kg，而且抗生素均以猪粪中含量最高。由于畜禽对抗生素的吸收率较低，其大部分会通过原样的形式随着排泄物（粪便、尿）排出体外，而残留在畜禽粪便中较高浓度的抗生素若不经过降解便随粪污排入环境后，可能会使一些微生物产生抗性基因，而这些抗性基因可以在环境中传递，使某些致病菌对药物产生抗性，从而会对人类造成更大的威胁。2015年世界卫生组织分析了全球114个国家的数据显示，几乎所有地区都出现了细菌对抗生素产生抗药性的问题。

猪场粪污中的抗生素主要来源于养猪场中猪的饲料添加剂，它既可以促使猪生长也可以预防感染等，其次还有注射用抗生素，用于治疗猪的疾病。在现代规模化饲养过程中，存在抗生素饲料添加剂滥用的现象，导致粪尿污水中含有大量的抗生素。猪粪中的金霉素（CTC）最高已达到764.4 mg/kg，是金霉素限量添加标准的1.53倍以上。规模化猪场通常使用四环素类、磺胺类、喹诺酮类和大环内酯类，其中以四环素类和磺胺类最多；在中国规模化猪场的粪便中：四环素的浓度为0.4～43.5 mg/kg，土霉素为0.4～183.5 mg/kg，金霉素为2.6～27.59 mg/kg，磺胺二甲嘧啶为0.1～32.7 mg/kg。国内外的学者对生猪粪便中抗生素含量做了一些基础的调查研究。四环素类抗生素，如土霉素、四环素、金霉素的浓度大于其他类的抗生素；北京、浙江等经济发达地区的用药量明显高于陕西、宁夏等经济相对落后的地区。但也因为抗生素随着猪场粪污或沼液等进入土壤，会使土壤的微生物群落结构改变和降低微生物的活性，同时带动抗性基因的传播，使细菌对抗生素产生抗药性，威胁人类的健康，所以抗生素逐渐成为猪场粪污作为废弃物回收利用的一种阻碍因素。

6.3.3 抗生素使用的控制

6.3.3.1 科学使用抗生素添加剂

抗生素在饲料中应用不当会产生不良影响，如何科学合理地应用抗生素，以充分有效地发挥抗生素的积极作用，尽可能地避免和降低抗生素的不良影响，主要对策是：

1.合理地选用品种

抗生素种类繁多，在饲料中应用的作用和副作用各不相同，合理选用抗生素是应用好抗生素的前提，也是提高抗生素使用效果，降低副作用的重要因素。农业部发布的《饲料药物添加剂使用规范》中就明确规定了可在饲料中长时间使用的抗生素品种和可用于防治疾病，通过混饲给药的抗生素品种。因此，在饲料中应用抗生素就必须选用规定中允许的品种，未经批准的药物特别是人类专用的抗生素不能选用，土霉素和金霉素等人畜共用抗生素虽然未禁止使用，也要尽可能少选用，特别是动物生长后期不要选用。畜用抗生素是专门研制、开发应用于动物上的，作用效果较为显著，且残留量低，不易产生耐药性，是作为饲料添加剂较理想的品种，如杆菌肽锌、黄霉素等都是优先选择的药物。选用抗生素时还应根据生长阶段以及饲养环境等因素综合考虑，不能盲目选用高档以及进口的药物。市场上的同一饲用抗生素添加剂均有不同的商品名，在选用抗生素时应首先了解其有效成分及有效含量。

2.适当的使用剂量

抗生素的使用剂量对其作用效果影响较大，抗生素在饲料中的应用一般只是为了防病促生长，而不是作为治疗药物。因此，应科学和慎重地确定其使用剂量，添加量过少，达不到一定的药物浓度，对病原微生物起不到最低的抑制和杀灭作用，因而达不到相应的防病和促生长效果；但添加量过大，作用效果则可能适得其反，还可能造成动物体内的微生物菌群严重失调，引起消化紊乱，并可能产生中毒以及给疾病治疗带来困难等后果。因此，应严格控制抗生素的使用剂量，适量地添加抗生素是用好抗生素的关键，但抗生素的使用剂量不是一成不变的，应根据应用对象及其生理阶段，饲养场所以及季节区域等实际因素灵活确定。

3. 科学的用药方案

同一环境中连续使用同一抗生素时，其促生长效果明显下降，长时间使用一种抗生素容易产生耐药性，降低作用效果。要提高抗生素的作用效果，就必须制定一个科学的用药方案。常用的用药方案有轮换用药、穿梭用药以及综合用药等。制定用药方案还应结合不同的抗生素品种、猪各生长阶段的特点、区域季节以及饲养环境等因素综合考虑。联合使用抗生素能扩大抗菌谱，增强抗菌作用，抗生素相互之间有四种作用，即相加作用、协同作用、颉颃作用和无关作用。联用抗生素虽然增强了抗菌作用，但抗生素的残留量增大，病原微生物的抗药性增强及微生物平衡体系破坏加重，因此抗生素的联用要特别谨慎。严格实施停药期，如果合理地应用抗生素并严格执行停药期，一般情况下不会发生药残超标。

4. 先进的混合工序

抗生素的使用剂量一般每吨饲料中只有几克至几十克，因此，使用前一定要进行稀释预混，降低药物浓度，以确保药物在饲料中能混合均匀，保证药物均匀地发挥作用效果，并有效避免混合不均匀产生药物中毒而造成的损失，从而也可有效地避免和减少药物残留超标的发生。要对抗生素进行较好稀释就必须有先进的混合工序，一个先进的混合工序包括选用性能较好的混合机，根据药物选择适用的载体，正确的混合程序，充足的混合时间，科学的检验方法以及严格的管理监督措施等（张兆顺等，2012）。

6.3.3.2 抗生素的去除

对于抗生素的去除，研究较多的是厌氧消化和堆肥处理，并且认为将热处理的物化处理和厌氧消化或者堆肥处理相结合，可以更好地去除抗生素。相比厌氧消化，堆肥处理可以更好且有效地去除抗生素，同时还可以控制四环素抗性基因扩散。

1. 厌氧消化对抗生素的去除

不同抗生素在猪粪的厌氧消化过程中的去除难易程度差别较大。四环素类较好去除，磺胺类次之，喹诺酮类和大环内酯类比较难去除。研究发现四环素在猪粪厌氧消化中的半衰期为 9 d。用于治愈猪呼吸疾病的抗生素头孢噻呋、达氟沙星、大观霉素和林可霉素等在猪粪厌氧消化过程中的去除率差别较大，头孢噻呋最好去除，且去除率在 70%左右，而剩下的抗生素基本较难去除，其去除率在 30%左右。

2. 堆肥处理对抗生素的去除

抗生素在堆肥过程中的去除率也有较大的差异性。在猪粪厌氧堆肥处理中，四环素类较好去除，土霉素、四环素和金霉素的去除率均大于 95%；以腐殖化粪草混合物（鸡粪、猪粪和稻草）为原料进行堆肥，发现金霉素、四环素和土霉素在 45 d 内能够被降解 93%；但也有研究发现金霉素在猪粪厌氧堆肥中去除率仅有 27%，且其半衰期为 86.6 d。这种差异性可能是因为堆肥中自然存在的微生物菌群的不确定性以及实验条件的不同，因此建议在堆肥过程中添加特定的抗生素高效降解菌，以提高抗生素降解率。但从整体上来说，相比其他处理方法，堆肥处理能有效去除猪粪中的抗生素。

3. 好氧过程对抗生素的去除

好氧处理比较常用的有活性污泥法。而研究证明在活性污泥法处理猪场废水的过程中，四环素发生的主要反应是生物吸附而不是生物降解，因此四环素的生物降解量仅为28%～35%。在活性污泥法处理中，四环素在15 min内就可以达到90%的吸附。好氧处理耗能大，处理成本高，且对抗生素多是吸附而非降解，因此好氧生物处理应用于猪场粪污抗生素去除受到较大限制(王霜等，2016)。

6.3.3.3　主要抗生素饲料添加剂替代品

回顾饲用抗生素的发展历史，从20世纪50年代的开始使用到60年代后的全面使用，再到80年代后的限制使用或试图禁用，人们逐步关注饲用抗生素的耐药性、药物残留及其对人类健康的影响。因此，饲料工业发达的国家研制的饲用抗生素已与人用抗生素分开，再与兽药分开，并筛选出肠道不易吸收或不吸收的饲用抗生素以减少或避免药物残留，但总体来讲饲用抗生素正面临着禁用的挑战。

饲用抗生素的禁用已经在全球范围内成为行业和社会共识。欧盟、日本、韩国等国家或地区已分别于2006年、2008年和2011年禁止在饲料中使用抗生素促生长剂，我国也已经开始行动，国务院办公厅2017年9月22日发文表示，农业部要抓紧制定实施药物饲料添加剂退出计划，尽快淘汰有风险隐患的品种，严禁饲料生产企业在饲料中违规添加抗菌药物。目前，许多研究人员和开发公司都在研究抗生素的替代品。

1. 酸化剂

有机和无机酸已被应用于猪饲料中多年。酸化剂可降低pH和日粮的缓冲能力(系酸力)，降低胃pH，刺激增加胃消化酶活性，提高营养素的消化率，同时可抑制有害菌生长繁殖，有利于有益菌在肠道的定植和增殖，从而改善胃肠道健康，提高生长性能和饲料转化率。酸化剂的促生长作用在仔猪断奶后最初几周的效果最显著，因为仔猪胃肠道消化机能不完善，最易受病菌侵袭。单一或复合酸化剂，尤其是有机酸在生产中使用，可大幅度地降低仔猪的腹泻率，与作为促生长剂添加的抗生素效果相当。可替代抗生素的酸化剂有乙酸、柠檬酸、富马酸、乳酸、蚁酸。除蚁酸不宜添加过多外(易产生酸中毒)，其他酸的添加量在一定范围内越多，效果越好。

2. 益生素

益生素已广泛应用于猪日粮中以取代抗生素。与抗生素不同的是益生素把活菌引入肠道中。益生素可提高免疫力，增强抗病力，并提高消化率。许多菌株被用于DFM(直接饲喂的微生物)的商业性生产，最普遍的是乳酸杆菌、枯草芽孢杆菌、双歧杆菌、链球菌。酵母也被用于对肠道环境的调控，酿酒酵母菌和曲霉属细菌已广泛用于单胃动物，如猪、鸡日粮中。

许多学者对益生素在猪日粮中作为促生长剂的功效作了评估。大多数试验表明，可提高猪体增重和饲料转化率，研究人员认为可提高增重2.5%，提高饲料转化率6.8%。益生素在生产应用中的效果不一致主要出现在生长肥育猪上，而仔猪的使用效果较一致，效果更佳。这种差异性可能是由于益生素菌株和用量的差异或日粮配方、饲养管理的差异及益生素与其他饲料成分之间相互作用造成的。1999年，FDA只承认DFM，即只承认天然存在的活的微生物作益生素，最好是来自动物肠道的微生物。如韩国Inbionet生产的Confeed(盛肥速得)是一种直接取自动物肠道的DFM，产品品质和环境适应力强，使用效果无论在仔猪还是在生长肥育猪表现都较稳定、一致，可提高仔猪和生长肥育猪增重12%，提高饲料转化率10%。

另外，一些酵母提取物的产品，如 MOS，来自酵母细胞壁外层提取的一种益生素(原)，被认为在改进仔猪生长和控制腹泻方面有正面效果。

许多生产试验结果表明，猪的生产水平越差，添加益生素(原)后的效果越好。理论上认为，添加益生素后，益生菌可通过营养代谢途径自身建立起持续的长效作用，抑制有害菌生长。实际上，由于肠道和饲养环境的复杂性，这种可能性不大。所以更多的人倾向于逐日连续添加以更好地体现效果(包括一致性)，尤其是在应激的前后。

3. 酶制剂

中国对酶制剂的研究起于20世纪80年代，但发展较快，年产2 000 t以上的酶制剂厂已有40多家。目前饲用酶有20多种，除植酸酶有单一酶产品外，其余饲用酶制剂大多是包含多种酶的复合制剂。应用较多的有纤维素酶、β-葡聚糖酶、木聚糖酶、淀粉酶、蛋白酶、果胶酶和植酸酶等。

断奶仔猪会受到许多断奶时营养、环境、免疫状态等变化对生长造成影响。含复杂碳水化合物的日粮替代了母乳，使得内源性酶分泌随之发生变化。仔猪消化道生理环境要求做出迅速调整以适应上述一系列变化，会出现暂时性不适应症状，消化能力减弱，仔猪因消化紊乱而发生腹泻。一些特定的外源性酶的添加如胃蛋白酶、淀粉酶、脂肪酶可以强化所需的分泌不足的消化酶，进而提高对营养成分的消化和吸收，促进生长。另外，也可以减少未被消化的组分进入大肠，降低成为细菌生长基质的可能，减少肠道功能的紊乱，降低腹泻率。另外，一些酶制剂如木聚糖酶、β-葡聚糖酶等可降解非淀粉多糖(NSP)等抗营养因子，这些抗营养因子可影响消化，造成消化机能紊乱(傅德顺等，2003)。

4. 中草药

中草药添加剂是由不同性味功能的中草药，依据中兽医理论和动物不同生理需要配制而成的，是一类兼有营养和药用双重作用，具备直接杀灭或抑制细菌和增强免疫能力的功能，且能促进营养物质消化吸收的无残留、无耐药性的天然药物。它的有效成分主要有多糖、生物碱、蛋白质、氨基酸、苷类、油脂、蜡、树脂类、植物色素、矿物质元素和维生素，这些均是生物活性物质。

中草药添加剂具有调节机体的免疫功能以及非特异性抗菌作用，刺激网状内皮系统，提高宿主对癌细胞特异性抗原的免疫反应能力，有机酸类则能增加吞噬细胞的特异吞噬功能，破坏癌细胞染色体，增强机体免疫功能。苷类可加强网状内皮系统吞噬功能，并能促进抗体生成和淋巴细胞转化等。

中草药成分复杂，往往是各种成分综合起作用。在中药采收和原料使用上，因受不同季节、地区的限制，中药本身的基原和有效成分相差很大。因而制成的产品(粗放型)难以进行准确的药效评定和有效的质量控制，使推广使用易出现偏差。

中草药添加剂无残留或残留极低，无毒副作用、无抗药性，用途广，价格便宜；药源广泛，生产简单，使用方便。通过不断深入研究，中草药必将成为极有前途的饲料添加剂(曾书琴，2004)。

5. 其他天然抗菌剂

许多原料可作为天然抗菌剂用于猪料中，如天然植物提取物、香料和矿物质。目前，正在研发无公害纳米抗菌添加剂。

天然植物提取物中含复杂的有机元素，有特定的疗效，具有提高抗菌能力、抗病毒和抗氧化的特性，并刺激和调控内分泌和免疫系统，可提高动物代谢和免疫机能。它们具有无毒副作用，无抗药性等特点，在饲料中添加可以通过提高适口性刺激食欲，提高采食量，促进生长，如大蒜素、糖萜素等。研究表明，在断奶仔猪日粮中添加0.05%大蒜素比抗生素促生长剂更能提高饲料转化率，降低腹泻和死亡率。大蒜的功效之一是可作为乳猪、幼畜禽的诱食剂。另外，如辣椒、芹菜等可刺激采食，辣椒与牛至、薄荷配伍可防治腹泻。

6.4 养殖污水减排技术

6.4.1 养殖污水的产生

6.4.1.1 污水来源

规模养殖场的污水主要由畜禽的尿液、滴漏的饮水、冲洗用水、进入粪沟（池）的雨水以及随水进入的粪便组成。

1. 尿液

猪的粪尿产生量见表6-1，其中尿液占比很大。

表6-1 猪的粪尿产生量

类型	体重/kg	每头每天排泄量/kg		每头每年排泄量/t	
		粪量	尿量	粪量	尿量
妊娠母猪	160～300	2.1～2.8	4.0～7.0	0.9	2.0
哺乳母猪	—	2.5～4.2	4.0～7.0	1.2	2.0
育肥猪	90	2.3～3.2	3.0～7.0	1.0	1.8

2. 冲洗水

一些养殖场仍采用大水量冲洗的工艺，产生大量的污水；夏季湿帘降温用水、清洁用水等进入污水池。

3. 饮水的滴漏

由于生产方式、设备、水压等因素，一些养殖场饮水滴漏比较严重，部分仍采用长流水工艺，增加了污水的来源。

4. 雨水

有些规模场猪舍排水系统设计不合理，雨污不分，大量的屋面和路面雨水进入粪沟（池）。

5. 粪水

通过4种途径进入水体：①随尿液冲入污水；②在清洗圈舍过程中粪便随冲洗水流入；③水泡粪生产工艺，使猪粪便全部泡在污水中；④粪便在堆放储存过程中，因降雨和其他原因进入水体。因生产方式和管理水平不同，养殖场污水产生量及污染物浓度均存在较大差异。尽管污染物源头是猪粪便，但冲洗水和雨水则是污水的主要部分（周国安等，2011）。

6.4.1.2 污水的来源分析

据测算，生猪养殖过程中产生的污水主要包括猪排出的尿液约占20%、冲洗水约占30%、饮水系统渗漏及雨水约占25%、不当的饲喂模式占约25%。由此可见,实际猪的排泄物占到总污水量的20%左右,如果把其他的产生原因消除,从源头上减少污水的排放数量和排放浓度。所以我们必须从源头上对建筑设计、饲喂方式、饮水系统、饲养管理模式等进行改革,使规模猪场粪污产生量的70%~80%消除在养殖的源头(郭海波等,2010)。

6.4.2 养殖污水的减量

从源头上控制污水的数量和浓度是无害化处理的基础和根本,应从以下方面采取减量措施。

6.4.2.1 选择合适的清粪工艺

清粪工艺主要有干清粪、水冲粪、水泡粪三种,干清粪分为人工清粪和机械清粪,现在比较好的清粪方式为水泡粪(尿泡粪)和机械清粪。其中干清粪工艺与水冲粪、水泡粪相比大大节约了猪场的用水量,并且猪场粪污的处理难度也降低了,实践证明这是符合我国国情的一种清粪方法。在一些小规模猪场、农户采用人工清粪,这是一种落后的清粪方式。机械清粪又进一步分为粪尿污水一体式和粪尿污水分离式,后者是国内在一体式基础上改进的。而采用干清粪工艺后年出栏1万头猪场日污水排放量仅为60~90 t,且污水中BOD(5日生化耗氧量)、COD(化学需氧量)、SS(固体悬浮物)含量大大降低。干清粪工艺的具体做法是在舍内实现粪与尿及污水的分离,猪粪用人力车推至堆粪场,尿液及污水通过猪场内排污暗沟统一收集到贮粪池。要在猪舍内实现粪与尿及污水很好的分离,必须对猪床(产床、保育床)下方地面进行合理的设计。猪床下方地面不能全部设计成斜坡,在靠近猪舍内排污沟的地方要有40~60 cm的平台,平台要有1%的坡度,平台的作用是防止猪粪滚落到排污沟中,尿液及污水则可以通过平台流到排污沟中,而滞留在平台上的猪粪通过人工收集运走,从而实现粪与尿及污水的分离。对于采用地面饲养方式的育肥猪舍,可在猪栏排泄区设置低于地面20~30 cm的排污沟,排污沟上方铺设漏缝地板(漏缝宽度5 mm左右),尿液及污水可以通过漏缝流入排污沟中,猪粪漏不下去从而实现猪粪与尿及污水的分离。水冲清粪,在20世纪八九十年代国内从国外引进配套工艺之后试用了一段时间,据有关资料显示,一个年出栏1万头左右商品猪的猪场,如果采用水冲粪清粪工艺其日污水排放量高达210~240 t,现在被养猪场弃用,被有关法律、法规禁用。

6.4.2.2 采取雨污分离技术

许多传统的猪场存在用明沟排污的现象,赶上雨、雪天气,雨水和雪水会流到明沟里,最终增大了猪场粪污的处理量,也会加大粪污的处理难度。

采用暗沟排污,主要道路旁边建明沟排雨、雪水。尿液及污水通过暗沟集中到贮粪池或沼气发酵设备内进行处理,而雨、雪水则通过明沟排放到场外水体中,从而做到雨污水分离。暗沟可采用水泥、砖块砌筑,也可采用其他管材,如PVC管、陶制管等,要保证暗沟内壁光滑从而利于尿液及污水的流动,并兼顾经济适用。注意无论是明沟和暗沟都要有一定的坡度。

6.4.2.3 防止自动饮水器漏水

在饮水设备的选择上,大多数规模化猪场选用的是乳头式自动饮水器。然而,乳头式自动饮水器漏水是规模化猪场不可忽视的浪费现象,其主要原因是饮水器的密封胶圈和回位弹簧出现问题,或者是密封面夹有泥沙杂质,因此,应经常检查自动饮水器的状态,发现漏水及时采取措施。

6.4.2.4　使用高压冲洗机代替普通水管冲洗猪舍

一些猪场往往是在舍内供水管上连接一根软管便开始冲洗猪舍，这种方法不但浪费水，而且不容易冲洗干净。高压冲洗机可以对水进行加压，因此所形成的冲力较大，采用高压冲洗机代替普通水管冲洗猪舍，用水量会大大减少，并且容易冲洗干净。

6.4.2.5　开展废水循环利用

有实力的养猪企业在对猪场尿液及污水进行处理后，可以将达标的部分废水再重新用来冲洗猪舍，如上海光明集团海北牧场、河南牧原集团等养猪企业采用的就是此种做法（李强，2009）。

6.5　饲喂技术的改进

正确的饲喂模式应是一种尽量减少饲料浪费并改善饲料利用率的简便方法。通过对饮水系统和饲槽设计进行改进，预计可以减少污水排放总量30%以上。

6.5.1　改进饮水系统

饮水器类型对污水排放量影响比较大，目前应用最多的还是乳头式饮水器，乳头式饮水器最大的弊端是猪咬住乳头后水自动溢出，猪来不及咽下绝大多数溢出，在夏季猪为了减热就咬住乳头不放，从而造成大量水的浪费和污水的产生。实验表明，如果改用悬挂式饮水器和碗式饮水器，就完全能够避免上述现象的发生，而且可节约耗水量5%～10%，同时产生的粪水也会减少5%左右。饮水器的水流速度和安装的高度要符合猪的采食习惯，否则就会造成不必要的水资源浪费，并增加污水处理负担。

6.5.2　提倡干湿饲喂

干湿饲喂是一种代替干式饲喂的方法，让猪从同一个饲槽中采食饲料和饮水，让猪自行选择如何将两者结合起来进行采食和饮水。干湿饲喂减少粪便排放量的原理是猪在采食干料情况下饮水量大幅度增加，从而导致大量的粪尿排放。大量研究表明，干湿饲喂代替干式饲喂能够大幅度减少粪水的产生量。猪在饲槽中就能饮到水时，采食量和日增重大于只能从距饲槽3 m处饮到水的猪。采用干湿喂饲槽时粪水的产生量可比采用干饲槽时减少50%。所有的干湿喂饲槽都可减少水的洒泼，使粪水产生量减少20%～30%。每圈20头猪提供一个2孔干湿喂饲槽，粪水产生量减少了30%。

6.5.3　改进饲料加工工艺

猪饲料颗粒度在700～800 μm时，饲料的转化率最佳。饲料制粒处理有改善饲料转化率和降低养分排出的趋势，使干物质和氮的排泄量降低23%和22%。饲料的膨化处理和颗粒化处理可使随粪便排出的干物质减少1/3。使用低质蛋白饲料(如水解羽毛粉)会明显增加氮的排泄,而通过饲料加工工艺可部分消除饲料中的抗营养因子,提高饲料利用效率,降低氮排泄量。

6.5.4 采用分阶段饲养方法

在猪场中可通过营养管理来提高养分的利用率并减少养分的浪费。一种实用的方法也许是最简单的方法就是分阶段饲喂。一般猪的饲养期分为仔猪期、生长期和肥育期3个阶段,这种传统方式不能满足现代养猪生产的需要,所以目前提出了阶段式饲养。在环境保护方面,已证实阶段饲喂法的优越性。猪在肥育后期,采用二阶段饲喂比采用一阶段饲喂的氮排泄量减少8.5%。饲喂阶段分得越细,不同营养水平日粮种类分得越多,越有利于减少氮的排泄。采用多阶段饲养方案比二阶段饲养方案可使排泄量进一步降低。三阶段低蛋白日粮可使氮的排泄降至每猪3.5 kg,这个量比二阶段传统日粮饲养法每猪降低1.1 kg或20%的氮排泄量。另外,公母分养配制营养水平不同的日粮,也有利于减少氮的排泄。

另外,采用正确的饲喂管理尽量减少饲料浪费并改善饲料利用率。多个国家的研究者估计饲料浪费,美国约为4%(2%~12%),英国约6%(1.5%~20%),丹麦为3%~5%。饲料的浪费不仅增加了饲喂的成本,而且会造成环境污染。减少2%的饲料损失,粪尿中的氮大约可以降低3%(氮在体内的储留按35%计)(郭海波等,2010)。

第7章
猪场恶臭控制工艺进步

本章内容提要

恶臭是对人和动物产生有害作用的气体物质和这些物质散发的使人的嗅觉产生厌恶感的气味。随着养猪场规模的不断扩大和集约化程度的不断提高，猪场恶臭对大气污染已构成了社会公害，并引起了普遍关注。随着环保意识的不断增强，养猪企业在引入欧美先进的养猪管理技术时，也将恶臭控制纳入养猪场的规划建设和日常管理当中。现代生猪养殖场往往从整个养殖系统防治恶臭，如选择合适的场区位置、方向；合理设计通风系统和养殖房舍；提高猪群对饲料的消化率和利用率；在饲料或粪尿中添加除臭剂；对粪尿和污水进行及时、有效、科学的收集、贮存和处理等，这些综合措施在猪场除臭上取得一定的效果。本章主要介绍改革开放以来，猪场从源头管理、猪场设计管理、废弃物管理的角度控制恶臭的技术进步情况，旨在为养殖场控制恶臭提供参考。

7.1 猪场恶臭的性质

猪场恶臭主要来自粪便、尿液、污水、垫料等的腐败分解，猪的新鲜粪便，消化道排出的气体，皮脂腺和汗腺的分泌物，猪体的外激素，黏附在体表的污物等，呼出气中的 CO_2（含量比大气高约 100 倍）等也会散发出特有的难闻气味。但猪场恶臭的主要来源是粪便排出体外之后的腐败分解。影响猪场恶臭产生的主要因素是清粪方式、管理水平、粪便和污水的无害化处理程度。同时也与厂址选择、场地规划和布局、猪舍设计、猪舍通风等有关。猪场恶臭的成分十分复杂，清粪方式、日粮组成、粪便和污水处理等的不同，恶臭的构成和强度也会有差异。

7.1.1 猪场恶臭物质的产生

猪采食的饲料经胃和小肠消化吸收后进入后段肠道(结肠和直肠),未被消化的部分作为微生物发酵的底物,分解产生多种臭气成分,故新鲜粪便也具有一定的臭味。同时,这些臭气也随消化道气体排出体外。粪便排出体外后,粪便中原有的和外来的微生物和酶继续分解其中的有机物,生成的某些中间产物或终产物形成恶臭。猪场废弃物在收集、运输、堆放和加工利用过程中,腐败分解产生恶臭的过程可分三个阶段:起初,粪便中的碳水化合物、蛋白质和脂肪分别被微生物和细胞外酶水解为单糖、氨基酸和脂肪酸(乙酸、丙酸、丁酸等),此为酸酵解阶段。此后,有机酸和可溶性含氮化合物被分解为 NH_3、胺、二氧化碳、碳氢化合物、氮、CH_4、氢等。此时,pH 升高,生成 H_2S、吲哚、粪臭素、硫醇等,此为酸发酵减弱阶段。最后,有机酸被降解为 CO_2、CH_4,并产生 NH_3、H_2S、胺类、酰胺类、硫醇类、醇类、二硫化物、硫化物等,此为碱性发酵阶段。

猪粪尿在腐败分解过程中,蛋白质、氨基酸因细菌活动而进行的脱羧和脱氨作用对恶臭物质的产生是最为重要的。脱羧作用是在 pH 4～5 的条件下发生的,产生胺及含硫化合物。氨基酸脱氨反应是在高 pH 下进行的,生成 NH_3 和挥发性脂肪酸。猪粪尿放置在通气条件下,可产生较多的 NH_3、甲硫醇及其空气氧化物二硫化二甲基,但 H_2S 产生量较少。相反,在厌氧条件下,特别是高温时 H_2S 的产生量显著增加,并产生挥发性脂肪酸,蓄积吲哚和粪臭素,而 NH_3 的产生很少,使恶臭增强。如果此时给予沼气发酵条件,则分解继续进行而使臭气减少,其中,以挥发性脂肪酸最易分解,吲哚、粪臭素依次降低。因此,一般认为猪场恶臭是厌氧菌发酵的结果,以需氧环境代替常见的厌氧环境,可有效地控制臭气的产生。如:降低粪便含水量、降低温度、改变 pH、减少时间因素、施用杀菌剂、排除厌氧环境等措施,都是很有效的。

7.1.2 影响猪场恶臭产生和扩散的因素

粪尿腐败分解产生恶臭物质的成分和数量因水分、温度、通气量、pH、堆放时间、空气尘埃含量等的不同而有很大差异。

7.1.2.1 水分

在自然堆放情况下,干燥猪粪因缺少微生物活动必要的水分而不能进行降解,故产生臭气很少。随着水分的增加特别是混入富含有机物的尿液时,物料中的空气减少,开始尚可进行好气酵解,产生较多的 NH_3,而 H_2S 产生很少;当含水量较高时,将代之以厌氧腐解,则挥发性脂肪酸、H_2S、酚类、吲哚、粪臭素等产生量增加,使恶臭增强(表 7-1)。例如,新鲜猪粪含水量在 70%左右,总硫化物为 1.6 mg/L;当厌氧贮藏 24 h 后,可增加到 23.6 mg/L,增加了 14.7 倍,使粪便变得特别臭。氨的释放主要来自尿,粪的释放量较少,当粪尿混合时,其释放量较纯粪大大增加,但用大量水稀释粪便时,氨释放减少。所以,在猪舍内尽可能保持粪便干燥,做到粪尿分离,是减少猪舍内臭气散发的有效措施之一。

表 7-1　厌氧使粪便臭气增加

名称	新鲜粪便/(mg/L)	厌氧贮藏 24 h/(mg/L)	提高百分比/%
乙酸	1 233	1 923	56
丙酸	310	571	84
丁酸	25	52	108
正丁酸	184	263	43
正戊酸	49	85	73
甲基戊酸	33	81	145
酚	5.6	13.5	141
对甲酚	24.9	31.4	26
对乙基酚	0.7	0.8	14
吲哚	2.1	5.3	152
粪臭素	5.0	5.8	16
总的硫化物(S)	1.6	23.6	1 375

资料来源：Praetere，K. D. 等，1990。

7.1.2.2　温度

腐败微生物的活动受温度的影响，在夏季和梅雨季节，温度和水分较适宜，产生臭气量较多，恶臭产生量多少随季节而变化。高温堆肥不利于腐败菌的活动，臭气产生较少。

7.1.2.3　pH

粪尿和其潴留液的 pH 与腐败微生物的活动和臭气的溶解度有关，故可影响臭气的产生和释放。腐败微生物活动的适宜 pH 为 7.0～8.0，与新鲜排泄物的 pH 大体相同，故鲜粪可迅速腐败释放臭气。NH_3溶于水呈碱性，故 pH 越低溶解越多，释放越少；与此相反，H_2S 溶于水呈酸性，故 pH 越高溶解越多，释放越少。研究表明，当 pH＞9.5 时，H_2S 的溶解度提高，释放量减少；NH_3在 pH 为 7.0～10.0 时大量释放，pH＜7.0 时释放量大大减少，pH＜4.5 时，NH_3几乎不释放。可见，通过控制 pH 来减少一种和数种臭气物质的释放，会促进其他臭气物质的释放，因而这种做法有点自我否定。同时，控制 pH 的方法成本太高，并且可能会使粪便不适于被利用。

7.1.2.4　通风

猪舍臭气的浓度也受通风量的影响。一般冬季气温低，臭气产生量减少，但由于猪舍通风量小而使猪舍内臭气蓄积浓度较高；夏季气温高，臭气对外释放量大，但猪舍内浓度较低。此外，在采用垫料或定期清粪的情况下，猪舍通风可促进堆积物料的干燥，减少恶臭的产生。猪场在粪池和其他贮粪设施中采用各种型号的曝气设备从而使厌氧条件得到改善，减少臭气的产生；猪场应设置良好的排风设施并利用自然加氧法，是最为经济实用的臭气控制法。

7.1.2.5　粉尘

猪舍中的粉尘主要是来自饲料、垫料和畜体的有机粉尘。粉尘中含有粗蛋白和脂肪，是微生物的载体，并可吸附大量的挥发性臭气(挥发性脂肪酸、粪臭素、吲哚、酚、氨等)。同时，微生物不断分解粉尘有机质而产生臭气。因此，吸附于粉尘上的臭气浓度远比同量空气高，除尘可在很大程度上削除猪舍的恶臭。猪舍内相对湿度 55%～75%时，粉尘水平最低。

7.1.2.6 **猪舍布局**

猪舍的布局对臭气的扩散具有一定的影响。臭气一旦释放入畜舍、贮粪池和施肥田地周围的空气之中，就会被送到下风处。所以猪场以及粪池的坐落处应尽可能远离邻近的居民区、学校或旅游区等。猪场选址要做风向分析以便确定邻居至少可接触到多大强度的臭气。如有可能，应将所有邻近居民接触臭气的时间(无论臭气出自你处或是所有邻近臭源)限制在每年160～170 h以内。还要考虑昼夜的风向，夜间气流方向改变，造成空气下沉，从而使夜间的臭气问题甚于白天。一定的气候条件如低风速、无垂直温差不利于臭气在垂直方向上的稀释，也极少可被从水平方向上吹开。因此，下风处臭气的扩散面基本上并不比臭气源更为宽广。所以将猪场中猪舍狭长状布局与近邻居民建筑不在一条风向线上，臭气的扩散对周边居民的影响就会较小(Steve Pohl，2004)。猪场周围的山坡、成片的树林等地形障碍物都可促进或阻碍臭气的散布。

7.1.3 猪场恶臭物质的成分及危害

猪场恶臭的成分复杂，许多研究人员对其组成进行了鉴定。有资料说明，现已鉴定出在猪粪尿中的恶臭成分有230种。这些恶臭成分可分为醇类、酚类、酸类、醛类、酮类、胺类、醚类、硫醇类以及含氮杂环化合物等9类有机化合物和氨、硫化氢两种无机物。

这些气体，由于有窒息性、刺激性、中毒性的危害，当达到某种浓度时就会产生有害作用。实践中很难对猪场所有臭气成分一一测定，加之影响各种臭气成分在猪舍空气和猪场大气中浓度的因素十分复杂(如气象条件、场址选择、猪场布局、饲养工艺、粪便处理工艺)，测定结果受其影响太大，故单靠化学方法和仪器逐一测定多成分恶臭中各组分的浓度往往得不到满意的结果，且工作量太大。因此，有关猪场臭气成分的报道不多，且资料间差异较大。

国内外文献显示，猪舍内挥发性脂肪酸、对甲酚、吲哚、丁二酮和氨的浓度较高，它们的阈值又较低，因而可能是猪场较为主要的臭味化合物。有研究提供的前联邦德国某猪舍臭气的资料可供参考(表7-2)。

表7-2 前联邦德国某猪舍气体散发量

气体	浓度/(mg/L)	气体	浓度/(mg/L)
脂肪酸		苯和吲哚	
乙酸	0.189	苯	0.023
丙酸	0.156	对甲酚	0.039
正丁酸	0.318	吲哚	0.001 1
异丁酸	0.040	粪臭素	0.001 1
正戊酸	0.035	甲胺	
异戊酸	0.049	二甲胺	2.0
正己酸	0.010	三甲胺	2.0
异己酸	0.004	其他	
庚酸	0.003	丙酮	0.33
辛酸	0.005	NH_3	0.85
壬酸	0.004	H_2S	2.0
甲烷	0.004		

资料来源：中国农业大学，等(1997)。

7.1.3.1　挥发性脂肪酸

猪场被感知到的酸臭味主要为挥发性低级脂肪酸，是厌氧生物发酵阶段的末端产物，是一种具有很强的刺激性和腐败臭味的混合气体，包括甲酸、乙酸、丙酸、丁酸、戊酸和己酸及它们的异构体，对动物的眼睛和呼吸道具有强烈的刺激性和腐蚀性，可引起动物呼吸道疾病、免疫力下降及食欲减退。甲酸与皮肤接触后会引起皮肤红肿。丁酸气味先辣后甜。有研究表明，pH 是影响挥发性脂肪酸气体浓度高低的重要参数，当 pH 小于 7 时，臭气中以挥发性脂肪酸为主。

7.1.3.2　芳香族化合物

肠道内厌氧微生物对色氨酸、酪氨酸和苯丙氨酸(芳香族氨基酸)进行酵解，产生吲哚(苯并吡咯)、粪臭素(β-甲基吲哚)、对甲酚、4-乙基苯酚和苯乙酸等。吲哚来自色氨酸的降解，以恶臭而闻名，可引起人头痛、恶心、呕吐。粪臭素也来自色氨酸的降解，具有令人不愉快的粪臭味，对猪的影响主要是猪肉感官特性，因粪臭素形成过程中，有一部分被肠道吸收，沉积于脂肪组织形成膻味；粪臭素对人也有毒害作用，如致癌、过敏、身体机能衰退等。苯酚的毒性是酚中最大的，可经皮肤黏膜、呼吸道及消化道进入体内。一般来讲，机体通过自身的解毒功能可使低浓度酚类转化为无毒物质而排出体外。只有当酚类摄入量过高时才有蓄积，导致细胞变性，慢性中毒，更严重时会使蛋白质凝固，动物昏迷死亡。

7.1.3.3　挥发性含氮化合物

主要包括 NH_3 和挥发性胺类。氨气是无色具有刺激性气味的气体，易挥发，易溶于水。氨气容易溶解在动物呼吸道黏膜和眼结膜上，使动物黏膜充血、呼吸不畅、恶心呕吐和烦躁不安；氨气对接触的皮肤组织有强烈的刺激作用。猪场中的 NH_3 主要是尿液中的尿素在微生物脲酶作用下分解产生的，或经肠道发酵排出或粪便的厌氧发酵产生的，约占猪产生 NH_3 总量的 70%；而在清粪、排泄物转移的过程中，粪尿仍会继续降解反应，产生约 30% 的 NH_3(朱海生，2007)。育肥猪舍内 NH_3 浓度不能超过 26 mg/m^3，保育猪舍、哺乳猪舍 NH_3 含量不能超过 15 mg/m^3，否则猪患肺炎的比例较高。挥发性胺类主要由肠道菌群厌氧发酵含氮化合物产生，包括尸胺、腐胺、甲胺、乙胺等。

7.1.3.4　挥发性含硫化合物

挥发性含硫化合物主要包括硫化氢、硫醇、硫醚等，而甲硫醇为臭气中最难闻的物质。含硫化合物的产生主要是因为粪便中含硫蛋白的厌氧发酵，同时也有少部分硫酸根离子的还原。硫化氢为无色和易挥发，具有腐蛋味和刺激性的气体，它比空气重，因此靠近地面的质量浓度较高。硫化氢容易黏附在呼吸道黏膜上，可和钠离子结合成硫化钠，后者对眼和呼吸道黏膜有强烈刺激性。硫化氢是种强烈的神经毒素，可改变中枢神经系统的机能，同时会提高角膜溃疡和气管炎的发病率。硫化氢质量浓度达到 30 mg/m^3 时，猪丧失食欲。育肥猪舍内 H_2S 浓度不得超过 10 mg/m^3，保育猪舍、哺乳猪舍 H_2S 含量不能超过 8 mg/m^3。通风、供氧、猪舍内卫生程度等都会影响到猪舍内硫化氢的产生。保持良好的通风和干燥、经常清洗猪舍等都可以减少硫化氢气体的产生和排放。

7.2　源头管理与恶臭控制

猪场恶臭主要是由猪粪尿中未完全消化的营养物质在堆放过程中被无氧降解所产生的臭

气所引起的。所以控制猪场恶臭的有效途径就是要提高动物对营养物质的利用率及改变日粮本身的理化性质，从而减少粪便的排出量，降低排泄物中蛋白质、脂肪等的残留，减少腐败分解产生的恶臭。饲料是排泄物的主要源头，改善饲料品质是控制猪场污染的手段之一。猪舍内产生的恶臭，主要是由于日粮中营养物质消化吸收不完全造成的。据测定，一头猪从断奶体重至养到 100 kg 时上市屠宰，共需消耗氮 8～9 kg，其中能够被吸收沉积为瘦肉的氮尚不足 3 kg，剩余 5～6 kg 的氮均以粪尿的形式被排泄到体外（冯定远，2001），造成环境污染。因此，从治本的角度出发，应采用多种方法提高生猪对饲料营养物质的消化率和利用率，以降低日粮中的蛋白质含量，减少臭气的排放。可以通过以下手段，一是通过改进饲料的配方设计降低日粮中蛋白质的含量和调节饲料中氨基酸平衡，以降低粗蛋白质含量水平来达到减少猪粪尿中氮的排出；二是改进饲料的加工方法或选用优质的饲料原料等手段以提高饲料中蛋白质消化率，减少含氮有机物的排泄量；三是在饲料中添加生物活性物质及植物提取物等，降低排泄物中所含的营养成分和有害成分，减少臭气的产生。

7.2.1 饲料的配合和设计

一般情况下，动物日粮中的蛋白质含量比达到其最优生产性能时所需的最低水平要高，用来弥补因原料成分变异或不能确定所用原料养分利用率对饲喂效果的影响。但这既提高了饲料成本，对动物也是一种负担，对环境更为不利。

7.2.1.1 降低日粮粗蛋白质的含量

猪排泄物所散发的氨气主要来自尿中的尿素及粪中未消化的饲料氮与内源氮。因而，减少氨气释放经济有效的手段是通过日粮调控来减少粪尿中氮的含量。日粮中粗蛋白含量与粪尿中氨的释放量高度相关，增加日粮中粗蛋白含量和蛋白不平衡的日粮都可能增加氨的释放量。所以，通过降低日粮中粗蛋白水平，不足部分可以添加氨基酸替代，以调节氨基酸的平衡，可以提高氮的利用率，减少氮的排出。各种生长猪日粮中粗蛋白每降低 1%，粪尿中含氮量减少 8.4%左右，添加必需氨基酸，平衡氨基酸营养，氨排出量的减少潜力可达 25%。众多研究都证实降低粗蛋白水平可以减少粪中氮的排出量，但是蛋白质的降低应该控制在一定范围，过低的蛋白质水平，虽然可以显著降低排泄物中氮的含量及畜禽舍的恶臭，但同时也是以生产性能降低为代价的。

7.2.1.2 采用氨基酸平衡的日粮

蛋白质被动物吸收后，要在体内分解成氨基酸结构单位，进而组建体蛋白。如果在配合饲料中能够根据动物需要，提供足够数量和足够全面的氨基酸，就可以减少粗蛋白的饲喂量。研究表明，添加赖氨酸，可降低日粮中粗蛋白质的用量，并且对生长育肥猪生产性能没有影响，甚至还有改善。应用理想氨基酸模式添加氨基酸，通过氮平衡试验证实可使氮存留量增加而排泄量降低。当日粮中粗蛋白质水平保持在 15%，按照氨基酸理想模式增加必需氨基酸的浓度（赖氨酸由 0.69%增加到 1.19%），则氮存留量较常规饲养提高 40%，排泄量下降 30%。从氨基酸平衡饲料营养方面着手，既能达到节约蛋白质饲料资源的目的，又能减少畜禽养殖业带来的氮对环境污染的问题。

动物对氨基酸的需要量随类别、畜龄、性别、环境、遗传、营养因子的不同而变化，因此很难建立一个通用的氨基酸理想模式。20 世纪 90 年代，以下是 Baker(1994)建立了猪的三个不同体重阶段的氨基酸模式(表 7-3)。

表 7-3　不同体重阶段猪的理想氨基酸模式(与赖氨酸的比例)

氨基酸	猪体重/kg		
	5～20	20～50	50～100
赖氨酸	100	100	100
含硫氨基酸	60	65	70
苏氨酸	65	67	70
色氨酸	18	19	20
异亮氨酸	60	60	70
亮氨酸	100	100	100
缬氨酸	68	68	68

7.2.2　提高饲料消化率

7.2.2.1　选择优质的饲料原料

优质的饲料原料是生产高效饲料和提高动物对饲料养分利用率的先决条件。高质量的原料具有适口性好、消化率高的特点,能提高动物对其的利用,减少粪便的排出量,降低粪尿中的恶臭物质及其前体物,减少恶臭气体的产生。选用高消化率的饲料可以使粪尿中的氮减少5%以上。如果动物采食低品质的蛋白质饲料(如水解猪毛粉)会明显增加排泄物中氮排泄量,从而使氨等臭气的释放量增多;而鱼粉等高品质蛋白质饲料几乎可全部在胃肠道内消化吸收。饲料中的含硫化合物经动物消化代谢后一部分排出体外,饲料中硫的含量直接影响粪尿中硫的排泄量。因此应采用消化率高、养分含量变异小、质优的饲料原料生产配合饲料,以减少臭气的排放。

7.2.2.2　改进饲料加工的工艺

合理的加工有助于提高猪群对饲料中营养物质的利用率,减少饲料的浪费和对环境的污染。饲料的粉碎、混合、制粒及膨化等均会影响动物对饲料养分的利用率。改进原料的粉碎程度和混合均匀程度可以提高饲料中营养物质的消化率和利用率,减少饲料浪费,减轻环境污染。适当粉碎可提高消化率,但粉碎过细,既会造成不必要的电能浪费,也会影响适口性,各种动物对粉碎的粒度要求不同。混合均匀度也很重要,一般要求配合饲料混合均匀度变异系数≤10%,添加剂预混料≤7%(国内)或者 5%(国外)。制粒可避免成品料的分级和分离,保证动物采食到平衡的全价料,从而改善饲料的利用效果。膨化由于改变了蛋白质、淀粉等分子结构,使酶的接触更充分。同时,制粒和膨化也会抑制和破坏一些抗营养因子及有毒物质,因此动物采食这些饲料后,粪尿排放量及其中的含氮物质和产生的有毒、有害物质均会减少。

目前,我国生猪日粮多以玉米-豆粕型为主。这些植物性饲料中含有大量的抗营养因子,如蛋白酶抑制因子、凝集素等,这些抗营养因子可影响日粮蛋白质的消化吸收。经加热、膨化、制粒等处理可以消除日粮中的抗营养因子对日粮中粗蛋白消化、吸收的影响。实践证明,大豆经加热处理,氨基酸的消化率可提高 30%以上。饲料中蛋白质消化吸收率提高,粪尿中氮的排出量就相应减少了。近年来，在猪场推广应用发酵豆粕和全发酵饲料，能降低豆粕中抗营养因子活性，增加饲料中的多肽类物质，促进生猪肠道消化性能，增强营养物质的吸收利用，减少氮的排出。

7.2.3 饲料添加剂的应用

饲料中应用添加剂，可有效地提高饲料的品质及养分的利用率，降低猪排泄物中氮和磷的含量，减少排泄物的数量。用于饲料的添加剂主要有活菌制剂、酶制剂、酸制剂和植物提取物等，它们均具有提高饲料转化率、促进动物生长、降低动物排泄物数量及其中有机物含量之功能，从而起到控制猪场恶臭和保护环境的作用。

7.2.3.1 活菌制剂

活菌制剂是由一种或几种优选菌株加以适当的赋形剂而制成的微生态制剂，是能够提高饲料转化率和控制环境污染的饲料添加剂，可以减少氨和腐败物质的过多生成，降低肠道内容物中氨、甲酚、吲哚、粪臭素等的含量，从而减少粪便的臭气。有益微生物在体内可产生各种消化酶，从而提高饲料转化率。目前使用的菌种主要有枯草芽孢杆菌、乳酸球菌、乳酸杆菌、双歧杆菌、亚罗康菌和酵母菌等。其中，枯草芽孢杆菌具有很强的蛋白酶、脂肪酶、淀粉酶的活性，且还能降解植物性饲料中某些较复杂的碳水化合物，在大肠中产生的氨基酸氧化酶及分解硫化物的酶可将吲哚类化合物完全氧化，将硫化氢氧化成无臭物质；双歧杆菌可抑制肠道内腐败物质的生成，降低粪便中恶臭物质的含量；乳酸杆菌也具有双歧杆菌的效用；亚罗康菌剂可将猪体内的氨气、硫化氢、甲烷等转化为可供猪体吸收的化合态氮和其他物质，可使排泄物中所含的营养成分和有害成分都明显降低。

已开发出产品的活菌制剂多为多菌种的混合菌剂，从日本引入国内较多，我国台湾也有较多生产并销往大陆。其中，20 世纪 80 年代初，日本研制的 EM 制剂，是由光合细菌、双歧杆菌、乳酸菌、酵母菌、放线菌、醋酸杆菌等 5 个科 10 个属 80 多种微生物复合培养而成的有效微生物群，可减少氨、胺、硫化氢等有害气体的产生，抑制大肠杆菌的活动，减少蛋白质向氨和胺转化。将“EM 制剂”添加到猪的饲料中之后，不仅猪舍内氨气浓度下降，恶臭味明显降低，蝇虫明显减少，而且猪的增重率及饲料利用率也能得到一定改善。

7.2.3.2 丝兰属植物提取物

丝兰属龙舌兰科，原产于北美洲，近 10 年来被用作畜用除臭剂，其提取物中的有效成分可以限制粪便中氨的生成，提高有机物的分解率，从而可以降低畜禽舍空气中氨气的浓度，达到除臭的效果。不仅能除臭，还能提高肥育猪的增重速度和饲料转化效率。丝兰提取物除臭的机制，是因为其具有两个生物活性成分(含铁糖蛋白)，一个可与氨气结合，另一个可与硫化氢、甲基吲哚等有毒有害气体结合，因而将它添加到饲料中，可减少畜禽粪便的臭气。同时它对肠内微生物具有协同作用，可帮助分解饲料，提高肠器官的消化机能，促进营养成分的吸收，并能抑制尿素的分解，减少排粪中的氨气量。王保黎等(2010)研究发现，猪饲料中添加丝兰属提取物 100 mg/kg，3 周后可使畜舍氨的浓度从 40 mg/L 降低到 30 mg/L，6 周后只有 10 mg/L，即猪舍氨排放量减少 70%。

7.2.3.3 酸制剂

酸制剂主要是针对仔猪及其饲料的特点而采用的，可提高氮的利用率，减少臭味物质的排放以达到除臭的目的。仔猪胃酸严重不足，而其饲料系酸力又较高，从而减少了胃蛋白酶的生成，降低了蛋白质的消化率，日粮中添加酸制剂则可改变这种状况，减少肠道和排泄物恶臭的产生。李德发(1993)研究发现，在仔猪料中添加1%的柠檬酸，干物质和粗蛋白消化率提高2.28%和6.1%。在断奶仔猪日粮中添加1%的甲酸和2%的延胡索酸能提高其粗蛋白质和氨基酸的回肠消化率4.6%。

7.2.3.4 酶制剂

酶已成为近年来动物营养领域研究的热点之一。研究表明，动物日粮中加酶可有效地减少动物排泄物的含氮量，从而起到控制恶臭的目的。日粮中添加尿酶抑制剂可提高氮的利用率，使尿素降解减少，氨气的释放量减少；在饲料中添加β-葡聚糖酶的混合酶制剂，可以使能量利用率提高13%、蛋白质吸收率提高21%，并能使猪粪的排出量减少20%以上，氮的排泄量可以减少10%～15%。另外，在饲料中添加植酸酶可显著降低磷的排泄量，对防止因施有机肥过量而造成的土壤氮磷过剩和污染有着重要意义。

7.3 猪场设计管理与恶臭控制

7.3.1 猪场的合理设计

猪场其生产工艺、场址选择、场地规划和建筑物布局、猪舍设计、粪便处理和利用等，都与恶臭的产生和散发有关，必须在每个环节上采取有效措施，以消除恶臭的产生和散发。主要措施是及时清除猪舍内粪便、污物和污水并及时进行净化处理，以控制恶臭产生、消除恶臭或减少其扩散。

7.3.1.1 场址的选择

猪场场址的选择应重点放在产粮区，以促进粮食就地转化，猪粪水能便利还田消纳，从而保证了农牧结合和农业持续发展，控制畜产公害，促进生态平衡。对于一些大中型城市，恰当地规定城市的畜产品自给率，大力发展产粮区畜牧业，通过农牧结合提高农产品产量和质量，开发优质、绿色农产品，增加农民收入，吸收农村剩余劳力，稳定农村社会秩序，取得明显的经济和社会效益。猪场选址除应遵循上述原则外，还应注意防止对水源、居民点、旅游景点、交通干线等的恶臭和其他环境污染。视这些地区对环境的要求，猪场与其至少保持不少于500～1 000 m的卫生间距，并在其下风向。有些要求高的地区，如水源保护区、旅游区等，则不允许选建猪场。此外，猪的场址还必须具备猪场粪便和污水处理和消纳的条件，周围有足够的土地消纳其粪污。

将猪舍呈狭长状安排在沿饲养场与近邻的假想线上，那么，无论风向如何，臭气的分布就都不太可能对邻居产生影响。臭气一旦释放入猪舍、储粪池或施肥田地周围的空气之中，就会被送到下风处。一定的气候条件(低风速，几乎没有垂直温差)不利于臭气在垂直方向上的稀释，也极少可被从水平方向上吹开。因此，下风处臭气的扩散面基本上并不比臭气源更为宽广，这对猪舍的布局具有一定的影响。

7.3.1.2 场地的规划

场址选定之后，按工艺设计要求对场地进行合理规划布局，也是防止恶臭影响和环境污染的重要措施。猪场的废弃物处理设施应设置在隔离区，严禁在场内其他区域或场外任意堆积和排放粪便、污水。隔离区应设在全场的下风向和地势较低处，与生活区、生产区的卫生间距不宜小于 50 m，并须规划好猪场废弃物的排放和运出。隔离区周围应密植树木绿化，以减少恶臭的散发。

做好净道和污道的分离，尽量不要交叉重叠。各栋猪舍清除的固体粪便须经污道运往隔离区，污道须经常清扫、消毒。做好雨污分离，猪舍内产生的尿液、污水必须经地下排水系统排至隔离区，不得明沟排放，场区的地面雨水等排水则不应与舍内污水混排，以免加大污水量及其处理的负荷。

猪场搞好绿化，包括：各场区间种植隔离林，场区全年上风向种植防风林，在猪舍周围、道路两旁及其空地进行遮阴绿化、行道绿化和美化绿化。猪场的全面绿化不但可以吸收恶臭，降低恶臭强度和防止其扩散，还具有改善猪场温湿度状况、减少空气微生物、降低噪声等作用。有资料表明，畜牧场绿化树高 10 倍距离内降低风速 75%～85%，可使恶臭强度降低 50%，有害气体减少 25%，尘埃减少 35%～67%。

7.3.1.3 饲养工艺

猪场选择饲养工艺和清粪方式，应尽量做到粪和尿、水分离，粪能及时清除；排水系统必须畅通，尿和水能及时排除，保持粪和猪舍的干燥，以消除猪舍内的恶臭源。猪舍内为避免污水积存，腐败产生臭气，舍内地面应向排水沟方向做 2%～3%的坡，排水沟底须有 2%～5%的坡度。

地面平养的猪场，做好人工清粪，每天至少 2 次清粪，保持猪圈的清洁、干燥。做好生猪的定点排粪，将猪圈划分出采食区、躺卧区、排粪区，大大减轻清粪劳动强度，可以有效控制舍内恶臭的产生。20 世纪 80 年代从国外引进水泡粪工艺，采用半漏缝或全漏缝地板，有利于保持猪舍地面干燥，粪沟深度 40～80 cm，但粪沟内总保持一定深度的粪水，将提供厌氧腐败的条件而大量产生恶臭，最好每天清空粪沟，防止臭气的产生。在粪沟的设计中可考虑使粪和尿、水分离，沟内设清粪机械及时将粪清除，降低劳动强度，既消除了恶臭源，又有利于猪废弃物的处理和利用。

21 世纪初兴起的发酵床养猪，在地面铺设一定厚度的锯末和农作物秸秆等混合的垫料，定期喷洒一定量的微生物制剂，猪粪尿每天积存在垫料中被微生物降解脱臭。视垫料潮湿和板结情况不定期加铺和翻动垫料，一般 3～4 个饲养周期一次性清除粪便和垫料的混合物，作为有机肥利用。发酵床养猪对外“零排放”，大大减少养猪恶臭产生，比较适合小型规模养猪场。

猪舍的通风对排除恶臭也有重要的作用，可促进猪舍内积存粪便中水分的蒸发，降低厌氧发酵，减少臭气产生，改善舍内空气卫生状况。特别是在寒冷季节，为保温而减少通风量，将导致臭气在舍内蓄积，故冬季也应保证必要的通风量，但须控制风速，合理组织气流，以处理好保温和通风的矛盾。

7.3.2 猪场的环境管理

由于尘埃和污垢会不断地散发出臭气，因此做好猪场日常的环境管理，及时清除猪舍内粪便，保持地面的清洁干燥，控制好猪舍中的尘埃等都是最为经济又有效的臭气控制方式。

7.3.2.1　猪舍中尘埃的控制

猪舍内部和周围的臭气与猪舍中的尘埃紧密相关，猪舍内部和周围的尘埃可影响人们对臭气的感知量，还会影响臭气的传播距离。臭味气体可被吸附在尘埃粒子之上而随夹带尘埃的风传播到远处，在尘埃离开猪舍之后其上的臭气就会缓慢地释放出来。因此，尘埃飞扬的猪舍就比尘埃较少的猪舍更令人讨厌。决定猪舍中尘埃量的因素包括动物的活动、气温、空气的相对湿度、通风率、饲养密度以及饲料浪费的程度。尘埃可携带气体、病毒、细菌，当然也可携带臭气。因此，将控制尘埃作为减少臭气的主要步骤是符合饲养者的最大利益的。一项经典的研究表明，畜舍中的尘埃产生自饲料（80%～90%）、垫料（2%～8%）和动物本身（2%～12%）（Steve Pohl，2004）。

饲喂系统可释放出大量尘埃。饲料的粉尘粒子是猪舍尘埃中最大的也是最容易去除的粒子。这些粒子会沉降在猪舍内的各个表面上或者可被释放到猪舍外的空气中。饲槽上应加盖，送料管应该长一些。有些饲料添加剂，尤其是那些含有少量油脂的添加剂，也可减少粉尘。通常，添加1%的脂肪就可以达到最为经济的尘埃下降水平（Steve Pohl，2004）。将饲料制成颗粒饲料也可减少尘埃。在猪日粮中应用高油脂玉米也可减少饲料粉尘的散发量。此外，还应该对饲槽进行适当的调节，饲料对饲槽的覆盖不超过1/2，以减少饲料浪费。饲槽调节不当，饲料就会散落到地面上从而成为尘埃而散发到空气中，或者被扫除到废物处理系统中而增加有利于产生臭气的物质。撒泼的饲料以及发霉的饲料也是臭气源。应该及时将撒泼的饲料清扫掉，对饲料罐和饲料输送设备应该保养良好从而使饲料浪费减少到最低程度。

7.3.2.2　猪舍内卫生的管理

猪场臭气的控制总与管理措施联系在一起，一般来说，一个管理良好、外观清洁的饲养场，并不会散发多少臭气，并且不会像那种不按照常识采取卫生和维修保养措施的饲养场那么受人注意。房舍的表面和内表面应该光滑，以便使清扫工作能够既方便又彻底，房屋的内外表面经常清扫灰尘，尽量保持清洁。对旧猪舍可进行改造，以便使其易于清扫。不要让粪便积聚在漏缝地面的条板之上；地板（包括水泥地板）会吸收尿液，从而会强烈地散发出气体和臭味。经常用清洁的水进行清洗，会减少漏缝地板和实体地板散发臭气。如果不用水进行清洗，至少要定期刮除实体地板和漏缝地板上积聚起来的所有粪便污垢。在猪舍内采用漏缝地面可防止污水积聚在猪躯体下面和饮水器下面，在漏缝地面下进行通风可促使粪便尽快干燥。

7.4　废弃物管理与恶臭控制

生猪粪污水在贮存、处理过程中会有不同程度的臭气产生，故应尽量及时处理、缩短贮存时间。特别是厌氧处理过程的腐解和高温分解快速处理，会产生更多的臭气。为了减少粪水处理过程中的臭气，通常采用覆盖法、生物法、冷却法等，能够较好地控制粪水臭气的产生和扩散。但在生猪饲养过程中棚舍内散发的臭气，目前主要可以通过化学、生物等脱臭设备进行处理，除臭效果主要还是取决于如何将猪舍内产生的臭气进行有效的收集，这涉及猪舍的棚舍结构和保暖降温工艺，改造成本较高，在国内规模猪场应用较少。近几年，引进国外技术建造的欧式猪场，配备了相关的臭气处理设备，除臭效果较好，但运作费用较高。

7.4.1 粪水的除臭

7.4.1.1 覆盖法

就是采用吸附性强的材料对固体粪便或污水做表面处理或混合处理，借以吸附和溶解产生的臭气。同时，臭气成分在覆盖材料中还可通过相互间的化学反应和微生物分解而脱臭。常用的覆盖材料有锯末、稻壳、稻麦秸秆、麸皮、米糠、腐熟好的堆肥或污泥等。如短时间堆放的粪便或厌氧堆肥的堆垛，可用塑料薄膜覆盖，后者亦可表面抹泥密封。在夏季，塑料薄膜覆盖不少于一周时，还可有效地杀灭蝇卵和蛆，是牧场灭蝇和蛆一种方法。快速高温堆肥处理粪便时，可将覆盖材料作为调理剂或膨胀剂与粪便混合，以调整物料水分和空隙率及自由空域，可大大减少恶臭的产生。粪便堆场必须搭棚遮雨，粪便堆场的地面应高于周围地面不少于30 cm，并用不透水材料铺设，以防止粪便污水的渗透流失，或积水浸泡厌氧腐解面产生大量恶臭。对污水处理的化粪池、沉淀池、厌氧消化池等设备，因采用厌氧发酵而产生大量臭气，可在液面上撒布农作物秸秆、竹网片、泡沫塑料和防渗膜等，这些覆盖材料浮于液面，可有效地阻止恶臭的扩散，部分臭气还可被吸附、溶解在覆盖材料中相互作用而脱臭，可减少70%～90%的 NH_3 释放。

农作物秸秆覆盖：可将铡碎的农作物秸秆撒布在化粪池表面上以减少臭气(图 7-1)。开始时，碎作物秸秆应撒布到20～30 cm厚，以后每过几个月再加上一些。要将化粪池泵空时，必须先将秸秆充分搅碎，以免堵塞管道。此外，风可能将覆盖物吹散从而降低其作为覆盖物的效力，或者使一部分覆盖物沉降下去。

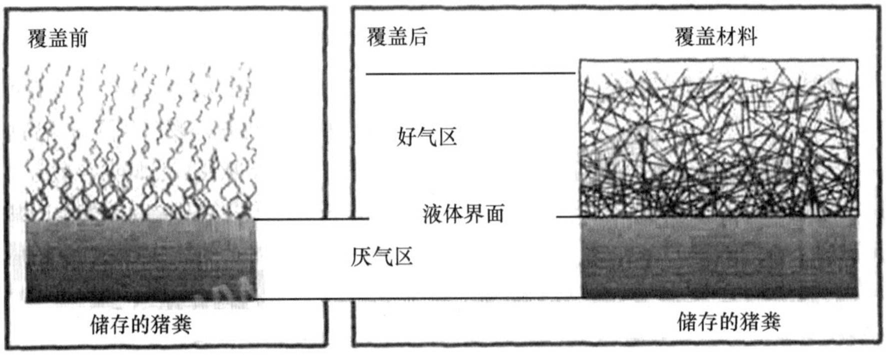

图 7-1 农作物秸秆覆盖

7.4.1.2 生物法

主要是指在粪便中添加活菌制剂，通过生化过程脱臭。20 世纪末，日本、瑞典等国家和地区生产的多种活菌剂产品引入我国，我国台湾也有生产和销往内地。进入 21 世纪，随着厚垫料养猪的流行，我国又研制出了一批用于垫料养猪的脱臭菌剂，但效果不是很稳定，且一种除臭剂只能消除一种或几种臭气。近年来，随着国内活菌制剂研究的进展，国内个别企业生产的活菌制剂在降解功能上优于国外产品，如上海金泥生产的多种益生菌组成共存菌集，以锯末及秸秆等农业废弃物作为辅料，组成具有分解消纳猪粪尿功能的“异位发酵床”(图 7-2)。只需将粪尿抽放至该发酵床上，床内的微生物即发生超强降解作用，在适宜温度下，数天内猪粪尿即降解为水蒸气、二氧化碳和氮气后完全挥发，粪便处理过程基本没有异味的产生。但此法，适用于干清粪或刮粪板清粪方式，不可使用水泡粪。

图 7-2　异位发酵床

7.4.1.3　冷却法

对猪舍在建设之初，在粪坑底下（深 75 cm）埋有降温管道（图 7-3），并在母猪躺卧区或仔猪、保育猪保温区埋有加温管道（热泵）。热泵就在其中起到将粪水中的热源搬运到需要保暖的地方去，即它一方面可以吸收粪水中的热量，通过压缩机将粪水中的热能转移到水暖保温管道中，供应各类猪群保暖；另一方面由于粪水能量被转移，粪水温度下降，粪水向环境中排放的氨气也随之下降，氨气排放量可以减少 30%。当氨气蒸发减少，粪水中含有更多氮和肥料，从而增加了肥料的价值。

图 7-3　粪坑底部铺设水管

7.4.2 猪舍排出气体的除臭

7.4.2.1 化学除臭设备

化学除臭是利用恶臭气体的物理或化学性质，使用水或化学吸收液对恶臭气体进行物理或化学吸收脱除恶臭的方法。即用适当的液体作为吸收剂，使恶臭气体与其接触，并使这些有害组分溶于吸收剂中，气体得到净化。用水作吸收液吸收氨气、硫化氢气体时，其脱臭效率主要与吸收塔内液气比有关。当温度一定时，液气比越大，则脱臭效率也越高。水吸收的缺点是耗水量大、废水难以处理。因为在常温常压下，气体在水中的溶解度很小，并且很不稳定，当外界如温度、溶液 pH、变动或者搅拌、曝气时，臭气有可能从水中重新逸散出来，造成二次污染。使用化学吸收液时，由于在吸收过程中伴随着化学反应，生成物性质一般较稳定，因而脱臭效率较高，且不易造成二次污染。选择吸收方式时，应尽可能选择化学吸收。

喷淋式吸收塔(图 7-4)是用喷嘴将化学液体喷射成为许多细小的液滴，或用高速气流的挟带将液体分散为细小的液滴，以增大气-液相的接触面积，完成物质的传递。吸收塔内使用 pH 2.0～2.5 的硫酸配制的酸化水对猪舍排出空气进行清洗，空气中氨气减少 90%，空气清洗的容量为 25 000 m^3/h。吸收塔底部的喷嘴向气流当中喷射酸水，对空气进行清洗；系统顶端有一个滴水捕获装置，可使酸液留在空气清洁机内部。也可用含有 1%～10%的氢氧化钠溶液，对猪舍排出气体中的硫化氢、甲硫醇、其他硫化物、二硫化物、低级脂肪酸等经常造成臭味的物质进行清洗。

图 7-4 喷淋式吸收塔

7.4.2.2 生物过滤设备

近年来，由于生物技术的迅速发展，利用生物过滤技术去除气味和有害气体在发达国家得到了越来越多的重视，同时也获得了较好的应用，这种方法在我国尚未给予足够的重视。生物过滤技术是一种已经证明既经济又有效的臭气控制技术，主要是利用微生物的作用将恶臭气体氧化、降解为无害或低害物质的过程。采用生物过滤技术可使猪舍内的臭气和硫化氢散发量减少 95%，使氨气的散发量减少 65%（张俊超，2011）。这种臭气控制法已在工业企业中应用了许多年，近几年又被应用在畜禽饲养业中。生物滤器最容易应用在机械通风的畜禽舍内，或者用在自然通风畜舍的粪坑风扇处。生物滤器还可用来处理加盖化粪池排出的空气。生物滤器只是一层有机材料，通常是堆肥和碎木片的混合物，可以满足微生物生长的条件。臭气物质被强制通过这层材料，气体中的恶臭物质被微生物降解成 SO_4^{2-}、NO_3^-、CO_2 和 H_2O 等无害或低害物质。影响生物滤器性能的主要因素是臭气在滤器中的停留时间（接触时间）长短以及过滤材料的含水量。由于生物滤器的功能有赖于微生物的作用，所以生物滤器的设计要求具有多方面的生态学概念，这些都应在滤器的设计中予以考虑。

1. 敞开式生物滤池

敞开式生物滤池通常建造在猪舍外的地上，直接接触各种天气条件（图 7-5），铺设深度通常为 25～46 cm（材料层过厚对排风扇的反压太强）的堆肥和碎木片的混合物作为生物滤材，并保持 60%～70%的水分，排气量为 3～4 m^3/min 时，池的面积需要 25 m^2。敞开式生物滤器的结构：一个机械通风的空间，其中散发出可被生物降解的臭气；一个空气处理系统，驱动有臭味的空气从猪舍内或粪坑内穿过生物滤器；空气静压箱，使舍内排出的空气均匀分布于生物滤器的下方；在压力空气上方支撑滤材的结构；多孔的滤材，微生物可附着在上面生长，是微生物的养分来源，也可将水浇在滤材上供微生物利用。臭味空气由风扇从猪舍内排出并均匀地透过生物滤材。附着于有机滤材上的微生物会形成一层生物膜。此生物膜内的微生物可将此可降解的臭气物质氧化为二氧化碳、水、矿物盐和生物量（即微生物），最后离开生物滤器的就是清洁空气。该方法虽然操作简单、运行成本低，但生物滤器单位面积处理效率低、占地面过大，适合通风量较小的猪场使用。

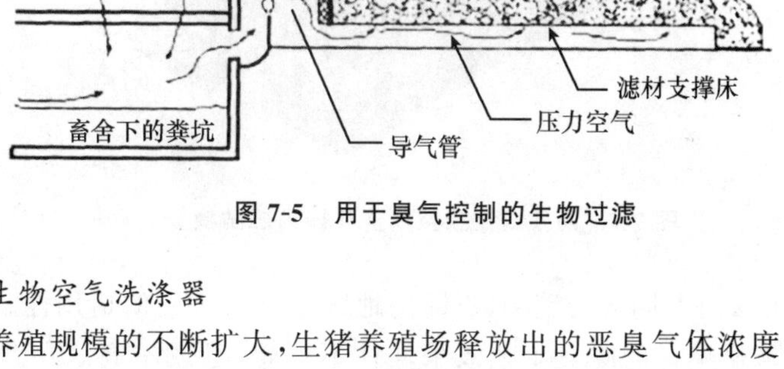

图 7-5　用于臭气控制的生物过滤

2. 两段式生物空气洗涤器

随着生猪养殖规模的不断扩大，生猪养殖场释放出的恶臭气体浓度和恶臭物质种类越来越复杂，产生的气体负荷变动也越来越大，常规恶臭气体生物处理技术已越来越不能满足生猪养殖场恶臭气体达标处理的要求。因而，新型恶臭生物处理技术不断发展，比如两段式生物反应器。其中，两段式生物空气洗涤器（图 7-6、图 7-7）通过排风扇抽吸猪舍内脏气进入气压箱，保证脏气一致流入空气洗涤器。空气洗涤器分为二个阶段全自动运作，第一阶段化学反应阶段（酸洗涤器），稀硫酸净化脏气中的氨气，同时减少灰尘；第二阶段生物降解阶段（生物洗涤器），用高质量合成材料造成的生物滤器吸附臭味混合物，滤器中的微生物对脏气中的臭味成分进行生物降解，最后被净化降解的空气通过除雾装置被释放到环境中。在整个空气净化过程中，水洗溶液反复运转，被污染的水最终流回一个分离的水槽进行收集，废水可以作为液体肥料利用。箱式生物空气洗涤器是近几年才从欧美国家引入我国的，运用在先进的欧式猪场中，但设备价格昂贵，对猪舍通风量有一定限制，不适合靠纵向通风降温的美式猪场。

图 7-6　两段式生物空气洗涤器

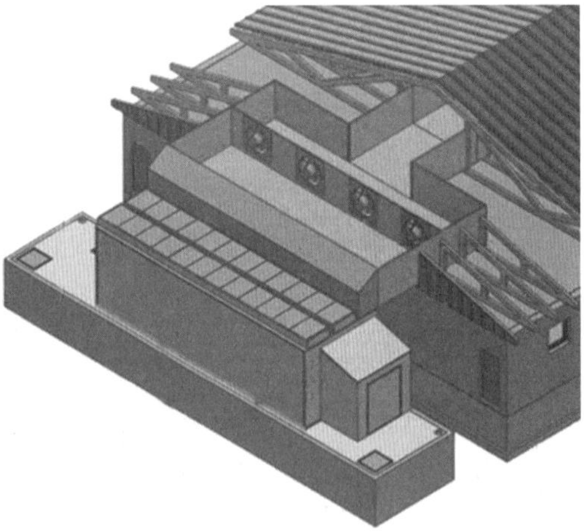

图 7-7　两段式生物空气洗涤器内部结构

猪场常用的除臭方法对不同的养殖场、不同的地区会有其不同的适用性。养殖场恶臭气体来源多，成分复杂，采用单一的除臭工艺效果往往不理想，且成本高。在解决规模化养殖场的臭气污染问题上，最关键应从源头减排和恶臭控制这两方面共同着手。在我国，恶臭污染还尚未引起人们的足够重视，恶臭污染防治技术远远落后于畜禽粪便及污水的治理利用技术，且多集中于几种可促进生长和改善饲料效率的添加剂上。同时，有关此方面法律、法规及政策的制定也较为欠缺。随着畜禽粪便及污水治理技术与管理的逐渐成熟,恶臭污染防治技术与管理也应尽快提到议事日程上来,研发高性价比的规模养殖场应用的除臭方法或除臭剂是当务之急。

第8章
猪场废弃物污染监测技术进步

本章内容提要

随着国民生活水平的提高，人民对肉、蛋、奶等需求量的增加，规模化养殖业快速发展，饲养密度不断增大，养殖业开始面临一系列的问题，其中，水体、空气和土壤污染等问题日益显现，已成为农业面源污染的重要来源之一。近年来，猪场的污染问题(水体、空气、土壤污染等)已经引起了国内外研究机构和研究者的重视，对其研究已经涉及污染物的成分分析、污染物去除方法、实时监测与控制、扩散方式与模型等研究领域，猪场污染问题已逐渐得到控制与改善。本章主要介绍改革开放以来，猪场废弃物在水质监测、空气监测和土壤检测上的技术进步情况，旨在为强化水质管理、科学指导养殖场污水达标排放、空气质量监测与控制、生态还田控制并解决土壤污染问题等提供参考。

8.1 水质监测

在各类污染中，水资源污染的问题越来越严重。其中，由猪排放的尿液、冲洗圈舍等产生的污水是现代化、集约化猪场废弃物的主要形式之一，具有污水量大、污染物种类多、气味恶臭、难以降解和处理等特点。污水若处理不当便会对地下及周边水资源和生态环境造成严重危害，危及动物及人类健康。同时鉴于国家对环保执法和处罚力度的加大，因此，通过对水体进行监测可以有效、及时地发现水质状况，为水质的强化管理提供可靠的科学依据，对猪场及其周边环境具有重要意义。根据不同猪场污水处理模式的不同，指导污水达标排放、纳管和科学还田等，避免由于污水处理不合格而造成猪场经济损失或遭取缔。

8.1.1 水质监测环节

水质监测环节(样品采集点)与猪场采用何种污水处理模式紧密相关。一般规模化猪场采用的污水处理方式有:厌氧-自然处理(多级氧化塘)-还田处埋模式、厌氧-人工湿地处理模式、厌氧-达标排放或纳管等处理模式(刘英俊等,2014)。以上污水处理模式中涉及多个污水处理环节,包括初级沉淀池(原水)、固液分离、调节池、厌氧池(沼气池)、曝气池、各级氧化塘、排放池等。因此,在样品采集过程中,以上各个污水处理环节的出入口均需要采集样品,检测数据用以评价污水处理设施的处理效果以及终端处理水是否符合达标排放或纳管的水质要求,以及用于指导污水科学还田。

8.1.2 水质监测指标

环境水质分析监测技术主要是监测水的质量,即水质指标的检查。水质指标是指水质量的具体参数,包含水体中的杂质数量、类别及化学成分。水体的质量参数有很多,对水质进行监测,主要是监测水中的有害化学物质,包括有毒物质、重金属污染、悬浮物、底泥等,以及常规总氮、总磷等化学组分(杨夏欣等,2014)。以上指标用途各异,用于分析造成水质量下降的原因和其中导致这种原因的物质。

8.1.2.1 水质综合指标的监测

综合指标包括水体的温度、pH、悬浮物、浊度、色度、溶解氧、化学需氧量、生化需氧量、氨氮、总氮、总磷、总有机碳;生物指标有大肠菌群数和总菌数。

悬浮物(suspended solids,SS):指悬浮在水中的固体物质,包括不溶于水的无机物、有机物及泥沙、黏土、微生物等。水体中的有机 SS 沉积后易厌氧发酵,使水质恶化。水中 SS 含量是衡量水体污染程度的指标之一,是造成水浑浊的主要原因。

溶解氧(dissolved oxygen,DO):指空气中的分子态氧溶解在水中的含量,通常记作 DO,用每升水里氧气的毫克数表示。水中的 DO 含量与空气中氧的分压、水的温度均有密切关系,同时也是衡量水体自净能力的一个指标。

化学需氧量(chemical oxygen demand,COD):指以化学方法测量水样中需要被氧化的还原性物质的量。水样在一定条件下,以氧化 1 L 水样中还原性物质所消耗的氧化剂的量为指标,折算成每升水样全部被氧化后,需要的氧的毫克数,单位为 mg/L。它反映了水中受还原性物质污染的程度,也作为有机物相对含量的综合指标之一。水体中的还原性物质一般有各种有机物、亚硝酸盐、硫化物、亚铁盐等,但主要的是有机物。

生化需氧量(biochemical oxygen demand,BOD):指水中有机物由于微生物的生化作用进行氧化分解,使之无机化或气体化时所消耗水中溶解氧的总量,表示水中有机物等需氧污染物质含量的一个综合指标。一般在 20℃暗处培养 5 d,以 BOD_5 表示,单位为 mg/L。其值越高说明水中有机污染物质越多,污染也越严重。

总有机碳(Total organic carbon,TOC):是指水体中溶解性和悬浮性有机物含碳的总量,以碳的数量表示水中含有机物的总量。通常作为评价水体有机物污染程度的重要依据。

8.1.2.2 水质有毒物质的监测

一般包括酚、氰、氰化物,以及铜、锌、砷、汞、铅等重金属有毒物质。由于重金属难降解、易积累且毒性大,对牲畜和作物的生长及农产品产量和品质都有影响,猪场如不能有效对污水进行处理,使其流入土壤、河流中,将会对周围环境产生严重污染,其对土壤、水质的破坏将是不可逆的。

8.1.3 水质监测技术

猪场水质监测工作主要是对各级处理污水中的底泥、化学物质、生态系统、有机物及悬浮物进行定期或非定期的检测,并对水中出现污染物的类别、浓度、进化方向进行测定及监视,对水体情况做出准确的评价。常用监测技术方法包括经典分析方法和仪器分析方法。

8.1.3.1 经典分析方法

1.质量分析方法

或称之为重量分析方法,主要是直接分离或气化试样中的待测组分,多适用于测定中至高浓度组分。在测定时需将待测组分直接分离或者将其转化成一种具有一定组分的物质,与其余的组分分离,然后利用分析天平测量这一物质的含量,以测出的结果为依据计算试样中组分的含量。此方法不需要使用精度较高的仪器,通常情况下,利用分析天平在实验室便可完成操作。使用质量分析方法操作程序比较复杂,同时天平的精密度会对结果造成一定的影响,因此此方法不适用于微量元素的测定,一般用于检测样品残渣、SS或油类等物质的含量(孙秀萍,2016)。

2.滴定分析方法

滴定分析法也称之为容量分析法,是指将已知准确浓度的标准溶液滴加到被测溶液中(或者将被测溶液滴加到标准溶液中),直到所加的标准溶液与被测物质按化学式计量关系定量反应为止,然后计算标准溶液消耗的体积,根据标准溶液的浓度和所消耗的体积计算出待测物质的含量(奚旦立等,2010)。它是一种简便、快速和应用广泛的定量分析方法,在常量分析中准确度比较高。滴定分析法根据标准溶液和待测组分间反应类型的不同可以分为酸碱滴定法、络合滴定法、氧化还原滴定法和沉淀滴定法。

①酸碱滴定法:此方法是以酸碱中和理论为检验基础的滴定方法,在水质监测中较为常见。它可用于测定酸、碱和两性物质,其基本反应过程为

$$H^+ + OH^- = H_2O$$

因此也称为中和法。根据酸碱不同基本分为:强酸与强碱反应;强酸与弱碱反应;弱酸与强碱反应,滴定反应终点是通过指示剂的颜色变化来判定的。一般可用于水质 pH、总氮、氨氮等物质的检测。

②络合滴定法:此方法是指通过生成稳定的络合物这一反应原理而制定的。根据络合物稳定常数大小来进行络合反应判定,同时通过金属指示剂确定滴定终点。但往往有一些络合剂和金属产生变色反应,使得实验结果出现误差。所以,该滴定法的关键之处在于络合反应的合理选择。该方法一般用于水质硬度、总磷等指标的检测。

③氧化还原滴定法:此方法是以溶液中氧化剂和还原剂之间的电子转移为基础的一种滴

定分析方法，用以直接分析具有氧化性和还原性的物质，或者间接滴定一些本身并没有氧化还原性，但能与某些氧化剂或还原剂反应的物质，反应原理比较复杂。一般氧化滴定剂有高锰酸钾、重铬酸钾、硫酸铈、碘等；还原滴定剂有亚砷酸钠、亚铁盐、氯化亚锡、抗坏血酸等。该方法一般可用于水质COD、总有机碳、总磷等指标的检测。

④沉淀滴定法：此方法是以沉淀反应为基础的一种滴定分析方法，需满足以下几个严格条件：①溶度积足够小，且能定量完成；②反应速度快；③有适当指示剂指示终点；④吸附现象不影响终点观察。因此，只有极少数的反应可以使用该方法，如银量法，可用于检测水中氯离子的含量。

8.1.3.2　**仪器分析方法**

随着科技日新月异的发展，检测技术有了长足的进步。相较于经典的分析方法，仪器分析方法较为先进，有着操作简单、快速、准确度高、重现性好等优点，逐渐替代了大多数经典分析方法，得到了更为广泛的应用(聂麦茜等，2003)。

1. 紫外-可见分光光度法

此方法是根据物质分子对波长为200～760 nm这一范围的电磁波的吸收特性所建立起来的一种定性、定量和结构分析的方法。比色分析是将有色溶液与特定含量有色溶液颜色的深浅进行分析比较，以此来计算出溶液中物质的含量。朗伯-比尔定律是分光光度法的基础，操作更为灵活和方便，因此，这种方法在环境水质监测中被广泛应用，例如水中COD、总氮、氨氮、总磷、甲醛等含量的测定。

2. 原子吸收分光光度法

此方法测量的对象是呈原子状态的金属元素和部分非金属元素，原理为当待测元素灯发出的特征谱线通过待测样品经原子化产生原子蒸气时，被蒸气中待测元素的基态原子所吸收，并通过测定辐射光强度减弱的程度测算出样品中待测元素的含量。该方法一般遵守分光光度法的吸收定律，试验中需设置对照组用于校正待测样品。由于原子分光光度计的精密度和准确度都比较高，且操作简单，所以，它被广泛应用于水质铜、锰、镉、铬等重金属元素的检测分析。

3. 原子荧光光度法

此方法是利用硼氢化钾或硼氢化钠作为还原剂，将样品溶液中的待分析元素还原为挥发性共价气态氢化物(或原子蒸气)，然后借助载气将其导入原子化器，在氩-氢火焰中原子化而形成基态原子。原理是通过测量待测元素的原子蒸气在辐射能激发下产生的荧光发射强度(荧光信号的强弱与样品中待测元素的含量呈线性关系)，来确定待测元素的含量。原子荧光光度计具有灵敏度高、检出限低、结构简单、故障率低、线性范围宽和无基体干扰等优点，所以，在环境监测中被广泛应用于污水、地表水和地下水中汞、砷、硒等元素的测定。

4. 电感耦合等离子体发射光谱法

电感耦合等离子体(ICP)是目前用于原子发射光谱的主要光源。ICP具有环形结构、温度高、电子密度高、惰性等特点，用它做激发光源具有检出限低、线性范围广、电离和化学干扰少、准确度和精密度高等分析性能。等离子体发射光谱仪用于测定各种物质(可溶解于盐酸、硝酸、氢氟酸等)中的常量、微量、痕量元素的含量。该方法在环保监测中的应用十分广泛，可以用来分析呈液态的各种水质和可以用于经过前处理转化为液态的试样。在水质检测中可用于有害重金属及阴离子的测定。

5.色谱分析法

色谱分析法根据流动相的不同分为气相色谱和液相色谱,以气体作为流动相的为气相色谱,以液体作为流动相的为液相色谱,色谱分析兼具分离分析的特点。在水质分析中起着其他方法无法取代的地位。常见的仪器有气相色谱仪、液相色谱仪、高效液相色谱仪、气质联用仪、液质联用仪等。以上仪器对常见的有机污染物均可进行分析,已成为实验室进行有机分析的重要仪器,检出浓度可达毫克、微克甚至纳克级。

8.1.3.3 远程在线监测系统

上文所述经典分析方法和仪器分析方法一般均需要在实验室检测完成,不能实时掌握监测现场水质参数的变化,而远程在线监测系统是一套以在线自动分析仪器为核心,运用现代传感技术、自动测量技术、自动控制技术、计算机应用技术以及相关的专用分析软件和通信网络组成的一个综合性的在线自动监测体系。该系统可实现全天候24 h实时监测,尽早发现水质的异常变化,为防止下游水质污染迅速做出预警预报,及时追踪污染源,从而为管理决策服务(杨小令等,2017;段妮娜等,2009)。自动监测系统一般包括取样系统、预处理系统、数据采集与控制系统、在线监测分析仪表、数据处理与传输系统及远程数据管理中心。该系统一般可用于水温、pH、电导率、浊度、溶解氧、COD、总有机碳和氨氮等指标的测定。

8.1.3.4 水质监测技术方法未来发展趋势

目前,大型实验室以仪器分析法为主,而对于小型实验室受财力和技术人员的限制仍以传统的重量法、滴定法为主。随着国家对环保的日益重视,对生活饮用水、工业/农业废水、地表水质等监测指标均进行了调整,各种水体监测指标也在不断增加,我国水质监测仪器设备将朝着多样化、规模化的方向发展,各种重金属监测仪、化学农药监测仪的专业化仪器将会逐渐增加。同时水污染防治新规也将带来大量水质监测仪器的需求。开发出简便、高效、质量过硬、价格合理的仪器设备,为实现我国环境监测技术大发展做出贡献。

8.1.4 水质监测的影响因素

水质监测所分析的对象具有成分较为复杂,易变化,在时间、量级以及空间的分布上较为广泛,不容易准确进行测量等的特点。因此,必须对水质监测中的每一个环节进行科学合理的管理,不断提高监测的质量,确保监测数据的可靠性与准确性(吴晓红,2015)。

8.1.4.1 采样的规范化

样品采集过程中规范与否,直接关系到样品的代表性和完整性,是保证监测结果的准确性、精密性、可比性的前提条件。采样断面和采样点位的布设、采样频率和采样方法的确定、采样容器的选取和洗涤,以及样品的预处理、保存和运输等,都会对样品的代表性和准确性产生直接影响。

8.1.4.2 检测环境条件

一般水质检测分析在实验室中完成,实验室的环境条件,如温度、湿度、采光、噪声等方面的因素,可通过影响实验仪器的精确度,进而影响实验结果的准确性。因此,检测环境条件需要进行规范。

8.1.4.3 仪器与试剂

所用仪器的测量范围、灵敏度等均会对监测结果有直接影响,若仪器的灵敏度低则会降低测量低浓度样品时的准确度，且样品浓度越低，误差越大。如果使用的化学药品纯度不高，则会使配制的试剂出现浓度准确性降低情况，误差增大，降低监测结果的准确性。同样，配制试剂所用水的纯度也会对监测结果造成影响。

8.1.4.4　监测方法及管理体系

监测所采用的方法应根据待测物种类及所用仪器的类型进行选取，不同的监测方法，其原理、准确度和精密度均会存在一定差别，检出限也各有高低，进而对监测结果造成影响。此外，水质监测工作常由多个部门管辖，易形成各自为政的局面，缺少对水资源的完整性考虑。由于部门众多，各职能人员之间分工不明确，易对工作造成困扰。

8.1.4.5　测试过程

在测试过程中，测试人员的操作熟练度、规范性对测试结果有着重要影响。水平较高的操作人员出现失误的概率大大降低，异常值出现概率同样大大减少，进而提升监测结果的可靠性。

8.1.4.6　数据处理与分析

原始数据的处理直接决定着监测结果的准确性，应严格按照数据处理规范执行。数据进行取舍时，必须遵照狄克逊检验法、格鲁勃斯检验法等原则，以保证测量结果的真实性。

8.1.5　水质监测的意义

8.1.5.1　为规模化猪场的生产管理、节能减排提供指导和参考依据

随着国家畜牧产业的结构调整和转型升级，以及国家对环境保护的日益重视，猪场废弃物的无害化和资源化处理显得尤为重要。养殖污水的处理已经成为影响整个养猪行业乃至整个畜牧业能否持续健康发展的重要因素之一。因此做好猪场的水质监测工作意义重大，不仅关乎自身能否稳步健康发展，更关乎周边生态环境的良性循环，包括地表水、地下水、土壤及农田生态系统。

8.1.5.2　对保护水环境健康发展有着重要意义

水资源环境保护已成为社会关注的主要问题之一。水资源是人类赖以生存的资源，做到有效控制水资源污染，可为社会的长远发展提供重要的保障。通过水质监测能够保障人们饮水安全，促进水环境健康发展(杨夏欣等，2014)。

8.1.5.3　对环境管理、科学研究有着重要意义

水质监测能为环境管理、科学研究等提供有效数据，进而对水体污染物准确把握，形成及时有效控制，达到控制水污染的目的。

8.2　空气监测

猪舍内的空气环境几乎伴随猪一生的成长过程，对其生长、发育和生产力以及各类疫病的发生、发展必然会产生直接而重要的影响。适宜的环境可以充分发挥猪的生产潜力，增强猪只抵抗力，减少疾病的发生，继而直接影响养猪的生产效益。但是由于缺乏合理的排放标准、环境管理措施和控制处理设施，使得部分规模化猪场排放的粪便、废弃物和废水等产生的臭气不

仅危害畜禽的健康，降低畜禽的抗病力，阻碍生产性能的发挥，猪场排放的空气污染物也影响了周边生态环境质量。近年来，猪场的空气污染问题已经引起了国内外研究机构和研究者的重视，对其研究已经涉及猪场空气污染物成分分析、污染物去除方法研究、实时监测与控制研究、扩散方式与模型研究等领域。

8.2.1 猪场主要空气污染物的特性

集约化猪舍内的空气污染物主要有颗粒物、有害气体和微生物等。有害气体包括 NH_3、H_2S 和挥发性有机化合物（volatile organic compounds，VOCs）等有毒有害气体以及 CO_2 和 CH_4 等温室气体。猪粪尿经发酵分解可产生 NH_3、H_2S、硫醇、苯酚、对甲酚、吲哚、粪臭素等各类含氮或含硫臭气物质，NH_3 和 H_2S 是恶臭物质的无机成分，环境空气质量污染危害最大的也正是这些无机成分。

猪场排放的污染气体若量少，可由大气稀释后扩散到空气中，不易引起人们的注意。但如果粪尿未能及时清除或处理不当，臭味将成倍增加并在环境中聚集，散发非常难闻的气味。这些污染气体在畜禽猪舍内大量积累会损害动物健康，降低猪只抵抗力，导致动物疾病的发生与传播；同时，猪场排放的污染气体对饲养员和周边居民的身心健康也有很大的影响。

8.2.1.1 NH_3

猪粪尿中的含氮有机物在尿素酶的作用下会分解产生 NH_3。NH_3 的挥发可以发生在猪只生产的各个阶段，但主要是发生在粪尿排泄和粪污贮存过程中，以及施入土壤以后。NH_3 对黏膜有刺激性，研究表明，在猪只分娩与哺乳阶段，过高浓度的 NH_3 会降低饲料利用率和日增重，灼伤上皮黏膜进而加重呼吸道疾病的发生；在保育期和肥育期，NH_3 浓度与猪只患区域性肺炎的严重度呈正比（陈伯华，2004）。

8.2.1.2 H_2S

猪体内未完全消化的含硫氨基酸降解以及微生物还原粪便中的硫酸盐，可以产生 H_2S 气体。H_2S 的来源主要包括猪舍内未及时清理的粪便，以及粪肥搅拌、沼液泵出施肥、沼渣清理等过程中。粪便中 H_2S 浓度、pH、好氧菌或厌氧菌的发酵以及舍内温度和通风状况等因素都会影响 H_2S 的散发量（安立龙，2004）。处于高浓度 H_2S 的猪舍中，猪会畏光、流泪，结膜炎、角膜溃疡、咽部灼伤、支气管炎、气管炎发病率很高，严重时会引起中毒性肺炎、肺水肿等。

8.2.1.3 CO_2

猪舍中 CO_2 主要由猪体呼出，另有一部分由好氧细菌分解粪便等有机物产生，CO_2 本身无毒，但如果舍内浓度过高，会使猪表现精神萎靡、食欲不振、生产性能低下、抵抗力降低等不良现象。据测试，猪在 2% 的 CO_2 浓度下，没有明显的症状；浓度达到 4% 时，猪的呼吸频率加快，深呼吸次数增多；浓度达到 10% 时，猪呈昏迷状态；在 20% 的浓度环境中，体重 68 kg 的猪在 1 h 后，就会有死亡的危险（Aarninka 等，1998）。因此，CO_2 浓度也被作为空气污染程度的一项重要指标，CO_2 的含量表明了畜禽舍通风状况和空气的污浊程度。

8.2.1.4 VOCs

畜牧业生产中的臭气是指对动物和人体有害并使人的嗅觉产生厌恶感的气体物质。猪场的恶臭是由微生物分解粪便产生的混合物，许多研究者对恶臭成分进行了鉴定，发现恶臭成分多而复杂。猪粪中有 331 种引起臭味的物质，由于各种气体常混合在一起，所以很难区分出猪场的气味到底与哪种特定的气体有关，通常认为引起猪场恶臭的主要成分是 NH_3、H_2S 两种无机物和挥发性脂肪酸、醇类、酚类、醛类、酮类、酯类、胺类、硫醇类及含氮杂环化合物等 VOCs。其中，NH_3 和 H_2S 始终是恶臭气体的主要组成成分，但并非最臭的物质，最臭的物质是甲硫醇。

8.2.1.5　颗粒物

猪舍内的颗粒物包括总悬浮颗粒物（total suspended particulate，TSP，空气动力学直径小于等于 100 μm）、可吸入颗粒物（PM_{10}，空气动力学直径小于等于 10 μm）以及细颗粒物（$PM_{2.5}$，空气动力学直径小于等于 2.5 μm，也称可入肺颗粒物）。畜舍内的颗粒物来源广泛，主要来自饲料、粪便、皮屑、毛发、垫料、外部环境和微生物等。猪舍内高浓度颗粒物不仅会引发人和动物呼吸性疾病，还能刺激机体发生氧化应激反应，增加死亡率。畜禽养殖场周围空气中的颗粒物含量较其他无污染源地区的含量明显要高。颗粒物对动物的主要危害在于它是许多有害气体（如 NH_3、H_2S 及其他挥发性有机物质）和微生物（如猪气喘病、萎缩性鼻炎、流行性感冒等传染病病原菌）的吸附载体。悬浮颗粒随着空气进入动物的呼吸系统（肺和气管），大多数 PM_{10} 都会粘在气管壁或肺壁上，而 $PM_{2.5}$ 则可以通过微气管进入肺深部，会引起肺部疾病，如肺气肿、肺癌（汪开英等，2008）。

8.2.1.6　微生物

所谓空气微生物是指悬浮于空气中的微生物。空气中水分不足，较干燥，温度变化大，缺乏微生物可直接利用的营养物质，因此空气不是微生物真正生长繁殖的场所。但空气中仍存在细菌、真菌、病毒等各类微生物，其主要来源于土壤、灰尘、水体和动物饲养过程。微生物是猪舍空气污染的主要因素，许多细菌性疾病（猪链球菌病、猪肺疫等）和病毒性疾病（口蹄疫、猪瘟等）是通过空气传播的，这种传播途径不同于其他感染途径，其传播速度快、距离远、效率高，难以防御，给畜牧业造成了极大的危害和损失。

猪场排放的空气污染物（颗粒物、H_2S、NH_3、VOCs 和有害微生物等）经过一系列物理和化学变化产生一些有毒有害物质，构成新的混合污染气体。猪场排放出的污染气体中每一个污染因子对动物和人的健康都有严重影响，而混合气体的危害作用将更强。在《畜禽环境质量标准》（NY/T 388—1999）中均明确指出，NH_3、H_2S 和 CO_2 是猪舍中最主要的 3 种有害气体，其浓度应分别控制在 25、10、1 500 mg/m^3 以下。《畜禽环境质量标准》中还规定了猪舍内 PM_{10} 浓度最高不得超过 1 mg/m^3，TSP 小于 3 mg/m^3，恶臭指数小于 70。但由于畜禽场 PM 的复杂性和多样性，现今国内外对于畜禽场 $PM_{2.5}$ 的浓度以及畜禽场 PM 的排放系数（特别是针对 $PM_{2.5}$）还没有相应的强制立法或政策出台。

8.2.2　猪场主要空气成分测定

由于养殖场内空间比较大，污染气味浓度不断变化，所以猪舍内部空气质量和气味的测量十分困难，花费也相当昂贵。因此，必须采取不同的测量方法。

8.2.2.1　有害气体监测

目前对猪场有害气体的监测可以分为感官测定法和仪器测定法。

1. 感官测定法

感官测定法是依据人的嗅觉对恶臭气味的敏感性而建立的测定方法。嗅觉对气味物质所能感知的最低浓度称为感知阈值。一般来说,人的嗅觉对多数恶臭物质的感知阈值都在 ppb 级以下。感官测定法包括恶臭强度法和臭气指数法(或称臭气浓度法)。

①恶臭强度法。恶臭强度法是根据嗅辨人员的嗅觉来判定气味强弱程度的方法,常用的有 5 级、6 级和 9 级判定法。表 8-1 以 6 级判定法为例解释了恶臭强度的表示方法。该方法具有实施简便,反应直观等优点,但在进行等级判定时,易受鉴别者生活经历及主观性的影响,故测定误差较大。

表 8-1　恶臭强度分级法

强度	指标
0(无污染)	无味
1(轻度污染)	勉强能感觉到气味
2(中等污染)	气味很弱但能分辨其性质
3(中等污染)	很容易感觉到气味
4(重污染)	强烈的气味
5(严重污染)	无法忍受的极强气味

②臭气指数法。臭气指数法是将待测臭气样品用无臭的洁净空气稀释到无臭时所需的稀释倍数,是将恶臭强度予以定量化的方法,常用的是三点比较式臭袋法。该方法是先将 3 只无臭袋中的两只充入无臭空气,另一只按一定稀释比例充入无臭空气,供 6 人一组的嗅辨员鉴别,当嗅辨员正确识别有臭气袋后,再逐级进行稀释、嗅辨,直至稀释样品的臭气浓度低于嗅辨员的嗅觉阈值时停止试验。去掉最敏感和最迟钝的两个人,以其他人的平均值作为最后的测定结果。

臭气指数法只需鉴别者对经过稀释的试样判断臭气的有无,不需分等级,其重现性可以达到公众可接受的水平,但它的功能性极差,特别不适于低浓度和有毒物质的检测。并且采样后需要立即集合大量的嗅辨员,而嗅辨员不能长期连续工作,因此成本通常很高,嗅辨员的主观性也给测量结果带来不可预测的误差。

总体来说,感官测定法是利用人鼻来测知有无臭气及臭气的质和量,而当臭气物质缺少特异性时或者人鼻受到如适应性、疲劳、臭气物质的浓度、温度、年龄、性别以及气味刺激性的强弱等因素影响时,人鼻的能力就很有限。

2. 仪器测定法

①气体探测管技术。手压泵能够吸入预先设定的一定体积的采样气体,当采样气体通过细长的气体探测管时产生显色反应,不同的颜色可以用来评定某种气味的浓度(朱伟兴等,2006)。气体探测管的优点是使用简单,价格低廉;缺点是它只能提供瞬间的测量结果,不同形式的气体探测管的精度也各不相同,再加上在低浓度的气味测量中气体探测管的精度和准确性会变得更差,所以该方法的现场使用受到了一定的限制。

②废气浓度的传感器测试(以 NH_3 为例)。随着固态型和电子型传感器技术的蓬勃发展,NH_3 传感器已经用于现场测试中,但是只有几种 NH_3 传感器用于动物饲养场的现场测试。1990 年 Kraus 和 Janssen 首先使用 NH_3 传感器测量畜舍中 NH_3 浓度,所使用的 NH_3 传感器探测范围 1～1 000 mL/L,响应时间小于 1 s,测试范围在 4～500 mL/L 时精度±10%。NH_3

传感器的应用优点是，安装简单、价格低廉，可以自动完成测量任务；缺点是测量精度低，容易产生漂移，受测试环境湿度和其他气体的影响。

③非分散红外气体分析仪或者气体探测器。红外气体分析仪能够测量畜舍中多种气体含量，且可以提供持续的测量数据，自动化程度很高，1993 年 Manbeck 便利用非分散红外气体分析仪进行了多种气体的分析。红外气体分析仪测量快速准确，并且仪器具有自动调零功能，可以适应恶劣的畜舍环境，在大气污染物定量分析方面具有广泛的应用前景。但是现阶段红外气体分析仪需要相对高的投资，受高湿度环境中水分影响很大。

④多点连续采样测量法。该方法主要是在猪舍中不同的位置安装各种传感器，这些传感器很容易连续测量到温度、湿度和通风率，其目的在于研究气体浓度在空间的梯度分布以及温度、湿度和通风条件对气味产生的影响，从而研究有害气体排放的途径和方法。为了能相对准确地测得 NH_3 等废气的浓度，利用气体采样分析仪器对不同采样点进行循环采样。为了减少仪器测量误差和降低费用，采用多通道气体分析仪器分时对每一个采样点进行循环采样，各通道在采样点之间转换时需要一定的时间使仪器达到稳定，所以相邻采样点之间应该忽略前几分钟的采样值。例如，假设对 6 个采样点进行循环采样，每个采样点采样时间为 10 min，采样值中要除去前 7 min 的采样值，剩余 3 min 的采样值作为采样气体浓度的真实值。由于长达几个月甚至几年连续测量，所以要定期对传感器进行标定。

⑤电子鼻技术。随着传感器技术和信号处理技术的发展，从 20 世纪 80 年代开始不断发展起来的电子鼻技术(Persaud 等，1982)提供了一种廉价、快速、便携的气体分析方法，在空气监测领域的研究也日益受到重视（Rock 等，2008）。电子鼻，又称人工嗅觉，是一种模拟生物嗅觉工作原理的新型仿生检测系统，通常由交叉敏感的气体传感器阵列和适当的模式识别算法组成，可用于检测、分析和鉴别简单或复杂气味（Gardner 等，1994）。电子鼻是涉及传感技术、模式识别、电子技术、计算机技术、神经生理学和数学等交叉学科的产品，其具有寿命长，操作简单，体积小，成本低，可定性，定量测量，可实现原位，在线，实时测量等优点而受到广泛重视，用于嗅觉模拟最具发展前景。

2000 年澳大利亚 Sohn 等建立了一套含有 24 个金属氧化物传感器、1 个温、湿度传感器的电子鼻系统，采用偏最小二乘法作为气体浓度计算算法。该系统精确有效地检测养殖场的气体排放浓度，长期实验结果表明该电子鼻适合全天候连续监控，解决了常规动态嗅觉测量法高成本、高劳动力消耗以及不能全时工作等关键问题（Sohn 等，2008）。

以上介绍了一些简单、实用、花费比较少的气味浓度检测技术。目前，猪场空气监测的方法还没有一个统一的标准，许多测量方法的适用条件也各不相同，仍然处于研究和探索之中。

8.2.2.2　微生物监测

1. 采样方法

空气微生物监测主要依靠被动采样和主动采样收集微生物样品。所谓被动采样即为平皿沉降法，是靠空气细菌粒子的重力沉降在培养基上，然后培养计数，计算每立方米的含菌量。这是一种最简单、经济的采样方法，其结果可以大致反映环境空气中微生物群落组成和数量，但被动取样所收集的只是空气中因重力作用沉降下来的一部分颗粒较大的微生物，这样就会造成浓度和组分上分析的误差。主动采样则是用仪器来采样，根据采样原理不同，采样器可分为沉降式、撞击式、离心式、过滤式、气旋式等(孙平勇等，2010)。这种方法能够测定具有卫生学意义的浮游菌粒子，受外界因素影响较少，可准确反映空气细菌浓度，因此在国际上已被认为是空气微生物浓度测定的较好方法。但目前国内外在采样器选择上也没有统一标准，这就要求研究者应了解各种采样器的特点，根据不同的研究目标选择不同的采样器或是多种仪器联合使用。

2. 检测方法

①培养基法。培养基法是将采集的微生物经过培养繁殖生长成菌落后，对菌落进行分离纯化及鉴定。

常规分离培养技术：利用一些选择性培养基分离微生物，并根据其形态、培养特征判断微生物类型，具有方便操作、易于观察等特点，但只能鉴定某一大类（细菌、真菌或放线菌）或是某一属，无法给出更详细的判断。

免疫学方法：近年来免疫学方法由于其特异性强、灵敏度高、方法简便的特点，应用极为广泛。主要技术有凝集试验、补体结合试验、酶联免疫吸附试验（ELISA）。其中，ELISA 常用于各种常见细菌、病毒、寄生虫病的诊断和相关病原体的检测。但空气微生物种类繁多，若要对其所含物种进行广谱性的调查研究，则不宜采用免疫学方法。

分子生物学方法：主要有 16Sr DNA 序列分析、基因芯片等。该方法不仅适用于细菌纯培养物，更重要的是还能对含有混合未知微生物的复杂样品进行分析鉴定（Lee 等，2010）。该法不用依赖于细菌的分离培养，只要能够得到适量的基因组 DNA 就可以进行分析，得到较为准确的信息，因此广泛应用于空气微生物多样性、群落结构分布等研究。但是由于序列测定成本较高，因此仅适用于选择少量代表性菌株进行分析，不适于大量样本。

②非培养基法。非培养基方法的出现，使一度受限制的自然界未能培养的或是尚未获得培养条件的微生物的研究取得了突破性的进展。无论微生物能否培养，无论其是否存活，利用非培养基法都可以对其进行计数和检测，因此非培养基法能够更为准确地反映空气中微生物的实际存在状况。主要的研究技术有光学显微镜、电子扫描显微镜、流通式血球计数、PCR 检测法等，其中 PCR 检测法因具有敏感性高、特异性强等特点成为应用最为广泛的一项技术，尤其是定量 PCR，不仅灵敏度高、检测速度快，还可以实现对 DNA 或 RNA 的绝对定量分析。

8.2.2.3 颗粒物监测

传统的空气颗粒物检测大都采用称重法、震荡天平法、β 射线法等技术，但由于设备造价高、不方便移动、测试时间长等因素，无法直接应用到猪舍颗粒物的检测工作中。综合目前的市场情况，根据光散射法研制的激光粉尘检测仪，可连续监测空气中的颗粒物，由于便携性强、测试周期短、价格便宜等因素，得到了广泛应用。

近年来，国内外对猪舍空气成分的测量投入了大量的人力和资金，检测手段也更加科学。通过测量各种气味浓度，可以为环保部门科学制定各种法规和标准提供依据。大多数猪场经营者也已经认识到猪舍空气质量对猪只生产性能和公共环境的影响，并采取了一些措施，如营养上降低粗蛋白含量、使用饲料添加剂等减少 NH_3、H_2S、VOCs（挥发性有机物）等气体排放；物理上采用及时除粪、通风除污、静电降尘等减少污染物在猪舍中的停留时间。针对控制气味产生和传播方法的研究可以促进我国禽畜养殖业的健康发展。

8.3　土壤监测

据估算，我国每年畜禽粪尿产生量为 38 亿 t，主要还田利用，但部分畜禽粪尿由于处理不当使养分过剩和重金属等污染物造成对农田土壤的污染。除此之外，地表水、地下水污染物及养殖污水通过水力联系进入土壤；大气污染物降落到土壤，也在一定程度上造成对农田土壤的污染。土壤污染主要是指土壤中收容的有机废弃物或含毒废弃物过多，影响或超过土壤的自净能力而产生有害影响。土壤被污染后主要通过农作物、地面水或地下水对人体产生影响。随着畜禽养殖污染的加剧及工业、农用化学物质种类、数量的增加，土壤污染程度加剧。目前中国土壤污染的总体形势相当严峻，已对生态环境、食品安全、百姓身体健康和农业可持续发展形成威胁，土壤污染监测和治理刻不容缓。进行土壤污染治理的前提是土壤监测，只有掌握了土壤污染的污染物种类、成分和浓度等数据，并在此基础上对区域的土壤质量监测信息进行研究后，才能预防、控制并解决土壤污染问题。

8.3.1　土壤监测指标

土壤污染物包括：无机物（重金属、酸、盐、碱）；有机废弃物（生物可以降解和生物难以降解的有机废物）；有机农药（杀虫剂、除莠剂等）；化学肥料；病原菌和病毒等。

土壤监测项目的确定必须考虑两方面的因素：第一是土壤的使用功能，即土壤肥力；第二是土壤中可以通过食物链进入人体，并且易于在人体中累积的污染物。对于土壤污染的监测，监测项目选择应该重点考虑持久性有机污染物和重金属等有毒有害物质（孙健，2016）。

持久性有机污染物中最突出的是含卤素有机化合物，这种污染物非常不易于被土壤中的微生物降解，因此易于通过食物链进入人体。通过《斯德哥尔摩公约》，我们可以得知，对于利用类型为农田的土壤污染，持久性有机污染物主要包括滴滴涕、氯丹、毒杀酚等有机氯杀虫剂，则监测对象要根据农田的农作物类型，试用农药的种类、用量和浓度来确定。在重金属污染物中，我国重点关注的几种为锌、铜、砷、铬、镉、铅等。除了这些，汞、砷、硒等的污染也不可小觑，如含有汞的表土可作为扬尘进入大气环境中，并可以气态或甲基化的形式存在，通过呼吸系统进入人体。

8.3.2　土壤监测的点位布设

8.3.2.1　监测布点的原则

由于土壤监测结果对于场地环境调查结论的影响最直接、最根本，土壤样品是否具有代表性，决定了土壤分析结论能否在对场地的修复和再利用工作中起到良好的指向作用，直接影响了场地再开发工作的方向和进程。因此，要求土壤采样所布设的点位能够应尽可能全面、准确地代表场地土壤的实际状况。采样点的选取和布设应遵循以下原则：

1. 全面性原则

布设点要全面覆盖不同类型及利用方式的土壤。

2. 可行性原则

监测点布设时需兼顾现场安全、交通等实际情况。

3.连续性原则

监测点位布设既要满足本次监测又要兼顾国家土壤环境质量例行监测需求。

4.经济性原则

布设点应确保样品最具代表性,并能最大限度节约人力、物力和财力。

5.分级控制原则

监测点位布设需按国家、省、市不同层次需求进行设定,实行分级控制管理。

6.相对一致性原则

确保同一采样区域内土壤差异性尽可能小,土壤性质需具备相对一致性。

由于整个调查工作环节众多、资源消耗都比较巨大,因此限制了布设点位的数量。这要求我们在考虑成本并保证准确性的前提下,尽可能做到采样效力的最大化。这种情况下,分区布点法是一种比较理想的策略选择(武恩泽,2016)。

8.3.2.2 监测布点的区块划分

对于占地面积大、各区块使用功能清晰,土壤原始状况保存较好的污染场地需优先应用分区布点法对监测点位进行布设。划分区块时,以下几点值得注意:

①由于场地使用时不同的功能区域划分,应考虑各场地实际使用过程中涉及的污染物种类及其对土壤造成污染的方式、途径在该区域分布的均匀性。

②过大区域要反复勘察,必要时再进行拆分;对于各种原因导致无法按使用功能划分区块或拆迁后造成场地内土壤迁移、原始状况遭破坏的场地,则考虑在不同调查阶段分别采用系统随机布点法、系统布点法布设监测采样点的多种方法。

③区块划分时尽可能考虑以场地内自然形成的各种分界作为依据和边界,同时注意区块形状基本规则。

④在同一区块内,同样取样深度的土壤归为同类(邵霞晖,2016)。

8.3.2.3 监测布点的网格布局设置系统布点法

如地块占地面积过大,功能划分会导致土壤迁移的话,监测点位在布设时需按实际状况,对不同地块按照随机布点方法来取样。网格布局设置系统布点法是在区域内逐一对地块布设采样点。取样点多选择中心区域,重视潜在污染严重区域的取样。系统网格在具体布局时需按照污染场地面积及土壤污染具体情况对网格密度进行设置,同时还要将网格调整成方形、长方形或三角形等规则形状。在设置系统网格布局时应重点考虑:

①根据场地面积、土壤污染分布可能的均匀度、监测样品控制数量等设置网格密度;

②尽可能将网格设置成方形、长方形或三角形等形状;

③场地面积过大时,还需将其再划分成面积相等(必要时可不相等)的若干小网格,从中随机抽取选择一定数量的网格,在每个网格地块内布设一个采样点,并对每个网格内部土样进行混合,取混合土样本(武恩泽,2016)。

土壤中污染物的来源和迁移主要有以下三个途径,根据其特点和规律采取相应的布点方式:

①大气污染物飘散后降落到土壤,布设监测点位要综合考虑污染源方位、气象特点、地形条件和污染物飘散特性等因素,在近地面浓度较高的地方和下方向土壤区域敏感处布设位点。考虑到这种情况下污染物浓度比较低,故而通过包气带进入潜水的可能性比较低,重点在表层土壤取样。

②污染物随着地表水进入土壤，一种是随着地表水漫进入土壤(丰水期尤为明显)，这种情况下应该在漫滩区域布设位点，该时期监测范围和频率要高于枯水期及平水期，重点在土壤表层采样。另一种是地表水中的污染物通过水力联系进入地下水，随着地下水污染土壤，此时采样点应布设在地下水径流方向的下游，重点在深层土壤取样。

③固体污染物堆放在土壤表层，在雨污分流、防渗措施不完善的情况下，固体污染物随雨水进入包气带并随着地下潜水扩散，在比较脆弱的地质结构区域可能进入承压水层。或固体污染物地下储存，在防渗措施不完善的情况下，渗滤液直接进入潜水层、承压水层。此时应该在地下水径流方向的下游一定范围内的土壤环境敏感处布设取样点，同时在地下水径流方向的上游布设一个参照点。

在靠近污染源的一定范围内，取样时应兼顾表层和深层土壤，重点在表层土壤；远离污染源一定距离后，取样应兼顾表层和深层土壤，重点在深层土壤(孙健，2016)。

8.3.3　土壤监测方法

8.3.3.1　原子吸收光谱法

在测量重金属方面，最为常用的为原子吸收光谱法，该方法于 1955 年问世。作为分析化学领域应用最广泛的定量分析方法之一，原子吸收光谱法是通过检测蒸气相中的基态原子吸收原子共振辐射强度的大小，进而确定该物质的具体含量。根据不同的原子化方式，原子吸收分光光度法可以分为氢化物原子化法、火焰原子吸收分光光度法、石墨炉原子吸收分光光度法、电极放电原子化法、金属器皿原子化法、激光原子化法、溅射原子化法、粉末燃烧法等；其中前三种应用较为普遍。

1. 氢化物原子化法

此法灵敏度较高，如果元素很容易形成氢化物，如 Se、Sb、Ge、As、Hg、Sn、Pb 等。此时在酸性环境中，用硼氢化物进行处理，这些元素就可形成气态氢化物。此时检测出元素的最低限度可以达到 10^{-9} 级。利用这种分析法能够让被分析的元素和基体实现分离，在检测过程中降低分析干扰，进而提高分析的精确度。目前该法已广泛用于 As、Hg、Pb 等重金属的检测(臧娜，2016)。

2. 火焰原子吸收分光光度法

大部分元素对该法敏感，检测极限较高，检测速度较快，重现性强，成本低，更多应用在可原子化的元素中。但该法受制于雾化器的雾化能力及元素的原子化水平。只有达到 10^{-6} 级才可进行定量分析，检出限制较高，灵敏度较差，如果土壤中的元素含量较低，就很难直接检测出。

3. 石墨炉原子吸收分光光度法

该法可通过电流加热技术加速元素原子化，只需较少的样品就可以实现检测，原子化温度调节较自由，操作安全系数较高。不过该检测方法检测成本高，耗时长，分析范围窄，精度不高，重现性较低。如果样品成分相对复杂，那么在检测时就易产生较为严重的干扰，进而影响到检测的准确度。

8.3.3.2　原子荧光分光光度法

原子荧光分光光度法是以原子在辐射能激发下发射的荧光强度进行定量分析的发射光谱

分析法。其所用仪器及操作技术与原子吸收光谱法相近，主要区别在于后者是基于基态原子对共振光的吸收，而前者是处于激发态原子向基态跃迁，并以光辐射形式失去能量而回到基态，而且这个激发态是基态原子对共振光吸收而跃迁得来的。原子荧光法的灵敏度较原子吸收光谱法高，但没有后者应用广泛，也不能同时分析多种元素。目前普遍用于土壤中砷、汞、硒、铋、锑等重金属的检测(谢育珣，2016)。

8.3.3.3 色谱法

1. 气相色谱法

分离测定多组分混合物的一种分析方法，包括气固色谱和气液色谱。气相色谱法以气液色谱为主，主要用于分析土壤样品中的挥发性芳香烃、酚类化合物、多氯联苯、六六六、滴滴涕等。

2. 高效液相色谱法

具有高灵敏度、高速、高效、高压、应用广的特点。有机污染物总量的80%以上物质可用此法进行定量定性分析。该法易回收、色谱柱可反复使用，但该法的柱效率较低，目前主要用于分析土壤样品中的多环芳烃等有机物。

3. 离子色谱法

通过阴离子交换柱分离阴离子样品，通过阳离子交换柱分离阳离子样品。离子色谱可划分成抑制型离子色谱和非抑制型离子色谱两大类，用于土壤中硫酸根，硝酸根，氯、氟离子的分析。离子色谱法是唯一可以在同时间内做多组分痕量阴离子快速分析的方法(谢育珣，2016)。

8.3.3.4 色谱-质谱联用法

色谱-质谱联用法分为气相色谱-质谱联用(GC-MS)和液相色谱-质谱联用(LC-MS)两种类型，前者应用较广。GM-MS就是将气相色谱与质谱连为一体，发挥质谱定性鉴定的优越性和气相色谱显著的分离效能从而完成未知物的分离定性以及目标物的定量分析。它的定性分析被应用到有机污染物的初始分析中，进而发现优先土壤环境监测项目。LC-MS分析处理复杂组分的能力更强，可以处理GC-MS不能测定的化合物，现已成为测定不稳定性污染物和确定极性的重要途径。色谱-质谱联用已被用于土壤中挥发性有机物(如挥发性芳香烃)、多氯联苯等的检测。

8.3.3.5 高光谱遥感技术

高光谱遥感技术具有获取信息量大、获取信息速度快、周期短、受条件限制少等优点，可提供土壤表面状况及其性质的空间信息。通过土壤波谱分析，应用高光谱遥感数据能较好地探测土壤表层或浅表层的性状，并且结合相应的野外采样测量或实地观察建立起各种不同类型的分析模型，对土壤机械组成、酸碱度、水分含量、养分含量、矿物质等参量、土肥状况实现定量观测。

8.3.3.6 无线传感器网络技术

国内无线传感器网络技术主要应用于土壤信息的获取，尤其是农田土壤信息的获得，并且取得了一定的成果和技术进步。基于无线传感器的监测网络，特别适合于对稳定性低且位置差异性较大的土壤参数如土壤水分、土壤温度等的监测。目前，国内基于无线传感器网络技术的土壤水分监测技术已有了实验研究和初步应用，但是实际应用效果并不理想。这主要是因为无线传感器网络技术较强的应用导向性。近年来国内一些专家学者将无线传感器网络技术也应用于精准农业的实验研究中，为精准施肥提供精确的数据。与此同时，技术的不断完善可将无线传感器网络技术应用于偏远地区及环境恶劣的土壤监测中，为了解该地区土壤特性、保护生态环境做贡献（巩玉玲和冯永军，2014）。

8.3.4　土壤监测的质量控制

土壤监测重要的环节是实验室检测，因此，主要介绍实验室检测质量控制。

8.3.4.1　检测前的质量控制

1. 检测方法

检测方法正确与否对检测结果影响较大，只有选择正确的检测方法，才能保证实验结果的真实性和准确性。要按照国际标准、行业标准、地方标准的顺序依次选择，其中实验用水分为三类，对于土壤化验而言，二、三级水即可满足检测要求。

2. 检测环境

优良的实验室设施和环境是保证检测工作完成的基本条件。确保适宜的检测环境，剔除环境因素的影响，保证实验室周围无酸、碱、有害气体的流通，仪器设备正常运行，分析室、天平室、样品室设置合理，实验容器清洁、干燥，尽可能地减少外部因素的干扰，确保适宜的温、湿度检测环境。一般土壤检测对实验室环境要求较低，但温度对部分项目的分析会有较大的影响，如土壤常规化检验中，特别是对碱性土壤有效磷的检测，碳酸氢钠的提取受温度影响很大。适宜的环境温度为 20℃，温度过高或过低往往会对结果产生较大的影响，因此在土壤分析时应严格控制室内温度。

3. 检测人员

选择熟悉仪器设备操作、熟练检测方法、责任心强的检测人员实施检测。这样才能保证检测人员发挥自己特长、发现自身不足，积极学习，不断交流、进步。

8.3.4.2　检测中的质量控制

任何检测项目都会不可避免地存在一定误差，从误差产生的原因及性质，可将其分为系统误差、随机误差和过失误差。其中前两个误差影响实验结果的准确性，过失误差则影响实验结果的精密度。在实验时要从根本上认识其中的规律，积极有效地采取相应的措施，尽可能地减少实验误差，并将其降到允许的范围内，从而确保实验数据的准确性和精确性。

1. 运用空白试验

运用空白值对土壤质量进行监测，能够及时了解并消除仪器设备性能、样品溶液制备等方面的因素影响。每批样品检测时都要进行多次空白试验（至少 2 次以上），空白值越接近，检测数据越准确。若空白值差别很大，说明实验数据不可靠，必须找到原因及时纠正并重新检测。

2. 标准物的选择和应用

购买适合所在地实际需求、具有参考价值的标准物，参照标准物是实验室检测内部质量保证的有效的手段，它可在一定程度上保证实验结果的精确性。检测操作中至少有质量控制样的参与，且必须采用与待测样品相同的制备方法，如分析结果限在标准值的允许限之内，说明样品检测结果可靠（陆幸鹦，2017；赵钰杰，2015）。

3. 人员、方法对比验证

通常来说，同一样品由不同的检测人员采用不同的方法进行检测，结果会存在一定差异。为提高检测人员的检测水平，确保检测结果的准确性，这时需要对检测结果进行严格的分析对比，从而督促检测人员不断提高检测水平。通过不同实验人员对同一样品进行分别检测，或者同一实验人员用不同检测方法对同一样品进行检测，或者不同实验室的同一样品的交流检测以分析可能的实验误差，然后对结果进行评估、比对，从而提高检测结果的准确度。

8.3.4.3 检测后的质量控制

实验分析后要对各项原始信息和指标进行记录，书写要真实、准确、完整，不可以随意修改，若出现笔误，要经过审批后修改并做好标记。要按有效数字运算规则进行计算。在日常工作中，应严格按照实际操作步骤进行合理地判断，一旦发现某个数据与标准偏离较大，应在考虑确认可能存在过失或干扰的情况下，要及时给予舍弃。

8.3.5 土壤监测评价方法

8.3.5.1 分析方法评价

在选择的方法和规定的方式相同时，对于实际样品分析以前，应当判断并确认仪器的性能是否符合规定分析方式的检出限要求。也就是采用分析方式的操作程序重复进行5次空白试验，把各实验结果换算成样品中的浓度，计算标准偏差：

$$MDL = t_{(n-1,0.95)} \times s$$

t 为自由度为 n-1，置信度是95%的 t 值，s 为标准偏差。

根据上式计算最低检出限。在检出限大于标准方法的规定值时，应及时分析原因，通过改进用水、试剂质量，调控实验环境条件或使用富集浓缩方式等再次测定(杨冬雪，2010)。

8.3.5.2 空白值评价

空白值的大小及其分散程度影响实验方法的检出限和检测结果的精密度。空白值评价在实施过程中，重复测定结果应控制在一定波动范围内，要求对同批样品测定的2个或者2个以上的平行空白进行控制以此来达到控制空白值频度的目的。以2个以上的空白测定值相对偏差≤50%，用以评价空白值精密度指标是否满足相关标准要求。为了更好地实现对空白值控制效果，可将所测定空白值点插入空白值均数控制图内，此时空白值应落在上下控制限内，由此验证空白值精密度指标是否合格。

8.3.5.3 精密度评价

主要是通过计算并比较平行样的绝对偏差及相对偏差与控制值来对精密度进行评价。平行样主要分为明码平行样和密码平行样两类，如采样质控员按土壤样品总量的5%，采集多氯联苯、多环芳烃等有机污染物密码平行样(明确土壤中的有机物成分含量)，样品管理员按土壤样品总数的5%，将制备好60目、100目、200目的无机元素样品编入密码平行样，分析员将交接到的所有样品按5%编入明码平行样。精密度评价工作主要包括平行性检查、超差复检和异常值复检。

1.平行性检查

平行性检查主要是指测试人员通过随机抽取的方式，对样品进行分析及测定。每批样品分析时，测试人员随机抽取待测总数的10%实行平行双样测定(包括采样、制样密码及分析明码平行样)，由测试人员计算明码平行样的相对偏差，由质控人员计算密码平行样的相对偏差。

2.超差复检

超差复检需要实验室质控人员将一份密码平行样交给测试人员，测定结果称为基本值，同时将另一份交给另一位测试人员，测定结果称为检查值，当基本值与检查值相对偏差不合格时，应将此批前 2 个样品和此后所有样品重新检测。重新测定的结果称为基本值复验，一旦基本复验值与检查值相对偏差在标准范围内，以基本复验值与检查值报出结果，假如基本值复验值与基本值相对偏差不符合标准范围要求，对检查值进行复验，最终按 3 个数据相近的均值得出结果。

3. 异常值复检

对每批数据中出现异常高值、低值样品进行复测，一旦复检值和原测定值的相对偏差出现超差，则需进行基本复检，必要的情况下再采取检查复检，将接近测定值平均后给出报出值。

8.3.5.4　准确度评价

在运用准确度开展检测工作时，首先需要加大对全量无机元素的应用力度，对数差进行评定。要确保每批次的样品中插入 2～4 种无机元素标准样品，对标准样品中的测定率进行统计分析，若检测分析结果达到样品总数的 2%，即评定为本次测定工作是合格的，另外还需计算标准样品测定值的对数差。其次，测定土壤有效态铜、锌、铅、铬、氟等标准样品，样品测定值应落在标准物(标准品)保证值区间内，评定准确度合格。最后，需要对土壤中的有机污染物回收率进行评定，将土壤有机氯农药、酞酸酯、多环芳烃回收率控制在 70%～120%范围内的≥80%，则表明评定合格。此外，当选测的项目无标准物质或质控样品时，可用加标回收实验来检查测定准确度。在一批试样中，随机抽取 10%～20%试样进行加标回收测定。样品数低于 10 个时，适当增加加标比率。每批同类型试样中，加标试样≥1 个。加标回收率应在允许范围之内。当加标回收合格率小于 70%时，对不合格者重新进行回收率的测定，并另增加 10%～20%的试样作加标回收率测定，直至总合格率大于或等于 70%以上(张欢，2017；张声皓，2015)。

8.3.5.5　质控图评价

质控图评价主要包括均数控制图及多样控制图两种方法。其中，均数控制图在实际的使用过程中，需要加大对有机氯农药的回收力度，如果图中的数据没有连续 7 点位于中性线的同一侧，则表明分布合适，质量控制图可靠性，表示检测数据处于受控状态。而多样控制图方法在实际的使用过程中，由多个铜标准样品组成，主要是对数差进行监控，如果回收率数据落在上下控制线范围内，14 个点落在上下辅助线内，则说明数据分布具有较强的合理性，质控图可靠性，确保了检测数据长期处于受控状态中。

土壤监测质量是保证监测数据质量有效性的重要因素。质量控制结论的正确评价对整个监测过程具有深远的意义。通过对选用的分析方法进行确认，对土壤样品测试中的空白值、相对偏差、相对标准偏差、对数差、回收率、标准物质分析、质控图等质量控制指标进行质量评定，能够为确保土壤监测数据的质量提供技术依据。

第9章 猪场废弃物处理成本和效益分析

本章内容提要

成本是生产成本的简称，通常被看成企业对所购买的生产要素的货币支出，也就是生产者商品或劳务所支付的费用，即投入生产要素的价格之和。养猪场废弃物处理的成本包括设施设备费、材料费、固定资产折旧费、设备工具折旧费、维修费、电费和人工费等。收益是指厂商出售产品得到的收入，即价格与销售量的乘积。养猪场每头基础母猪或商品猪的废弃物处理收入是根据养猪场存栏的基础母猪数量或出栏商品猪数量来计算的。收益实际上是纯收入，这里所分析的养猪场废弃物处理的收益为总收益减去总成本的净收益。本章主要介绍改革开放以来，猪场废弃物处理历程中的成本、效益情况，并就目前猪场废弃物处理的典型案例的成本与效益进行分析，旨在从成本与效益上为猪场选择科学、适宜的废弃物处理方案提供参考。

9.1 猪场废弃物处理成本与效益估算变化

我国猪场养殖废弃物处理治理工作，总体分为五个不同阶段：积肥阶段、简易处理阶段、二级生化达标阶段、综合治理阶段、污染减排阶段，不同阶段处理成本与效益估算情况如下。

9.1.1 积肥阶段

改革开放以前，猪粪尿是我国农村中有机肥料的主要来源之一，施用广、能满足各种农作物需要，尤其在贯彻执行大办农业、大办粮食的政策时，大量发展养猪积肥更为重要。这是多快好省地解决肥源的办法，也是迅速提高粮食产量的最有效措施。党提出：“猪多、肥多，肥多、粮多”，凡养猪多的地区，积肥亦多，粮食产量亦逐年增长(贾醉公，1961)。

北方农民常在猪圈中加入大量的干细土来堆积发酵粪尿并减少堆积期间肥效的损失，垫土的作用主要是土壤可以吸附铵离子，能使粪尿中的氨态氮固定下来，不易挥发丢失，保存了粪尿中的氮素。同时，土壤中有很多的微生物，如氨化细菌，硝化细菌等，猪粪尿通过这种微生物的作用就能促进粪尿的腐熟，因此，猪粪尿垫土是互为有利的。南方农民多采用猪粪池的保肥法，池上加棚，池底不漏，猪粪尿混存。在猪粪尿不同堆肥方法中以泥封保肥效果最好；而自然堆放不加任何处理，肥效损失最多(梁勇，1961；刘更另等，1966)。但当时农民对猪粪尿堆肥及施肥处理的成本和效益的观念较为薄弱且研究较少。

目前堆肥还田仍是一种经济有效的处理方法，尤其对于不具备一定土地或小规模的养殖场(存栏基础母猪在20头左右，年出栏商品猪200头以下的养猪场和家庭养猪场)。这些养殖场往往采用临时堆积、随时出售的方式，但这种处理粪污方式不及时，因此，会造成严重的污染。该方法没有工艺可谈，流程也很简单，首先将猪粪或吸收粪尿的垫料清扫出猪舍，清扫出的猪粪直接外销或堆积在猪舍附近，用少量的水冲洗猪舍中残存的粪尿并贮存于贮粪池中，用吸粪车抽走，施于农田，有些来不及抽走的污水随意排放。这些养殖场在粪污处理上没有任何设施，投资非常少，运行成本低，劳动强度较大。这些猪场的规模较小，占地面积大部分不超过5亩，年出栏商品猪在200头以下，没有或只有简单粪污处理设施。猪场排放的猪粪加上部分猪场废弃物储存在场地中，污水池中少量的粪水偶尔用来增加猪粪堆肥的湿度和灌溉猪场中的蔬菜。排放的粪污除自己少量的使用外，基本上都在农忙季节出售给附近农民，施入农田(连海明，2010)。

堆积出售模式年成本分析如下。

建设投入资金估算：污水池48 m^3×40元/m^3＝1 920元。

年成本费用估算：折旧费估算按10％计算，建设设施年折旧费为1 920×10％＝192元，土地租赁费为0.5亩×400元/亩＝200元，人工费500元；年成本费用＝折旧费＋土地租赁费＋人工费＝892元。

堆积出售模式年收益分析：根据猪场猪粪产量和出售猪粪的收入的调查统计，猪场平均年产有机肥约90 m^3。每立方米有机肥价格因质量和出售时间不同而异，平均按30元计算，年收益90 m^3×30元/ m^3＝ 2 700元。但实际上并不是所有有机肥都能出售，有部分自然损耗和剩余的有机肥没有收入，这部分按10％计算。因此，堆积式处理的总收益为2 700×90％＝2 430元(连海明，2010)。

9.1.2　简易处理阶段

20世纪80年代至1998年，我国主要采用固体粪便还田、发酵产沼，尿液以化粪池、氧化塘等工艺为主进行处理。

浙江省兰溪市食品公司生猪仓库从本地实际出发，利用地势高差和有一臭水塘的优越条件，采用常温二级厌氧发酵、沉淀、多级隔板氧化过滤，氧化塘净化进行猪粪便和污水排污综合处理。根据资料提供，每天进猪粪尿5 t，人粪尿0.6 t，设计滞留期为30 t，厌氧发酵总容积为180 m^3。工程设有30 m^3储粪池1个，70 m^3主厌氧发酵池2个，20 m^3副厌氧发酵池2个，15 m^3沉淀池1个，多级隔板氧化过滤槽长80 m，容积160 m^3，净化处理氧化塘750 m^3。主发酵池和副发酵池池顶设水池进行养鱼和使其起到水密封作用，防止沼气慢渗；池上设喷泉，周围布上盆景和栽树用来美化环境；进出料全部采用机械设施。该工程建于1983年12月至1985年3月完工，共花经费4.2万元，经过17个月的连续使用运行，共回收沼气能源4 200余m^3。这些沼气能源主要用于食堂炒菜，做冷饮，点灯照明，烧开水。根据食堂用能比较，每天使用沼气后比未使用沼气前可省25 kg煤。一年可省煤900 kg以上，节约资金1 000余元(张绍林，1986)。

1985—1988年祁雅琴(1989)采用厌氧污泥床过滤器，中温处理猪粪两步发酵新工艺：其设备为2个100 L的敞口酸化罐；一个100 L密闭的产甲烷罐，内部装有三相分离器和毛刷填料。经过三年的运行结果表明，甲烷罐的平均池容产气率为2.5～2.7 $m^3/(m^3 \cdot d)$，有机物去除效果明显，COD去除率平均达到76%。本系统操作方便，可控性能好，耐冲击能力强，是一种高效处理牲畜粪便行之有效的方法。1989年有研究用过筛法处理猪粪，目的是研制一种廉价的、操作简单的小型高效厌氧反应器。经过高280 mm，直径240 mm圆柱形塔式反应器过筛处理的猪粪液产气率高，沼气中甲烷含量较高，一般为67%～74%。

1991年辽宁盘锦市大洼县结合本地实际特点，采用了“三段净化四步利用”方法处理和利用大型猪场粪尿，既消除了污染，又使粪尿资源化。“三段净化”：将粪尿冲洗猪舍形成的含有大量氮素的有机污水放入耐肥力强的喜氮的水葫芦塘中(第一段)；经一周左右吸收净化后再排到细绿萍塘中，约停放7 d再排到鱼塘中(第二段)；经鱼蚌吸收净化后排到水田中(第三段)。“四步利用”：第一步将粪尿及冲洗猪舍废水放入水葫芦塘中，水葫芦吸收利用大量有效态氮转换成饲料用于养猪。第二步将水葫芦处理利用后的脱氮污水放入细绿萍塘中，细绿萍吸收利用大量有效磷和速效钾合成饲料用于养猪和喂鱼。第三步将前两步利用形成的含有大量浮游生物的污水放入鱼塘中供鱼、蚌利用。第四步将前三步利用后含有作物所需的氮、磷、钾等营养物的污水放入稻田。“三段净化”效益：猪场日平均排放猪粪3 300 kg，猪尿5 000 kg，形成有机污水COD、有效态氮分别为570 mg/L和12.6 mg/L，溶解氧值为零。分析结果表明，有机污水经第一、二段净化后，净化效果十分明显。“四步利用”效益：水葫芦塘和细绿萍塘每年处理和利用高浓度有机污水150万kg，其中含有效态氮6 150 kg、有效磷3 480 kg、速效钾11 190 kg。未经“三段净化四步利用”前，平均每年产精饲料10.8万kg，青饲料12万kg。每年缺青饲料70万～80万kg；需外购粗饲料40万～50万kg。过去青饲料田年生产成本4 000元，外购粗饲料年需资金4万元。利用污水养殖水生饲料后，青粗饲料全部被水葫芦和细绿萍代替，还代替了40万kg精饲料，而50亩水生饲料田年生产成本不足1万元。粪尿污水资源化后，经济效益年增加15.4万元。有机污水养鱼经济效益：猪场40亩鱼塘，过去每年平均耗饵料成本1.1万元。用二段净化后污水养鱼，节省饵料、化肥、农肥，降低生产费用1.1万元，鱼产量增产30 kg/亩，共可增加收入0.36万元。有机污水灌溉稻田经济效益：猪场40亩稻田用有机污水灌溉，粪尿污水未进行“三段净化四步利用”前，亩施标氮60 kg，现为40 kg，共降低生产成本4 000元。粮食产量较过去共增产稻谷6.4万kg，增加收入2.94万元。粪尿有机污水经“三段净化四步利用”后经济效益增加20.2万元，占全场年社会收入的11.88%(汪百义等，1991)。

萧山市龙翔公司年产1.2万头供港猪，为解决猪粪污水污染问题，在1993年建造了500 m^3的猪粪污水沼气发电工程，并采用常温“二步发酵”和复合式上流厌氧污泥床发酵工艺，总投资65.3万元，于1993年7月竣工并投入使用。具体运行过程为：先将猪粪和冲洗污水搅拌混合，流入酸化池，在酸化池内经2～3 d酸化，然后通过水力筛网筛去饲料残渣等悬浮物后流入计量池计量，再用污泥泵打入厌氧发酵罐，发酵后的沼液由发酵罐溢流到沉淀池，经沉淀过滤出来的沼液流入鱼塘作为饵料，鱼塘不需要时在贮粪池贮存备用，沉淀池上部的沼渣直接施入果园，沼气经净化计量输送至储气柜，部分沼气经阻火器供食堂炊事用，大量沼气用于发电。发电装置由 75 kW 柴油发电机组改装而成，采用沼气-柴油双燃料发电。在进气系统的空气滤清器之后加装一个沼气-空气混合装置。该工程建成后猪粪污水造的污染得到了治理。经测定，处理后猪粪污水的 COD 浓度由 20 207 mg/L 降到 2 019 mg/L，去除率为 90%；SS 由 12 600 mg/L 降到 210 mg/L，去除率达 98.3%。该工程的经济效益主要由沼气、沼液和沼渣的综合利用收益组成。从 1993 年 7 月至 1995 年底，累计产气 23.66 万 m^3，其中食堂炊事用气 3.52 m^3，相当于 15 kg 的液化石油气 1 035 瓶，节约燃料开支 4.66 万元。沼气发电用气 20.17 万 m^3，发电 41.0 万 kW・h(混用部分柴油)，按当地电价 0.575 元/(kW・h)计算，节约电费 23.57 万元。1993—1995 年，用沼气发电工程沼液养鱼的鱼塘面积从 16 hm^2 增加到 33 hm^2，分别比对照塘增产 4.8%、7.7%和 8.9%，累计增产 52.53 t，增加产值 23.11 万元。沼渣用于果园施肥，节约化肥 24.2 t，减少开支 4.84 万元。以上几项合计，1993—1995 年该工程的总收益为 56.18 万元，扣除运行成本(包括柴油、工资、折旧及其他费用)22.48 万元，净收益为 33.7 万元，5 年内即可收回工程投资(田鑫焱等，1996)。

刘开容等(1997)采用人工湿地法对猪场粪尿进行处理，工艺流程为猪粪尿水→格栅→沉淀池→格栅→酸化池→格栅→人工湿地→氧化塘(鱼塘)→排放出水。猪场粪便污水首先经过格栅，固液分离过滤，固态粪便作堆肥，污水流入沉淀池；污水经过 20～24 h 的沉淀作用后除去部分悬浮物和有机物，再经一个格栅，流入酸化池，在酸化池内经过 2～3 h 发酵作用使大分子有机物降解为小分子有机物；再经过一次格栅，流入铺有一层碎石，碎石上种有芦苇草、藤藤菜等植物的人工湿地；然后流经氧化塘(鱼塘)，得到更进一步净化后再排放出去。猪场粪尿水经本工艺处理后，污水中的化学耗氧量降到 134.0 mg/L，生化需氧量降到 85.1 mg/L，悬浮物降到 81.0 mg/L，硫化物降到 11.5 mg/L，铜及铜化物降到 0.89 mg/L，铬降到 0.008 mg/L，此工艺处理猪粪水降解效果较好，可以达到无色、无臭、无害、无污染、基本净化的目的，而且其投资小，处理效率高，管理方便，节约能源，因而可以在大型猪场推行。

9.1.3　二级生化达标治理阶段

1999—2001 年我国主要采用固体粪便还田、有机肥加工；尿液应用 SBR、A/O、接触氧化、生物滤池等二级生化达标治理。

寿亦丰等(2001)分析了杭州灯塔养殖总场粪污处理技术，针对猪粪污水高浓度、高氨氮、高悬浮物的特点，该猪场在工艺设计中强化了预处理、厌氧消化和 SBR 生物脱氮等技术(UASB-SBR 法处理技术)，对猪粪污水进行处理。工艺流程为：粪污水固液分离，采用回转式格栅机和专用水力筛二道分离，粪渣用于制作有机肥，分离液流入水解酸化池，酸化水停留 8～12 h。再泵入厌氧罐，厌氧消化采用 UASB 工艺，采用≥20℃的常温发酵(冬季增温)，水停留时间：2～3 d，厌氧出水的 COD_{Cr} 在 1 000 mg/L 左右。厌氧出水和稀废水混合，再流入好氧 SBR 池进一步去除 COD 和 NH_3—N。SBR 水停留时间：2～3 d，出水氨氮小于 10 mg/L，COD 浓度减小到 200～300 mg/L，再经混凝沉淀后达标排放。产生的沼气经过气水分离、脱硫、计量后输入干式贮气柜，再用气泵输送到各用户，主要用于烧锅炉、发电、有机肥烘干和食堂炊事。沉淀污泥经浓缩、压滤成含水率为75%～80%的泥饼用于制作有机肥或作为菌肥出售。经该工艺处理后COD总去除率达98%，NH_3—N去除率达99%以上，出水COD浓度不大于150 mg/L，NH_3—N浓度不大于15 mg/L，出水水质达到《污水综合排放标准》(GB 8978—1996)的二级排放标准。对猪粪污水首先进行清洁生产和固液分离，减少污染物的排放和充分利用固体废弃物，从而可减少污水处理工程的投资和运行费用，增加有机肥的收益。工程日产沼气8 500 m^3，每吨污水处理费用为2.5元，工程总投资1 497万元。由于厌氧出水的BOD/COD和C/N失调，必须改善厌氧出水的可生化性，工程中采用原水和甲鱼污水配水，使SBR反应器具有很好的去除COD和NH_3—N的效果。

9.1.4 综合治理阶段

2002—2010年，国内采取逐年削减养殖规模，关闭敏感区域内污染严重的畜禽养殖场，建设有机肥中心带动一批畜禽养殖场的污染治理和规范畜禽粪便还田技术就地处理等综合治理措施。

曹从荣和张漫(2004)分析了还田模式、厌氧发酵沼气、达标排放三种模式的投资对比和实际工作的技术经济评析，对10 000头和3 000头两类规模化养殖场的投资进行了计算。其中"达标排放处理模式"只考虑到10 000头规模。考虑到冬季有3个月时间不能进行农田灌溉，粪污最大存储量设定为100 d。

基本条件一：年出栏万头育肥猪场，存栏6 000头，日产鲜粪10 t，粪水60 m^3。粪水存储100 d，则最大存储量6 000 m^3。

还田模式：粪水储存池100 m^3，计4万元；农田粪水储存池需修防渗层或使用防渗布，每200 m^3需要1万元，则5 900 m^3需要投资29.5万元。

厌氧发酵-自然处理模式：以厌氧消化HRT 10 d计，则厌氧消化器池容积为600 m^3，只进行简单的厌氧消化(COD去除率达到75%)，采用折流式地下或者半地下的厌氧消化池，投资300元/m^3，则厌氧消化器投资为18万元，沼气净化、利用系统的投资为15万元，粪水储存池共计33.5万元，液体肥运输车3.5万元/台，投资共计70万元。

达标排放模式：粪污的前处理系统15万元(固液分离机1台)，厌氧消化系统18万元(曝气池及鼓风机16万元，沉淀池5 m^3，2万元)，沼气利用系统31万元(沼气净化4万元；储气柜200 m^3，17万元；输配气10万元)，固体粪便、沼渣生产有机肥系统35万元，投资共计134万元。

基本条件二：年出栏3 000头育肥猪场，存栏1 800头，日产粪水18 m^3，粪水存储100 d，则最大存储量1 800 m^3。

还田模式：粪水储存池100 m^3，计4万元，农田粪水储存池1 700 m^3需要投资8.5万元，液体肥运输车3.5万元/台，投资共计16万元。

厌氧发酵-自然处理模式：厌氧消化器池容积为180 m^3，投资10万元，沼气净化、利用系统的投资为5万元，粪水储存池共计12.5万元，液体肥运输车3.5万元/台，投资共计31万元。

显然对于相同规模养猪场而言，沼气工程达标排放模式投资最高，还田模式投资最省，综合考虑采用还田模式投资省、操作简单、运行费用低是值得推广的技术模式。

海门市包场镇兴旺猪场2005年投资10万元从海门市兴业农牧机械设备厂购买了一套可

移动式、高效粪水固液分离系统后，彻底改变了以往自然晒干的猪粪处理方式，把猪粪处理成有机肥料，取得了良好的经济效益。以 2 000 头猪规模计算其效益：

①该养殖场年产猪粪水 2 000×365×0.012 5≈9 125(t/年)。

②每吨湿粪处理后按 10%干料，1 年可产干粪原料：9 125 t/年×10%=912.5 t/年。

③每吨干粪原料平均价约 60 元，年总产值：912.5 t/年×60 元/t≈54 750 元/年。

④生产成本：

根据实际生产测得该套设备耗电费用：1 度/t×0.52 元/度×1 365 t≈710 元。

人员工资：3 人×15 元/(人·d)×30 d=1 350 元(每天按 3 h 计)。

该设备一次性投资 10 万元，机器折旧：10 万元÷10 年=1 万元/年。维修保养费 1 000 元/年。

年总成本为：710+1 350+10 000+1 000=13 060 元/年。

⑤年总利润：54 750 元-13 060 元=41 690 元。

通过对养殖场一年的粪污处理经营看，年投资回报率约 50%，全部投资成本可两年收回，并且固液分离后的粪水经过微滤机过滤后可自然排放或冲洗粪便循环使用，对养殖场来说不但减少成本，而且减少污染(沈丹波等，2008)。

2007 年泸县兴旺牧业科技有限公司采取雨污分离、干湿分离、厌氧发酵处理方案对粪污进行了综合治理。修建了雨水沟 1 884 m，污水沟 1 298 m，沉渣池 28 个，干粪堆放处 100 m^3，沼气化粪池 280 m^3，沼液总贮池 2 250 m^3，沼液分贮池 25 个及有关的配套管道 930 m，整个工程投资 110.96 万元。根据《畜禽养殖业污染物排放标准》，猪产生污染物量为 COD 50 g/d、氨氮 10 g/d。经过环境治理后，其减少向环境排放污染物：COD 22.867 t/年、氨氮 12.8 t/年。年分离出干粪 4 000 t，年产沼液量为 22 000 t，沼液属熟化速效有机肥。公司将猪粪和沼液作为菜肥、果肥，实现了粪污资源化，产生了良好的经济效益。每年可减少菜农、果农购买磷肥 65 t、碳铵 218 t。按市场价磷肥 580 元/t，碳铵 680 元/t，年可为农民节约购买化肥资金 18.6 万元。沼气能源每年可为农户节约燃煤资金 5 万元以上。收集打包的猪粪可卖给周边的蔬菜基地、苗圃和果园等。猪粪售价为 30 元/t，收集打包的 4 000 t 猪粪年可实现收益 12 万元。使用沼气年可节约资金 6 万元，相当于“零投入”每年多出栏肥猪 120 余头(李诗兵等，2008)。

9.1.5　污染减排阶段

2010 年至今，主要采用以生态还田为主的资源循环、能源利用多途径综合处理措施，初步形成了基于种养结合的畜禽粪便资源化循环利用技术体系。尤其是 2016 年习近平总书记在中央财经领导小组第十四次会议上指出，加快推进畜禽养殖废弃物处理和资源化，关系 6 亿多农村居民生产生活环境，关系农村能源革命，关系能不能断改善土壤地力、治理好农业面源污染，是一种利国利民长远的大好事。农业部成立国家畜禽养殖废弃物资源化利用科技创新联盟，开展产、学、研、推联合协作，搭建合作平台，以源头减量、过程控制、末端利用为主线，集成推广清洁养殖工艺和粪污全量收集还田利用、专业化能源利用等经济适用的粪污资源化利用模式。

9.2 猪场废弃物处理成本与效益估算典型案例

9.2.1 集中处理模式成本与效益估算

9.2.1.1 概况

上海市崇明区畜禽(生猪)粪便片区集中处理模式(图 9-1)是在该区中小型规模(存栏 100～2 000 头)养猪场(户)居多,且大多不具备独立处理本场(户)粪尿能力的背景下发展而来的。该模式是以崇明区各乡镇的行政村为单元,集中收集该村所有养殖户的猪粪猪尿,并可根据规模吸纳周边邻村一些散户的畜禽粪便,集中建设一个较大规模的沼气工程。该模式可做到三个集中一个还田,即粪污集中收集、集中发酵处理、沼气集中供气和沼渣沼液生态还田。该模式主要由上海林海生态技术股份有限公司承接,截至 2013 年公司已在崇明 14 个乡镇建立了近 50 个沼气工程点,其中拥有 17 个片区沼气工程点,29 个小沼气工程点和 4 个大沼气工程点。所有沼气工程点均处于有效运行状态,其中近 40 个已实现建管一条龙服务。

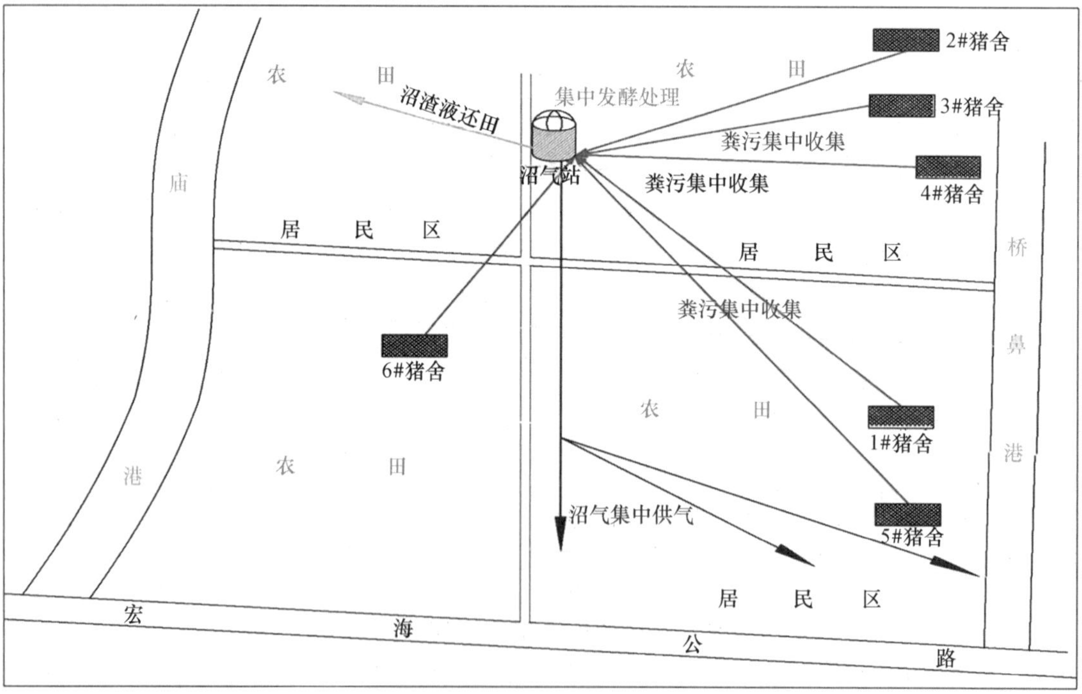

图 9-1 崇明某片区沼气工程点示意图

9.2.1.2 工艺流程

工艺流程如图 9-2 所示。

沼气工程建设用地面积在两亩左右,供气范围以沼气工程建设用地为圆心直径控制在 1 km 范围内。沼气生产实行专人专职管理,日常生产中察看入料、搅拌、出料等生产环节,定期排除管道积水,更换脱硫剂。越冬期间提高沼气池干物质浓度至 10%～12%,增加单位体积内厌

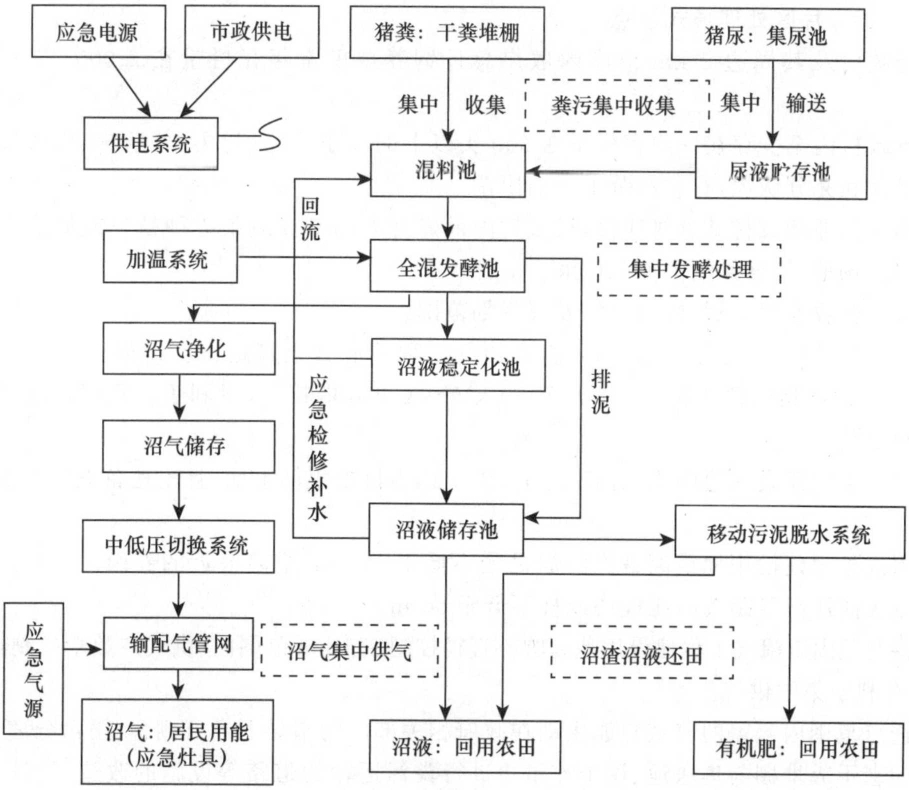

图 9-2　崇明区集中处理模式流程图

氧菌的含量。利用太阳能、塑料薄膜或在搭建简易温室，来提高池温。建立沼气安全生产岗位责任制，沼气池维护保养与安全操作应符合国家现行有关标准的规定，禁止非专业人员入池出料和维修。沼气池安装压力表，经常检查压力变化。沼气池、贮气柜及发电机房周围 20 m 内严禁烟火。选点范围内用气户实行自愿安装、有偿使用原则，沼气工程的建设以及户外供气管网的铺设以政府资金完成，用气户日常用气按价格 1.5 元/m^3 据实收费。沼液的处理方式是直接储存，并根据需要适时用于大田作物、蔬菜、果树的施肥灌溉。沼液的灌溉施肥主要采用自流进入灌溉沟渠，掺水进行灌溉，或者通过槽罐车运输到田间灌溉(图 9-3)。

图 9-3　崇明区大东村沼气工程点航拍图和片区沼气工程点发酵池

9.2.1.3 片区处理模式选点

①行政村及其周边 2 km 范围内散户总计饲养规模常年存栏量在 2 000～3 000 头的村庄。

②行政村内至少存在一户存栏量在 500 头以上的养殖户，且村委、养殖户、周边农户有较大的积极性和充分认识，有利示范工程的协调。

③结合当地新农村试点村建设，行政村内最好有大的专业蔬菜等种植户或周边有一定的农田或园艺场地，能够接纳沼渣和沼液。

④符合畜牧发展规划、区域经济发展规划范围。

⑤交通条件便利，道路及水电到位，入沼气工程的混凝土道路宽度不得低于 3 m 并能允许 6 t 卡车通行(运输沼渣沼液)、380 V 20 kV · A 电源能接入，以利于工程建成投产后的集中管理和示范。

⑥沼气工程建设用地面积在两亩左右，该土地为村委集体土地，且土地备案为农业附属设施用地。

⑦沼气工程建设用地距离最近的居民区不低于 100 m、距离最近的养殖户不低于 50 m、用地上方无高压线且距离高压线塔或杆不低于 50 m。

⑧供气范围以沼气工程建设用地为圆心直径控制在 1 km 范围内、供气户数量控制在 200～300 户，有利于集中供气。

⑨选点范围内涵盖的养殖户能主动在政府相关部门的指导下进行棚舍、雨污分离、干湿分离以及配套干粪堆棚与集尿池、用于养殖户进行粪污运输的道路等设施的改造、建设工作，此工作内容及所需资金不在沼气工程范围内。

⑩选点范围内用气户实行自愿安装、有偿使用原则。沼气工程的建设以及户外供气管网的铺设以政府资金完成，户内计量表(IC 卡表)、阀门、管道以及沼气灶(普通双眼灶)所需费用由政府资金 50%以及用气户分摊 50%组成，用气户分摊 50%以初装费形式向用气户收取，日常用气按价格 1.5 元/m^3 据实收费。

9.2.1.4 片区处理模式运作管理

①政府各相关部门——负责项目的实施及协调推进、资金的监督管理、承建及托管单位的监管等工作。

②养殖户——负责其所有棚舍、雨污分离、干湿分离以及配套干粪堆棚与集尿池、用于入养殖户进行粪污运输的道路等设施的改造、建设工作，每日将猪舍产生的粪便清运至干粪堆棚内、将尿污水收集进入集尿池内。

③承建及托管单位——负责项目的建设以及托管运行工作，以“自主经营、自负盈亏；各负其责、相互配合；产品计量、有偿使用；市场调节、兼顾公益；权益转让、适度返补；服务提升、安全管理”48 字方针的市场化托管运营机制，对所托管的项目进行日常运行维护管理，确保工程的长效运行、用气户的正常用气。

④用气户——用气户自愿安装、有偿使用沼气，按时缴纳气费，自觉爱护供气管网及沼气用具，安全使用沼气，享受托管单位的服务。

⑤沼渣沼液用户——沼渣沼液用户自愿接受、有偿使用沼渣沼液，及时缴纳沼渣沼液费用，科学使用沼渣沼液，享受托管单位的技术指导与服务。

为了保障沼气工程全年正常稳定运行，特别是冬季正常运转，考虑到崇明冬季气温偏低，不利于正常发酵，故在发酵池配备了加温设备（一是利用沼气发电后产生的余热作为回温，二是直接通过电加热产热）；同时为了防止工程检修和故障带来不便，工程配套应急气源和应急电源。

9.2.1.5　沼气工程片区处理模式投资估算及效益分析

1. 建设投入资金

以一个常年存栏生猪 3 000 头的片区沼气站为例进行投资估算及效益分析。该片区点日可处理猪粪 6 t、尿污水 20 t，日可产沼气 480 m^3。投资估算内容包括沼气工程场区内的建构筑物、设备及安装、集中供气工程等，不包括养殖户提升改造、粪污收集系统以及沼渣沼液还田设施等（表 9-1）。

表 9-1　工程量清单及投资估算

序号	主要建设内容	单位	规模（数量）	单价/元	金额/万元	备注
1	建构筑物工程				82.20	
1.1	混料池	m^3	25	600	1.50	砖混
1.2	发酵池	m^3	600	750	45.00	钢混
1.3	沼液稳定化池	m^3	30	600	1.80	砖混
1.4	沼液贮存池（盖板）	m^3	400	500	20.00	砖混
1.5	尿污水贮存池	m^3	40	600	2.40	砖混
1.6	配电间（简易装修）	m^2	15	1 200	1.80	砖混
1.7	干清粪堆放棚	m^2	35	800	2.80	砖混
1.8	设备棚	m^2	10	600	0.60	钢结构
1.9	围墙及大门	m	150	280	4.20	砖混
1.10	道路及地面硬化	m^2	150	140	2.10	素混
2	设备购置及安装工程				137.20	
2.1	尿污水提升系统	套	1	24 000	2.40	
2.2	混料系统	套	1	52 000	5.20	
2.3	发酵池进出料系统	套	1	76 000	7.60	
2.4	发酵池搅拌系统	套	1	126 000	12.60	
2.5	发酵池加温系统（地源热泵）	套	1	284 000	28.40	
2.6	发酵池排泥系统	套	1	12 000	1.20	
2.7	沼气收集净化系统（含顶膜）	套	1	158 000	15.80	
2.8	沼气贮气柜（100 m^3）	座	3	98 000	29.40	
2.9	沼气安全排放系统	套	1	30 000	3.00	实用型
2.10	沼气增压系统	套	1	30 000	3.00	
2.11	水电气计量系统	套	1	21 000	2.10	
2.12	电气控制系统	套	1	80 000	8.00	场区内

续表 9-1

序号	主要建设内容	单位	规模（数量）	单价/元	金额/万元	备注
2.13	电线电缆及安装	式	1	60 000	6.00	场区内
2.14	工艺管道及安装	式	1	95 000	9.50	场区内
2.15	水电接入基础配套设施	式	1	30 000	3.0	独立认可
3	集中供气工程				47.50	
3.1	供气主干管(PE DN50～100)	m	6 000	45	27.00	
3.2	供气支管(PE DN15～40)	m	4 000	25	10.00	
3.3	供气户户内设备及安装费（含阀门管道燃气表灶具等）	户	300	350	10.50	700元×50%
	工程费用小计				266.90	
4	其他费用				12.60	
4.1	工程勘察设计费				9.00	
4.2	工程施工招标费				1.20	
4.3	工程建设监理费				2.40	
5	合计				279.50	

注:上表中投资估算为举例,仅供参考,单个工程以具体设计为准。

2. 工程运行成本分析

①维修费估算。土建工程按20年折旧、残值率5%,设备及安装工程按10年折旧、残值率5%,则项目年折旧费为82.2×95%÷20+184.7×95%÷10=21.45万元。

维修费按折旧费的25%估算,年维修费为21.45×25%=5.36万元。

②工资及福利费估算。站点定员为1人,根据当地平均标准,工资及福利等按每人年均6万元估算,全年工资及福利费为6万元。

③水电费。项目日用电量20 kW·h,则年运行电费:20 kWh·/d×365 d/年×1.06元/kW·h=0.77万元;项目用水量0.5 m^3/d,则年运行水费:0.5 m^3/d×365 d/年×2.2元/m^3=0.04万元。年水电费合计0.81万元。

④沼渣液销售成本。沼渣液由托管公司自行销售,其销售成本取10元/t,按项目日产沼渣液26 t,则沼渣液年销售成本为9.49万元。

⑤粪污原料收集成本。养殖户产生的粪污由托管公司集中负责收集,粪污原料收集成本取5元/t,按项目日粪污收集量为26 t,则年粪污原料收集成本为4.75万元。

⑥年运行费用。项目年运行费用=维修费+工资及福利费+水电费+沼渣液销售成本+粪污原料收集成本=26.41万元。

3. 工程运行收益分析

项目的收益主要来源对沼气、沼渣及沼液的销售,项目日产沼气480 m^3、沼渣液26 t。

①沼气销售收入:480 m^3/d×365 d/年×3.0元/m^3=52.56万元(其中地方政府补贴1.5元/m^3)。

②沼渣液销售收入：根据崇明目前运营及市场行情，农业种植户可接受的价格为 5 元/t，按项目日产沼渣液 26 t，则年沼渣液销售收入为 4.75 万元。

③则项目年销售收入估算合计 57.31 万元。

4. 项目年运行效益及投资回收期

①项目年运行成本 26.41 万元。

②项目年销售收入 57.31 万元。

③税金，根据国家政策，项目可不计算税金。

④项目每年利润为：

利润＝销售收入－成本－税金＝57.31 万元－26.41 万元－0＝30.9 万元。

⑤项目静态投资回收期：279.50 万元÷30.9 万元/年＝9 年。

综上所述，项目每年可实现利润 30.9 万元，项目静态投资回收期为 9 年

9.2.2　达标排放模式处理成本与效益估算

9.2.2.1　概况

达标排放模式是在耕地畜禽承载能力有限的地区，大型规模养殖场采用机械干清粪、干湿分离等节水控污措施控制粪水产生量和污染物浓度，粪水通过厌氧、好氧生化处理、物化深度处理及氧化塘、人工湿地等自然处理，出水水质达到国家排放标准和总量控制要求，固体粪便通过堆肥发酵等方式生产有机肥的一种污染物处理模式。

廖玲玲等(2014)研究了广西克莉莱原种猪场达标排放模式的相关情况。该猪场位于广西南宁，现有猪舍 60 栋，存栏母猪 1 800 头。该猪场采用干清粪工艺清粪，日排放粪尿污水 200 t。该猪场采用环保型污水处理系统，日处理粪尿污水 200 t，日均产气 400 m^3。

1. 水质特征

猪场粪水水质特征见表 9-2。

表 9-2　猪场粪水水质特征　mg/L

指标	COD_{Cr}	NH_3—N	BOD_5	SS
猪场粪水	7 450	281	2 850	5 150

资料来源：廖玲玲等(2014)。

2. 处理要求

根据项目要求，粪污水处理后达到《畜禽养殖业污染物排放标准》(GB 18596—2001)，具体参数见表 9-3。

表 9-3　粪水处理后排放需要达到的水质标准　mg/L

指标	COD_{Cr}	NH_3—N	BOD_5	SS
标准值	≤400	≤80	≤150	≤200

资料来源：廖玲玲等(2014)。

9.2.2.2　工艺流程

该工艺由前处理系统、厌氧处理系统和后处理系统组成，工艺流程图见图 9-4。

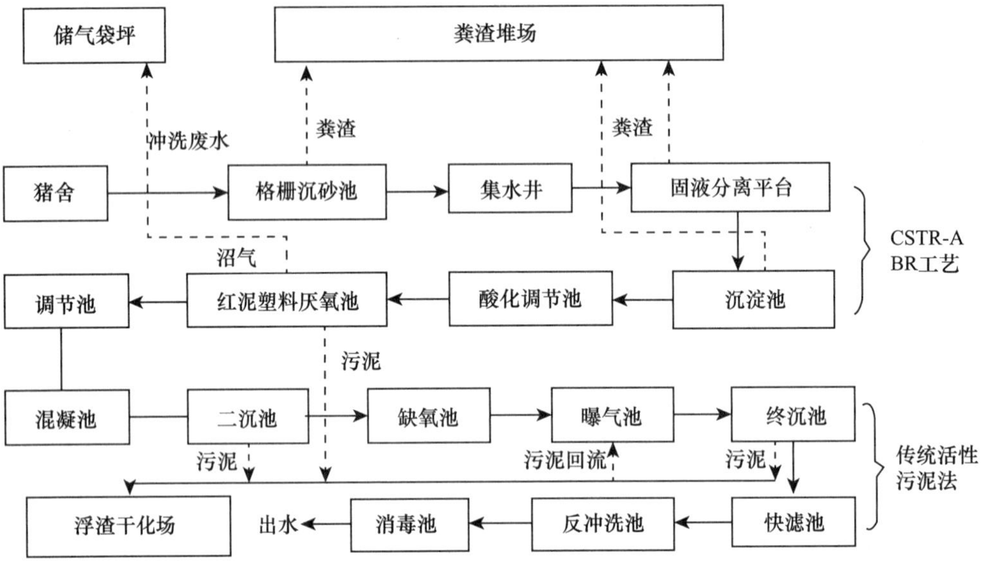

图 9-4　猪场粪尿水处理工艺流程

资料来源：廖玲玲等(2014)。

9.2.2.3　技术单元

1. 前处理系统

针对畜禽养殖污水量大、集中，有机污染物浓度高，水解、酸化快，沉淀性能好，污水中有重金属、消毒水、人畜共患病原体等特点，该工艺设置了格栅、沉淀池、固液分离机、沉淀酸化池和污泥干化池，并采用固液分离消除沉渣，调整水质、水量，提高后续处理效率。

2. 厌氧处理系统

该部分是畜禽粪污水处理沼气工程的核心部分，采用《沼气工程技术规范》(NY/T 1220.1—2006)中的 CSTR-ABR-AF 工艺，在厌氧条件下，污水被微生物所降解。红泥塑料厌氧发酵装置根据有机废水的悬浮物浓度和有机物浓度在厌氧发酵装置中消化过程中的梯度设置成前、中、后发酵槽。

厌氧前槽为高负荷区，采用 CSTR 系统结构。根据厌氧进水的高悬浮物浓度和高有机物浓度，采用多池并联进水，以达到较合理的容积负荷。池底部设置沼气搅拌装置，使高浓度有机废水在此阶段形成完全混合的状态以达到较好的去除效果。池顶部设置回流喷流系统以达到内循环搅拌并防止浮渣结壳。每级前槽末端顶部设置出水口，底部设置剩余污泥排放口、沉淀槽，沉淀槽底部设置排泥斜底和锥形排泥斗。厌氧消化过程中产生的剩余厌氧污泥及发酵底物通过剩余厌氧污泥排放口排到剩余污泥沉淀槽沉淀，经污泥泵抽到污泥干化池。

厌氧中槽为中负荷区，采用多级串联的 ABR 结构。每级设置上下折流板，底部进水，上部出水进入下一级，多次折流使污水中有机物与厌氧微生物充分接触，有利于有机物的分解；并且形成沉淀性好、活性高的厌氧颗粒污泥，可维持较多的生物能，并保证较高的厌氧降解效率。

厌氧后槽为低负荷区，采用多级串联的 AF 结构。每级设有导流墙，底部进水，上部出水。

底部为配水层，设置有排斜底和排泥斗。中部设有弹性填料，用于附着厌氧微生物形成生物膜。填料底部设有反冲洗沼气搅拌系统。厌氧消化过程中脱落的老化生物膜及发酵底物经沉淀收集到排泥斗经污泥泵抽至污泥干化场，上部为清水层，出水效果好。

红泥塑料是一种改性塑料合金材料，耐腐蚀、气密性好、吸热性能优、能充分利用太阳能加热污水，提高发酵温度，从而提高发酵速率、降解率和产气率。设有多级厌氧发酵砖混结构，施工容易，布水合理，消除污水分离现象。同时水流沿程形成良好的优势菌群分布，厌氧效果好，使用可靠，寿命长。

在厌氧前槽底部设有搅拌管，采用压力气体间歇搅拌的方法，解决沼渣沉淀、沼液分层、沼气释放等问题，提高厌氧菌活性，提高厌氧发酵效率。

3. 好氧处理系统

调整池内设置微孔曝气管进行预曝气，破坏厌氧出水的厌氧环境，提高污水中悬浮物的沉降性能。在混凝沉淀池内通过混凝处理提高厌氧池出水中悬浮物的沉降性能以利于在后续一级沉淀池中的沉淀去除效果，有效去除污水中 SS 及 COD_{CR}，降低后续处理的负荷，并实现化学除磷。A/O 法脱氮又称前置式反硝化生物脱氮系统，是目前采用较为广泛的一种脱氮工艺，由缺氧段和好氧段组成。前者控制 DO＜0.5 mg/L 条件下，反硝化菌利用污水中碳源将回流硝化液中的硝化氮通过生物反硝化作用转化为氮气释放到大气中，实现脱氮，同时在反硝化过程中补充污水碱度。好氧池内设微孔曝气器等装置，通过曝气起到供氧和搅拌的作用，保证有机物被充分降解，并通过硝化菌硝化作用将污水中氨氮转化为硝态氮；同时聚磷菌过量吸收污水中的磷酸盐，以聚磷的形式积聚在体内并在二沉池以剩余污泥排出系统。

4. 深度处理系统

生流式渗滤池：通过选用不同粒径的卵石、粗砂等滤料，实现合理的级配，达到高效截留去除污水中悬浮固体、有机物的效果，并且具有无动力反冲洗功能，确保最终出水中 SS 和色度等指标达到相应的排放标准。

接触消毒池：通过在消毒池的进水口加入次氯酸钠消毒剂杀灭多数病原菌，防止水质污染。

沼液、污泥的处理：沼液主要用于周边农田、果园和菜地的施肥，污泥浓缩干化后制成泥饼用作有机肥原料。

9.2.2.4　主要建构物及设施设备

1. 主要建构物

猪场粪尿水处理工程主要建构物见表 9-4。

表 9-4　猪场粪尿水处理工程主要建构物

序号	建筑物	数量	规格	结构
1	沉砂池	1	1.5 m×1.2 m×1.0 m	砖混
2	集水井	1	直径 3 m，高 3.0 m	砖混
3	固液分离平台	1	3.0 m×3.8 m×2.0 m	砖混
4	粪渣堆场	1	5.0 m×6.0 m×3.5 m	砖混
5	平流沉淀池	1	2.5 m×12.0 m×3.0 m	钢砼

续表 9-4

序号	建筑物	数量	规格	结构
6	酸化调节池	1	5.0 m×12.0 m×3.0 m	钢砼
7	浮渣干化场	1	2.2 m×12.0 m×0.6 m	砖混
8	红泥塑料厌氧池	1	9.6 m×12.2 m×3.5 m	钢砼
9	调节池	1	1.8 m×1.6 m×5.0 m	钢砼
10	混凝池	2	1.8 m×1.7 m×2.0 m	钢砼
11	二沉池	1	1.8 m×7.2 m×5.0 m	钢砼
12	缺氧池	2	1.8 m×12.8 m×5.0 m	钢砼
13	曝气池	2	3.0 m×12.8 m×5.0 m	钢砼
		1	3.0 m×4.9 m×5.0 m	
14	终沉池	1	3.0 m×3.0 m×5.0 m	钢砼
15	快滤池	2	1.2 m×1.2 m×3.5 m	钢砼
16	反冲洗池	1	3.5 m×2.6 m×2.2 m	钢砼
17	消毒池	1	2.4 m×4.0 m×1.5 m	砖混
18	鼓风机房	1	4.0 m×4.5m×3.5m	砖混
19	絮凝加药间	1	4.0 m×3.5m×3.6m	砖混
20	储气袋坪	2	3.5m×12.0 m×1.6m	砖混

资料来源:廖玲玲等(2014)。

2. 主要设施设备

猪场粪尿水处理工程主要设施设备见表 9-5。

表 9-5 猪场粪尿水处理工程主要设施设备

序号	名称	规格	数量
1	格栅	0.4 m×0.45 m(不锈钢)	2
2	集水井搅拌装置	JB-3.5 m×2.8 m(碳钢)	1
3	固液分离机	LK-120	1
4	挡浮渣溢流装置	DFZ-2500(不锈钢)	1
5	红泥塑料厌氧池覆皮	YZ-3 m×12 m×1 m	6
	水封装置	SF-110(不锈钢)	12
7	排泥泵	WQR20-7-1.5(3 用 1 备)	4
8	泵提升装置	BT-500/1500(不锈钢)	4
9	沼液回流泵	WQR20-7-1.5(1 用 1 备)	2
10	填料	定制	50
11	填料架	定制	1
12	鼓风机	HLSR100	2
13	红泥塑料储气袋	ZQD-直径 3 m×10.5 m	2
14	沼气贮压装置	GQ-1 000/2	1
15	贮供气控制系统	ZLK-D3	1

资料来源:廖玲玲等(2014)。

9.2.2.5　处理效果

经处理后养殖场粪污水 COD_{CR} 降至 236～239 mg/L，NH_3—N 降至 36.5～46.5 mg/L，BOD_5 降至 90～96 mg/L，SS 降至 54～58 mg/L，处理后的水质已完全达到《畜禽养殖业污染物排放标准》(GB 18596—2001)中的一级排放标准，粪渣和沼渣经处理后可达到《粪便无害化卫生要求》(GB 7959—2012)的相关指标要求。

9.2.2.6　成本效益分析

1. 运行成本

①项目总投资估算。猪场粪尿水处理工程总投资估算见表 9-6。

表 9-6　猪场粪尿水处理工程总投资估算

序号	项目	费用/万元
1	土建工程	200.0
2	沼气发电项目	46.0
3	仪器设备	108.6
4	工程建设及其他费用	25.4
5	项目预备费	10.0
	合计	390.0

资料来源：廖玲玲等(2014)。

②运行费用分析。

电费：平均日排污水量为 200 m^3，每天用电负荷平均为 550 kW・h 左右，按 0.50 元/kW・h 电费计，耗电费用为：550 kW・h×0.5 元/kW・h/200 t=1.38 元/t 粪尿水。

人工费：本污水站可有 1 人管理，按月工资 3 500 元计算，平均为 0.58 元/t 粪尿水。

药剂费用：0.30 元/t 粪尿水。

维修费：机械维修保养等费用约 30 000 元/年计算，平均 0.49 元/t 粪尿水。

年运行成本＝年电费＋年人工费＋年药剂费＋年维修费＝(1.38＋0.58＋0.30＋0.49)元/t×365 d×200 t/d=20.08 万元。

2. 经济效益分析

本污水处理工程建成后，将产生直接的经济效益如下：

沼气利用：年产沼气量为 16.2 m^3，其中 10 万 m^3 用于发电，按照平均每日发电 600 kW・h 计算，8 个月可节约用电约 14.5 万 W・h，按照 0.5 元/W・h 计算，年节省电费约 7.25 万元。

剩余沼气直接用于公司员工的生活燃料(烧饭、热水、开水等)和猪舍的保温、消毒等，年可节省燃料费约 5 万元。

猪粪、粪渣、沼渣等经过堆肥发酵后销售，年收入约 8 万元，用于补充沼气工程费用。

年经济效益＝7.25＋5＋8＝20.25(万元)。

9.2.3　种养结合模式处理成本与效益估算

9.2.3.1　概况

种养结合模式是一种将种植业与生猪养殖业充分结合的生态循环农业模式，即养殖场开展适度种、养一体化生产，生猪养殖为种植业提供优质的有机肥，农作物又作为生猪养殖的饲料来源，形成农业生态良性循环链。

牧原食品股份有限公司成立于1992年，是国内最早建立起整个生猪养殖产业链条的企业。现在有65个养殖场(含子公司)，11个饲料厂，年加工饲料400万t、出栏260万头商品猪。公司建立的生态循环生产模式，通过对生猪养殖过程中产生的废弃物进行综合再利用，在提高公司经济效益的同时还带动了当地农业经济的发展。

9.2.3.2 工艺流程

牧原食品股份有限公司粪尿处理及综合利用流程见图9-5。

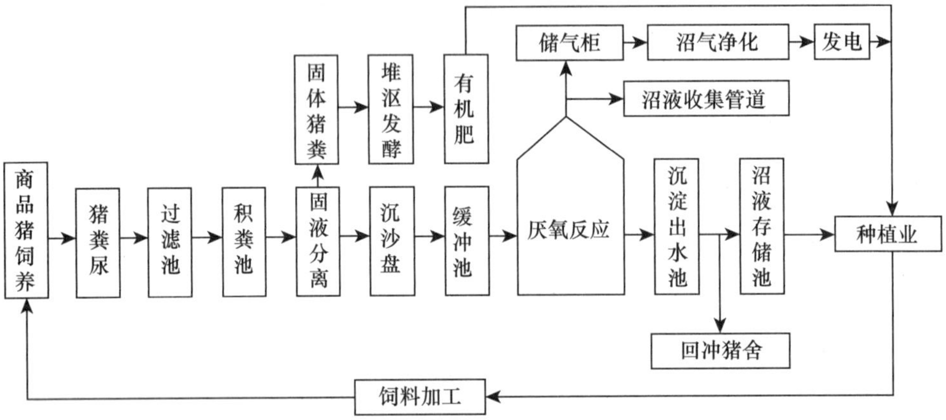

图9-5 牧原食品股份有限公司粪尿处理及综合利用流程

生猪饲养过程中产生的猪粪和尿液经过过滤、积粪、固液分离可以分离出来固体猪粪，固体猪粪经过堆沤发酵可以形成高质量的有机肥，有机肥可以为公司的种植项目提供高产的肥料。同时固液分离出来的污水经过沉沙盘和缓冲池在反应设备中进行厌氧反应。沼气通过收集管道存储在储气罐中，沼气经过净化就可以进行发电。发电设备和公司的电网相连接，发电可以用于公司的生产和向周边的农户提供电力。经过厌氧反应的废水经过沉淀和净化可以回冲猪舍，节约了公司的水资源。最后，废弃的沼液、沼渣可以为公司的种植项目提供营养丰富的肥料，也可以提供给周边的农户浇灌农田、蔬菜等。

9.2.3.3 技术单元

牧原食品股份有限公司种养结合的生猪养殖模式把清洁生产、资源及其废弃物综合利用、生态设计和可持续发展等融为一体，以生猪养殖为主体，注重遵循在生产的过程中资源减量化、再利用、再循环的原则，以能源利用为核心，以土地消纳为纽带，注重生态循环过程中各个环节的衔接，实现种养结合，畜地平衡，循环发展。

在源头控制方面，牧原食品股份有限公司采用全漏缝地板，养殖过程中不使用清水冲洗，每头猪节水1.1 m^3。改进饮水器，从鸭嘴式饮水器到碗式饮水器再到现在用的采用水位限制器控制猪群戏水及猪嘴漏水，每头猪节水2.0 m^3。采用电脑控制喷雾及高压水枪冲洗圈舍，可以节约一定量的水。在管理措施上，在每一栋猪舍都安装水表，强化节水意识。严格控制饲料中铜、锌等微量元素，并利用微生物发酵技术，尽可能提高饲料中营养物质的利用率，降低其在粪尿中的排出量。

在粪便的无害化处理方面，固体粪便通过高温好氧堆肥发酵后生产有机肥，销往外地。通过厌氧处理杀灭有害微生物，产生的沼液暂存于沼液储存池。根据施肥周期和气候变化设计了能够储存 9 个月以上的沼液储存池。储存池先铺设防渗膜后浇筑混凝土保护层，确保防渗漏，不对地下水造成污染；同时又铺设了地下管道，形成了沼液还田管道网，通过加压泵将沼液输送到农田，方便农民使用。同时根据农田氮磷钾测定情况，实施测土施肥。定期监测土壤养分状况，施肥前对沼液、土壤化验检测，对不同作物不同时期定量施肥。

9.2.3.4　种养结合模式成本及效益估算

种养结合模式通过“种植—饲料加工—养殖—沼气发电—有机肥—农田”的有机连贯，实现了资源的循环利用，显著提高农产品的品质，增强农产品市场竞争力，增加农民收入，促进农业增效、农民增收和生态良性循环，具有较好的环境和社会效益。同时，该项目为养殖业的粪污综合治理走出了新路子，实现养殖污染的零排放，为其他养殖企业提供宝贵的成功经验。以年出栏 10 万头商品猪为例：

建设及环保设施设备总投资 650 万元。年处理成本估算：沼液年成本费 29 万元。有机肥成本 450 元/t(所述费用包括折旧、维修、维护、用电、人工等所有成本)，年生产有机肥 3 000 t 以上，则有机肥生产年成本＝450 元/t×3 000 t＝135 万元。年运行费用：项目年成本＝沼液年成本费＋有机肥年成本＝29 万元＋135 万元＝164 万元。种养结合模式年收益估算：年生产 3 000 t 以上有机肥，平均售价 850 元/t，年收益 255 万元。沼液目前免费提供农户施肥，可改良土壤 2 000 余亩。降低农户化肥成本 200 元/(亩・年)。粮食产量平均提高 200 kg。总社会价值 870 余万元(全国畜牧总站，2016)。

第 10 章

猪场废弃物处理和资源化利用大事记

(1978—2018)

10.1 猪场废弃物处理相关法律法规及技术标准

最近 20 年,猪场废弃物处理与养猪业可持续发展的矛盾日益突出。

2001 年,《畜禽养殖污染防治管理办法》实施。

2002 年,《畜禽养殖业污染防治技术规范》(HJ/T 81—2001)实施。

2003 年,《畜禽养殖业污染物排放标准》(GB 18596—2001)实施。

2004 年,《畜禽场环境质量评价准则》(GB/T 19525.2—2004)、《畜禽环境术语》(GB/T 19525.1—2004)实施。

2006 年,《病害动物和病害动物产品生物安全处理规程》(GB 16548—2006)、《畜禽场环境污染控制技术规范》(NY/T 1169—2006)、《畜禽粪便无害化处理技术规范》(NY/T 1168—2006)实施。

2007 年,《畜禽粪便安全使用准则》(NY/T 1334—2007)实施。

2009 年,《畜禽养殖业污染治理工程技术规范》(HJ 497—2009)实施。

2010 年,《畜禽养殖污染防治技术政策》《畜禽养殖废弃物管理术语》(GB/T 25171—2010)、《畜禽养殖产地环境评价规范》(HJ 568—2010)、《畜禽粪便还田技术规范》(GB/T 25246—2010)实施。

2011 年,《畜禽粪便农田利用环境影响评价准则》(GB/T 26622—2011)、《畜禽养殖污水贮存设施设计要求》(GB/T 26624—2011)、《病害畜禽及其产品焚烧设备》(SB/T 10571—2010)、《畜禽粪便监测技术规范》(GB/T 25169—2010)、《农业固体废物污染控制技术导则》(HJ 588—2010)实施。

2012 年,《病害畜禽及其产品无害化处理人员技能要求》(SB/T 10663—2012)、《畜禽养殖污水采样技术规范》(GB/T 27522—2011)实施。

2014 年,《畜禽规模养殖污染防治条例》《规模化畜禽养殖场沼气工程设备选型技术规范》(NY/T 2600—2014)、《规模化畜禽养殖场沼气工程验收规范》(NY/T 2599—2014)实施。

2017 年,《病死及病害动物无害化处理技术规范》(农医发〔2017〕25 号)实施。

这些文件的出台,为猪场废弃物处理提供了法律、法规依据。因此,养猪企业更加重视自己猪场生产的废弃物处理问题。

10.2　有机肥使用比重变化

过去,我们说猪多、肥多,肥多、粮多,我们希望生产大量的有机肥。但是随着粮食生产的机械化,农民不愿意使用有机肥,粮食种植主要依赖化肥,甚至种植蔬菜、水果也开始大量使用化肥。

20 世纪 70—80 年代,有机肥的比重占 60%～70%,化肥比重占 30%～40%。

20 世纪 90 年代,有机肥比重下降到 40%,化肥比重达到了 60%以上,化肥用量开始超过有机肥的用量。

20 世纪后期,随着化工产业的发展,农家肥在种植业中的地位每况愈下,化肥在种植生产中的比重逐渐增加。

2003 年,有机肥的比重占 25%,化肥的比重达 75%。

2012 年,有机肥的比重仅有 44%,化肥的比重高达 56%。

2013 年,有机肥的比重为 46%,化肥的比重达 54%。

2015—2019 年,逐步将化肥使用量年增长率控制在 1%以内。

2020 年,力争主要农作物化肥使用量实现零增长。

10.3　猪场废弃物处理治理历程

改革开放以前,大力发展养猪积肥。北方在猪圈中加入干细土堆积发酵粪尿,南方采用猪粪池的保肥法。目前,该方式仍存在于不具备一定土地或小规模的养殖场。随着大规模猪场的出现,传统的简单堆肥处理方式已经不能适应,需要采取工业化处理方法。

1980—1998 年,主要采用固体粪便还田、发酵产沼,尿液用三格化粪池、氧化塘处理等。

1999—2001 年,主要采用固体粪便还田、有机肥加工;尿液应用 SBR、A/O、接触氧化、生物滤池等二级生化达标治理。

2002—2010 年,国内逐年削减养殖规模,关闭敏感区域内污染严重的养殖场。通过建设有机肥中心带动养殖场的污染治理和采用规范畜禽粪便还田技术等综合治理措施。

2010 年至今,主要采用以生态还田为主的资源循环、能源利用多途径综合处理措施,初步形成基于种养结合的畜禽粪便资源化循环利用技术体系。

10.4 沼气技术发展历程

沼气是改革开放以来一直没有放弃的猪场废弃物处理工艺。

20世纪70年代末期，开始研发沼气处理技术，主要用于城市生活污水和畜禽养殖场粪污处理。

1979年，召开了全国沼气工作会议，认真总结了沼气工作中的经验教训。

20世纪80年代，随着规模猪场的发展，污染问题日益严重，养殖场沼气工程应运而生。当时重点借鉴了德国沼气工程的经验技术，对其工艺进行优化设计，设计出了两步发酵工艺、CSTR（全混式厌氧发酵工艺）、USR（上流式污泥床）等。

1982年，成都凤凰山畜牧园艺场建成的沼气工程是我国最早的代表性养殖场沼气工程。

1988年，成立中国沼气协会。组织1 700多名沼气技术工作者对沼气的关键技术进行协作攻关，提出了“因地制宜、坚持质量、建管并重、综合利用、讲求实效、积极稳步发展”的沼气建设方针。开展了大规模的基础应用技术研究，引进消化国外厌氧研究新成果，逐步形成了规范标准的水压式沼气池及相配套的科学建池技术、发酵工艺及配套设备，使我国沼气建设进入了健康、稳步发展的阶段。

20世纪90年代，研究目光开始集中到沼气的综合利用。根据其处理工艺，沼气利用一般分为生态型、综合利用型、厌氧好氧达标型。我国沼气建设基本形成了一个较为完善的系统。

2012年，国家将大中型沼气工程建设项目列入了畜禽养殖污染治理和畜禽规模养殖标准化建设的重要内容。

当前，随着沼气处理技术的不断完善和发展，此技术已成为我国大中型畜禽养殖场粪污处理的主要方式之一。

10.5 从猪舍设计角度解决猪场废弃物设想

1978—1994年，改革开放初期，猪舍多为半敞开的结构，粪便由人工清扫后作沤肥或自然堆积发酵还田。随着规模化养猪的出现，开始了舍内养殖，猪场开始使用自动饮水器、金属围栏等，仍以人工清粪为主。

1995—2008年，规模化养殖迅速发展，开始尝试分点布局生产区，采用了流水作业式生产工艺，实行节律生产。实施了种母猪限位栏饲养，但栏位工艺较落后，损坏率高；仔猪高床饲养、采光、通风、清粪等工艺也因地制宜得到了推广应用。

2009年至今，猪场规模越来越大，猪舍建造注重效率及环保、动物福利，自动通风换气、自动温度控制、自动环境监测、自动饲喂等智能化装备及养猪新理念、新技术等得到广泛推广应用。

10.6 猪场废弃物收集及贮存设施技术进步总结

目前,猪舍中常见的为人工干清粪、机械清粪、水冲式清粪、尿泡粪清粪、发酵床清粪、吸粪车清粪等。

粪水收集时,采用具有防渗功能的暗管或暗沟进行输送。收集输送系统包括舍内污水收集管、舍外输送管道和收集池、排污泵等。

早期,猪场粪尿主要贮存在田间贮存池和粪尿收集池中。目前,应用较多的为厌氧塘和氧化塘。20 世纪 70 年代末,开始引进并改进厌氧塘(罐)。厌氧塘是粪水处理利用的预处理设施,常建造在氧化塘系统的首端,以承担较高的污染负荷。CSTR 厌氧发酵罐也称完全混合厌氧发酵反应器,80 年代开始用于养殖场。其产沼气量受气温影响较大,现在一些新建猪场多不再使用。氧化塘处理实质是一个水体自净的过程,运行管理简单、费用低、耗能少,可以进行综合开发利用;但其占地面积多,氧化效果受气候的影响较大,还要考虑清淤问题等。

10.7 猪场废弃物处理工艺进步总结

1. 粪便处理工艺

(1)直接还田:早期,粪便收集后不经过处理直接还于田间。现在,为避免粪便污染环境,提高肥效,要求粪便必须经过腐熟处理后才能还田。

(2)堆粪发酵:在一定的水分、碳氮比和通风等人工控制条件下,通过微生物的作用,实现有机废弃物无害化、稳定化的过程。目前,多采用好氧堆肥工艺。

(3)原位降解技术:也称发酵床养殖技术,是利用好氧和厌氧微生物对猪粪尿中的有机物进行降解、转化的技术。20 世纪 90 年代,开始在部分省(自治区、直辖市)做发酵床养猪试验示范,取得了一定的经验。2000 年后,该技术在部分地区大力推广。但在推广中也遇到猪群正常消毒、翻料、清料等影响降解效果的问题。

(4)异位降解技术:2010 年来,异位降解技术逐渐得到应用,异位发酵床是一种新的猪粪尿排泄物处理模式。该技术通过将微生物制剂与辅料按一定比例混合后,在猪舍外组成具有分解消纳粪污功能的降解堆,彻底实现“零污染,零排放”。

2. 污水处理工艺总结

(1)直排和渗排:改革开放初期,散养户多,粪水主要通过该方式排出。目前,个别不规范养殖企业,包括部分大型养殖企业,由于没有农田匹配消纳粪水,场内粪水处理设施设备不健全,会采取通过流道、暗管等方式偷排、渗排粪水。

(2)人工湿地处理:20 世纪 80 年代末,该技术开始用于净化畜禽场污水。该技术模仿自然生态系统中的湿地,以水生植物或湿生植物作为生态净化系统,去除废水中的氮和磷。

(3)好氧生物处理:20 世纪 90 年代,开始用于畜禽场污水处理。好氧生物处理法有活性污泥法、SBR、生物滤池、生物接触氧化、生物转盘、A/O 等。

(4)厌氧生物处理:20 世纪 90 年代以来,厌氧处理开始用于畜禽场。废弃物在厌氧条件下通过微生物的代谢活动而被稳定化，同时伴有 CH_4 和 CO_2 的产生。液化阶段主要是发酵细菌起作用，包括纤维素分解菌和蛋白质水解菌。

(5)沼气利用：20 世纪 80 年代，养殖场沼气工程应运而生。沼气工程是主要以规模化猪场粪便污水的厌氧消化为主要技术环节，集污水处理、沼气生产和资源化利用为一体的系统工程。

(6)达标排放技术：在缺少农田匹配的区域，通过节水、预处理等工艺控制粪水产生量及污染物浓度，再将粪水应用生物、化学、物理或联合方式处理，使水质达到国家排放标准或达到中水回用标准。其核心是高效厌氧发酵及物化联合处理。

3. 病死猪处理工艺总结

(1)深埋法：该法是处理畜禽病害肉尸的一种常用、可靠、简便易行的方法。目前，仍是小散猪场处理病死猪的主要方式。

(2)焚烧法：2002 年，上海市在全国率先建立无害化处理中心，主要采用焚烧法对全市病死畜禽进行无害化处理。对确认患猪瘟、口蹄疫、传染性水疱病、猪密螺旋体痢疾、急性猪丹毒等烈性传染病的死猪，常采用此方法。焚烧法较适合于大型养猪场、集团化养猪场及生猪养殖集中区。

(3)堆肥法：在人工干预下，利用环境中细菌、真菌或商业微生物等代谢作用，对畜禽尸体进行降解腐熟而形成肥料的自然过程。堆肥法处理猪尸体多选择静态堆肥方式或发酵仓堆肥方式。

(4)化尸窖处理法：又称密闭沉尸井(化尸池)，是指按照《畜禽养殖业污染防治技术规范》(HJ/T 81—2001)要求，在地面挖坑后，采用砖和混凝土结构施工建设的密封池，以适量容积的化尸窖沉积动物尸体，让其自然腐烂降解的方法。

(5)水煮处理法：利用普通大锅或高压锅通过高温蒸煮对病死畜禽进行处理的办法。20 世纪 80—90 年代，常见经高温处理后的尸体可以作为肉食性鱼类的饲料，也有部分猪场将其作为育肥后期猪的能量与蛋白质补充饲料。由于在高温蒸煮前需要对病死畜禽尸体进行切块，操作费时、费力，极易造成二次污染等原因，现在集约化猪场不采用此法。

(6)化制法：在密闭的高压容器内，通过向容器夹层或容器通入高温饱和蒸汽，在干热、压力或高温、压力的作用下，处理动物尸体及相关动物产品的方法。借助于高温高压，病原体杀灭率可达 99.99%。

(7)生物降解法：将病死动物尸体投入到降解反应器中，利用微生物的发酵降解原理，将病死猪尸体破碎、降解、灭菌的过程。该技术是一项对病死动物及其制品无害化处理的新型技术。

10.8 猪场废弃物资源化利用技术进步

1. 肥料化利用技术

(1)固体粪便：做基肥时可以选择撒施、沟施、穴施和环状施入农田中，做追肥时可以选择条施、穴施、环状施、根外追肥和叶面施肥。

(2)液泡粪：20 世纪 80 年代，中国从国外引进液泡粪模式。在不影响农作物农产品卫生品质的前提下,液泡粪可因地制宜地采取沟灌、淌灌和喷灌等施用方式。

(3)沼液:过滤去除悬浮颗粒物后,可以用于叶面喷施。沼液既可单施,也可与化肥、农药、生长剂等混合施用。

(4)沼渣:主要用于生产有机肥。其主要用途是作土壤改良剂,可用于农作物基肥和追肥,配制花卉、中药材和蔬菜育苗的营养土,栽培食用菌等。

2. 能源化利用技术

主要是进行厌氧发酵生产沼气,沼气可用于日常生活用气、照明、取暖、发电、生产天然气、火焰消毒等。

3. 其他资源化利用技术

20 世纪八九十年代以来,猪场废弃物逐渐用作食用菌栽培基质。20 世纪 80 年代,蚯蚓用于有机肥处理中。目前,上述技术仍适用于猪场。

10.9　猪场废弃物减量化技术进步

1. 日粮配方的优化

(1)补充合成氨基酸:从氨基酸平衡着手在畜禽日粮中使用合成氨基酸,能够降低饲料粗蛋白水平,提高日粮中氮的利用率,减少粪尿中氮的排泄量。

(2)酶制剂:日粮中添加植酸酶,可以提高植酸磷的利用率,降低粪中磷含量。在猪饲料中添加植酸酶,猪增重明显提高,料肉比降低。

2. 重金属的源头减量

(1)厌氧消化过程对重金属的去除:在厌氧消化过程中有一些进料固体物质沉降在沼渣中,液相中的重金属会吸附在固体表面或者胶团上从而沉淀在沼渣中,因而降低沼液重金属含量。

(2)好氧处理过程对重金属的去除:经过好氧堆肥处理使重金属的碳酸盐结合态浓度降低;可交换态浓度显著降低,使有效重金属转化为植物难利用的残渣态,降低了猪粪农用过程中的重金属风险。

(3)物化处理过程中去除重金属:通过低温热裂解可以使重金属的有效态钝化,其大部分向植物较难利用的残渣态转化,有效地降低了重金属的危害。

(4)使用有机微量元素:20 世纪 80 年代中期,开始研究此类产品。有机微量元素生物学效价高,在日粮中少量添加即可代替高剂量的无机盐,从而减少动物微量元素的排出量,减少对环境的污染。

3. 抗生素的源头减量

(1)科学使用抗生素添加剂:合理选用品种、适当使用剂量、科学的用药方案、先进的混合工序。

(2)抗生素的去除:对于抗生素的去除,研究较多的是厌氧消化和堆肥处理。相比厌氧消化,堆肥处理可以更好且有效地去除抗生素,同时还可以控制四环素抗性基因扩散。

(3)主要抗生素饲料添加剂替代品:国务院办公厅 2017 年 9 月 22 日发文表示,农业部要抓紧制定实施药物饲料添加剂退出计划,尽快淘汰有风险隐患的品种,严禁饲料生产企业在饲料中违规添加抗菌药物。目前,应用较多的替代品为酸化剂、益生素、酶制剂、中草药、其他天然抗菌剂等。

4. 养殖污水减排

从源头上控制污水的数量和浓度是无害化处理的基础和根本。猪场多选择合适的清粪工艺,采取雨污分离技术,防止自动饮水器漏水,使用高压冲洗泵代替普通水管冲洗猪舍,开展废水循环利用等措施实现养殖污水减排。

5. 饲喂技术的改进

(1)改进饮水系统:使用悬挂式饮水器和碗式饮水器,可节约耗水量5%~10%,同时产生的粪水也会减少5%左右。注意饮水器的水流速度和安装的高度要符合猪的采食习惯。

(2)提倡干湿饲喂:采用干湿喂饲槽时粪水的产生量可比采用干饲槽时减少50%。每圈20头猪提供一个2孔干湿喂饲槽,粪水产生量减少了30%。

(3)改进饲料加工工艺:饲料制粒处理有提高饲料效率和降低养分排出的趋势,使干物质和氮的排泄量降低23%和22%。饲料的膨化处理和颗粒化处理可使随粪便排出的干物质减少1/3。使用低质蛋白饲料(如水解羽毛粉)会明显增加氮的排泄。

(4)采用分阶段饲养:饲喂阶段分得越细,不同营养水平日粮种类分得越多,越有利于减少氮的排泄。公、母分养配制营养水平不同的日粮,也有利于减少氮的排泄。另外,采用正确的饲喂管理尽量减少饲料浪费并改善饲料利用率。

10.10 猪场恶臭控制工艺进步

1. 源头管理与恶臭控制

(1)饲料的配合和设计:通过降低日粮粗蛋白水平、采用氨基酸平衡日粮控制恶臭的产生。

(2)提高饲料消化率:通过选择优质饲料原料、改进饲料加工工艺提高猪群对饲料中营养物质的利用率,减少饲料的浪费和对环境的污染。

(3)饲料添加剂的应用:活菌制剂、酶制剂、酸制剂和植物提取物等,均具有提高饲料转化度、促进动物生长、降低动物排泄数量及其中有机物含量之功能,从而控制猪场恶臭和保护环境。21世纪以来,饲料添加剂技术进步逐步得到广泛应用。

2. 废弃物管理与恶臭控制

(1)粪水的除臭:包括覆盖法、生物法和冷却法等。覆盖法就是采用吸附性强的材料对固体粪便或污水做表面处理或混合处理,借以吸附和溶解产生的臭气。生物法主要是指在粪便中添加活菌制剂,通过生化过程脱臭。20世纪90年代,我国引进多种活菌制剂。21世纪,我国也研制出了一批用于垫料养猪的脱臭菌剂,但效果不是很稳定,且一种除臭剂只能消除一种或几种臭气。冷却法是指在猪舍建设之初,在粪坑底下埋有降温管道,通过压缩机将粪水中的热能转移到水暖保温管道中,同时由于粪水能量被转移,粪水温度下降,粪水向环境中排放的氨气也随之下降,氨气排放量可以减少30%。

(2)猪舍气体的除臭:近年来,化学除臭设备、生物过滤设备得到广泛应用。化学除臭是利用恶臭气体的物理或化学性质,使用水或化学吸收液对恶臭气体进行物理或化学吸收脱除恶臭的方法。由于生物技术的迅速发展，利用生物过滤技术去除气味和有害气体在发达国家得到了越来越多的重视，同时也获得了较好的应用，这种方法在我国尚未给予足够的重视。生物过滤是一种已经证明既经济又有效的臭气控制技术，主要是利用微生物的作用将恶臭气体氧化、降解为无害或低害物质的过程。

10.11　猪场废弃物污染监测技术进步

1. 水质监测

常用的监测技术包括经典分析法和仪器分析法。目前，大型实验室以仪器分析法为主，而小型实验室仍以传统的重量法、滴定法为主。近年来，仪器分析方法如紫外可见分光光度法、原子吸收分光光度法、原子荧光光度法、电感耦合等离子体发射光谱法及色谱分析法等较为先进，有着操作简单、快速、准确度高、重现性好等优点，逐渐替代了大多数经典分析方法，得到了更为广泛的应用。

2. 空气监测

有害气体监测上，目前主要应用感官测定法和仪器测定法。微生物监测上，早期主要使用培养基法。近年来，非培养基方法如光学显微镜、电子扫描显微镜、流通式血球计数法、PCR检测法等，因具有敏感性高、特异性强等特点而得到广泛应用。颗粒物监测上，早期大都采用称重法、震荡天平法、β射线法等技术，但由于设备造价高、不方便移动、测试时间长等因素，无法直接应用到猪舍颗粒物的检测工作中。2014 年，根据光散射法研制的激光粉尘检测仪，可连续监测空气中的颗粒物，由于便携性强、测试周期短、价格便宜等因素，得到了广泛应用。

3. 土壤监测

(1)原子吸收光谱法：在测量重金属方面，最为常用的为原子吸收光谱法。该方法于 1955 年问世。该方法是分析化学领域应用最广泛的定量分析方法之一。目前，原子吸收光谱法中氢化物原子化法、火焰原子吸收分光光度法、石墨炉原子吸收分光光度法应用较为普遍。

(2)原子荧光分光光度法：此法是 20 世纪 80 年代以来，我国发展较快、较有特色的一种新的痕量分析技术。原子荧光法的灵敏度较原子吸收光谱法高，但没有后者应用广泛，也不能同时分析多种元素。目前普遍用于土壤中砷、汞、硒、铋、锑等重金属的检测。

(3)色谱-质谱联用：分为气相色谱-质谱联用(GC-MS)和液相色谱-质谱联用(LC-MS)两种类型，前者应用较广。色谱-质谱联用已被用于土壤中挥发性有机物、挥发性芳香烃、多氯联苯等的检测。

(4)遥感技术应用

20 世纪 80 年代以来，遥感技术作为土地资源动态监测的重要手段之一，在我国土地资源调查方面发挥了重要作用。高光谱遥感技术由于具有获取信息量大、获取信息速度快、周期短、受条件限制少等优点而用于对土壤机械组成、酸碱度、水分含量、养分含量、矿物质含量、土肥状况等实现定量观测。

参考文献

[1] Aarninka A J A, Elzinga A. Dynamic model for ammonia volatilization in housing with partially slatted floors, for fattening pigs [J]. Livestock Production Science, 1998, 53 (97) : 153-169.

[2] Gardner J W, Bartlett N. A brief history of electronic noses [J]. Sensors and Actuators B-Chemical, 1994, 18 (1-3) : 211-220.

[3] Lee S H, Lee H J, Kim S J. Identification of airborne bacterial and fungal community structures in an urban area by T-RFLP analysis and quantitative real-time PCR [J]. Science of the Total Environment, 2010, 408 (6) : 1349-1357.

[4] Persaud K, Dodd G. Analysis of discrimination mechanisms in the mammalian olfactory system using a model nose [J]. Nature, 1982, 299 (5881) : 352-355.

[5] Rock F, Barsan N, Weimar U. Electronic nose: Current status and future trends [J]. Chemical Reviews, 2008, 108 (2) : 705-725.

[6] Sohn J H, Hudson N, Gallagher E, et al. Implementation of an electronic nose for continuous odour monitoring in a poultry shed [J]. Sensors and Actuators B-Chemical, 2008, 133 (1) : 60-69.

[7] Steve Pohl. 臭气控制 [J]. 国外畜牧学-猪与禽,2004,24(5):44-47.

[8] 安立龙. 家畜环境卫生学 [M]. 北京:高等教育出版社,2004.

[9] 薄录吉,李彦,LUO Jiafal,等. 我国规模化养猪场粪便重金属污染特征与农用风险评价 [J]. 农业机械学报,2018,4(1):258-267.

[10] 蔡美芳,李开明,谢丹平,等. 我国耕地土壤重金属污染防控策略研究 [J]. 中国环境科学学会学术年会论文集,2014,6174-6181.

[11] 曹从荣,张漫. 规模化畜禽养殖场粪污处理模式的选择 [J]. 中国环保产业,2004,(5):29-31.

[12] 曾书琴. 抗生素添加剂的负面效应及其替代品的研究动态 [J]. 黑龙江畜牧兽医杂志,2004,(2):61-63.

[13] 陈伯华. 猪对环境的要求 [J]. 山西农机,2004,(2):38.

[14] 陈晓夫,钱名宇. 持续高速发展的德国沼气产业 [J]. 可再生能源,2012,30(6):111-112.

[15] 邓红,黄健. 有机微量元素在养猪生产中的应用研究 [J]. 上海畜牧兽医通讯,2006,(6):17-19.

[16] 董日辉. 规模化猪场选址与布局 [J]. 四川畜牧兽医. 2013,278(11):39-40.

[17] 段妮娜,董滨,陈洪斌,等. 猪场污水紫外吸光度作为COD替代参数用于在线监测的实验研究 [J]. 中国沼气,2009(27)2:12-14.

[18] 樊志刚,李胜刚,鞠立杰,等. 生物发酵舍养猪技术原理及优点 [J]. 养殖技术顾问,

2008,11:18-19.
[19] 冯定远. 降低养猪生产所造成环境污染的营养措施 [J]. 饲料广角. 2001(20):1-3.
[20] 傅德顺,许梓荣,冯杰. 改变传统猪日粮中添加抗生素的应用研究进展 [J]. 中国饲料,2003,(19):10-11.
[21] 高圣玥,张宝荣,宋岩. 现代化猪场基础设施建设技术 [J] . 现代畜牧科技,2016,22(10):1-3.
[22] 巩玉玲,冯永军. 中外土壤环境监测技术应用与发展状况 [J]. 安徽农业科学,2014,(19):6229-6230.
[23] 郭福有,马杰. 饲用抗生素的研究与应用进展 [J]. 饲料工业,2007,28(18):1-5.
[24] 郭海波,徐盛明,林世光,等. 规模猪场粪污减量化技术 [J]. 上海畜牧兽医通讯,2010,(3):40-41.
[25] 纪雄辉,鲁艳红,郑圣先. 湖南省畜禽粪便污染及其综合防治策略 [J]. 胡南农业科学,2006(3):123-125.
[26] 贾醉公. 猪粪尿的肥效、性质及其积保方法的研究 [J]. 土壤,1961,(4):8-15.
[27] 姜海,雷昊,白璐,等. 不同类型地区畜禽养殖废弃物资源化利用管理模式选择——以江苏省太湖地区为例 [J]. 资源科学,2015,37(12):2430-2440.
[28] 解玉怀,尚庆辉,张桂国,等. 猪场废弃物处理技术研究进展. 家畜生态学报[J]. 2015,36(1):6-11.
[29] 孔祥才,王桂霞. 我国畜牧业污染治理政策及实施效果评价 [J]. 西北农林科技大学学报(社会科学版),2017,17(6):75-80.
[30] 孔祥国,李成,何江. 畜禽养殖废弃物的无害化处理及综合利用 [J]. 中国畜牧兽医文摘,2016,32(1):7-8.
[31] 李德发. 仔猪料中添加柠檬酸对营养物质消化率的影响[J]. 中国饲料. 1993(4):7-9.
[32] 李俊营,詹凯,刘伟. 畜禽养殖废弃物管理法律法规及标准现状与思考 [J]. 家畜生态学报,2017,38(12):78-81.
[33] 李鹏,齐广海. 饲料添加剂的使用安全研究进展 [J] . 饲料工业,2016,27(18):7-10.
[34] 李强. 规模化猪场节约用水策略 [J]. 畜牧兽医杂志,2009,28(2):56-58.
[35] 李诗兵,雷浩兵,黎坤. 规模化养猪场粪污综合治理方案及效果分析 [J] . 当代畜牧,2008(4):41-42.
[36] 李先囡,叶国强,叶张利. 规模猪场的防疫体系建设 [J] . 中国牧业通讯,2010,(14):43.
[37] 李志. 病死畜禽无害化处理主推技术 [M] . 北京:中国农业科学技术出版社,2016.
[38] 连海明. 规模化养猪场粪污处理的成本与效益分析 [D]. 中国农业科学院,2010.
[39] 梁桂. 发酵床养猪利弊探析 [J]. 广西畜牧兽医,2010,26(1):28-29.
[40] 梁勇,乔生辉,陈福兴,等. 猪粪尿对提高土壤肥力的作用及其增产效果 [J]. 中国农业科学,1961,2(3):44-47.
[41] 廖玲玲,肖正中,杨厚德,等. 规模猪场污水处理系统与能源开发利用技术探索 [J]. 猪业观察,2014,(1):84-87.
[42] 廖新俤. 规模化猪场用水与废水处理技术 [M]. 北京:中国农业出版社,1999.
[43] 刘更另,陈福兴,张启昭. 加土垫圈沤制厩肥的研究 [J]. 土壤通报,1966(2).

[44] 刘开容,樊尔维,余志雄. 人工湿地法处理猪场粪水的试验研究 [J]. 四川畜牧兽医学院学报,1997(2):42-45.
[45] 刘明美. 保护环境与发展养猪业并重 [J]. 中国猪业,2011,(5) :55—57.
[46] 刘娜娜. 猪场废水厌氧消化液垂直流人工湿地处理系统的研究 [D]. 雅安:四川农业大学,2010.
[47] 刘英俊,陈保国,吴华东,等. 规模化猪场不同工艺处理污水中重金属迁移转化分析 [J]. 江西农业大学学报,2014(36)2:383-389.
[48] 陆幸鹦,孙永泉,陈吉,等. 关于土壤检测质量控制的探讨 [J]. 农技服务,2017,34(13):88.
[49] 马志光. 畜禽养殖废弃物处理技术和装备 [J]. 现代农业装备,2017,5:23-26.
[50] 孟昭强. 加强猪场环境控制提高养猪生产水平 [J]. 畜牧生产,2011,179(12):11-12.
[51] 米晓,田刚. 人工湿地技术在废水处理中的发展应用 [J]. 西南给排水,2004,26(5):13-15.
[52] 聂麦茜,吴曼莉. 水分析化学 [M]. 北京:冶金工业出版社,2003.
[53] 牛斌,王君,任贵兴. 畜禽粪污与农业废弃物综合利用技术 [M]. 北京:中国农业科学技术出版社,2017.
[54] 祁雅琴. 两步发酵处理猪粪工艺的试验研究 [J]. 农业工程学报,1989,5(1):70-75.
[55] 全国畜牧总站组编. 畜禽粪便资源化利用技术——达标排放模式 [M]. 北京:中国农业科学技术出版社,2016.
[56] 全国畜牧总站组编. 畜禽粪便资源化利用技术——集中外理模式 [M]. 北京:中国农业科学技术出版社,2016.
[57] 全国畜牧总站组编. 畜禽粪便资源化利用技术——清洁回用模式 [M]. 北京:中国农业科学技术出版社,2016.
[58] 全国畜牧总站组编. 畜禽粪便资源化利用技术——种养结合模式 [M]. 北京:中国农业科学技术出版社,2016.
[59] 冉毅,蔡萍,黄家鹄. 国内外沼气提纯生物天然气技术研究及应用 [J]. 2016,34(5):61-62.
[60] 邵霞晖,陶伟良,许菲,等. 污染场地环境调查的土壤监测点位布设策略探究 [J]. 资源节约与环保,2016(6):135-140.
[61] 沈丹波,张杰. 可移动畜禽粪便处理系统经济效益及社会环境效益分析 [J]. 农业开发与装备,2008,(12):27-28.
[62] 施光华,甘友保,朱冠元,等. 土壤微生物发酵床养猪技术[J]. 畜牧与兽医,2006,38(3):59.
[63] 寿亦丰,林伟华,陈胜华. 杭州灯塔养殖总场猪粪污水处理工程的设计与运行 [J]. 农业工程学报,2001,17(17):130-133.
[64] 宋淑珍,杨发荣. 畜禽养殖废弃物处理方式探讨与分析 [J]. 畜牧兽医杂志,2016,35(2):39-43.
[65] 孙建广. 变废为宝. 腐朽化神奇-浅析养殖废弃物污染及资源化利用模式 [J]. 中国农村科技,2017,267:76-79.

[66] 孙健. 污染场地土壤监测问题浅析 [J]. 中国科技纵横,2016(14).
[67] 孙平勇,刘雄伦,刘金灵,等. 空气微生物的研究进展 [J]. 中国农学通报,2010,26(11):336-340.
[68] 孙秀萍. 环境水质监测分析方法及发展趋势研究 [J]. 科技与创新,2016(15):89-90.
[69] 田宝军. 畜禽养殖废弃物对环境的影响 [J]. 湖北畜牧兽医,2015,36(9):9-10.
[70] 田鑫焱,沈志祥. 猪粪污水沼气发电工程的效益分析 [J]. 能源工程,1996(4):37-38.
[71] 田义,陶红军. 中美生猪养殖业污染防治政策工具对比分析 [J]. 世界农业,2016,12:93-98.
[72] 汪百义,白俊贵,卢政民. 大型猪场粪尿资源化综合效益分析 [J]. 农业环境科学学报,1991(3):116-118.
[73] 汪开英,代小蓉. 畜禽场空气污染对人畜健康的影响 [J]. 中国畜牧杂志,2008,44 (10):32-35.
[74] 王保黎,樊信鹏,卢丽,等. 丝兰属植物提取物降低猪舍氨气浓度的试验 [J]. 畜禽业. 2010,257(9):52-55.
[75] 王春蕾. 畜牧养殖对生态环境的影响——以生猪养殖为例 [J]. 中国人口资源与环境,2014,24(5):253-254.
[76] 王连珠,李奇民,潘宗海. 微生物发酵床养猪技术研究进展 [J]. 中国动物保健,2008,7:29-30.
[77] 王霜,邓良伟,王兰,等. 猪场粪污中重金属和抗生素的研究现状 [J]. 中国沼气,2016,34(4):25-33.
[78] 王振玲,王伟清,郭秀山,等. 消毒药对发酵床微生物的影响 [J]. 猪业科学,2009(3):98-99.
[79] 魏翔,缪幸福. 水平潜流人工湿地中植物种类和停留时间对处理猪场废水能力的影响 [C] // 2011 中国环境科学学会学术年会论文集(第二卷),2011.
[80] 吴晓红. 环境水质分析监测技术与监测数据的处理 [J],资源节约与环保,2015(4):81.
[81] 吴信,万丹,印遇龙. 畜禽养殖废弃物资源化利用与现代生态养殖模式 [J]. 农学学报,2018,8(1):163-166.
[82] 武恩泽. 污染场地环境土壤监测点位的布设方法 [J]. 资源节约与环保,2016,(8):94.
[83] 武英. 肉猪生态养殖 [M]. 济南:山东科学技术出版社,2016.
[84] 奚旦立,孙裕生. 环境监测 [M]. 北京:北京高等教育出版社,2010.
[85] 谢育珣,陈志英. 浅谈应用于土壤监测中的现代仪器分析技术 [J]. 广东化工,2016,43(14):243.
[86] 杨冬雪. 土壤监测几种质量控制指标及评价方法探讨 [J]. 中国环境监测,2010,26(4):78-82.
[87] 杨夏欣,姚亮. 环境水质监测的分析方法及意义分析 [J],基础科学,2014(16).
[88] 杨小令,吴宸晖,韩峰,等. 基于物联网的水源水质监测技术研究 [J]. 浙江水利水电学院学报,2017,29(5):32-35.
[89] 杨旭,李文哲,孙勇. 人工湿地系统对含沼液畜禽废水净化效果试验研究 [J]. 生态环境学报,2012,21(3):515-517.

[90] 姚运先,王艺娟,陈喜红. 人工湿地处理养殖废水的应用 [J]. 农业现代化研究,2005,(26):70-73.
[91] 远德龙,宋春阳. 病死畜禽尸体无害化处理方式探讨 [J]. 猪业科学,2013,(6):82-84.
[92] 臧娜. 原子吸收方法在土壤检测中的应用研究 [J]. 资源节约与环保,2016,(5):186.
[93] 张欢. 对土壤监测几种质量控制指标及评价方法的探讨 [J]. 科技风, 2017,(14):239-239.
[94] 张俊超,刘建伟,马文林. 生物法处理畜禽养殖场恶臭气体研究进展 [J]. Conference on Environmental Pollution and Public Health,2011:95-99.
[95] 张敏,孟繁艳,李香子,等. 猪低污染日粮技术的研究进展 [J]. 延边大学农学学报,2002,24(4):296-299.
[96] 张绍林. 猪粪便排污综合处理工程 [J]. 能源工程,1986,(5):48.
[97] 张声皓,龚德昌,孙云帆. 简述土壤监测的质量控制和评价方法 [J]. 环球人文地理,2015,(10):121.
[98] 张维. UASB+厌氧 MBR 处理高浓度淀粉废水的实验研究 [D]. 东北农业大学,2008.
[99] 张兆顺,窦宝棠,白应利,等. 抗生素饲料添加剂在畜牧业生产中过度使用的危害及对策 [J]. 陕西农业科技,2012,(3):127-128,139.
[100] 赵冰. 有机肥生产使用手册 [M]. 北京:金盾出版社,2016.
[101] 赵钰杰. 浅谈土壤检测的质量控制 [J]. 上海农业科技,2015,(4):17.
[102] 郑久坤,杨军香. 粪污处理主推技术 [M]. 北京:中国农业科学技术出版社,2013.
[103] 郑瑞峰. 畜禽粪便资源化利用技术-清洁回用模式 [M]. 北京:中国农业科学技术出版社,2016.
[104] 中国农业大学,上海市农业广播电视学校,华南农业大学,等. 家畜粪便学 [M]. 上海:上海交通大学出版社,1997.
[105] 周国安,严建刚. 规模养殖场污水的减量化与无害化处理探析[J]. 江苏农业科学,2011,39(2):479-481.
[106] 朱凤连,马友华,周静,等. 我国畜禽粪便污染和利用现状分析 [J]. 安徽农学通报,2008, 14(13):48-50.
[107] 朱海生. 生长育肥猪氨气排放及模型的研究 [D]. 中国农业科学院,2007:1-3.
[108] 朱建军,黄薇,曾雄. 病死猪的无害化处理方法 [J]. 畜禽业,2011,(7):25-26.
[109] 朱静,刘向萍. 畜禽养殖废弃物处理与利用概况及影响因素 [J]. 家禽科学,2017,5:47-51.
[110] 朱伟兴,刁统山,葛广军. 规模化畜禽养殖场气味检测及控制 [J]. 安徽农业科学,2006,34(6):1207-1208.
[111] 林海. 规模养殖场无法规避的重要课题:畜禽养殖废弃物资源化利用[J]. 北方牧业,2017(15):13-14.